基于数学核心素养的问题情境教学

田雪 苏汉杰 王学一 ◎著

中国纺织出版社有限公司

内容提要

本书内容分为三章：第一章数学核心素养。核心素养是党的教育方针的具体化，数学核心素养是立德树人在数学学科的具体体现。本章主要介绍数学核心素养的传承与发展，以及数学核心素养与四基、四能的关系。第二章问题情境教学。形成和发展数学核心素养，需要把握数学知识的本质，创设合适的教学情境并提出合适的数学问题，启发学生思考。本章主要介绍创设问题情境的原则和策略，以及如何通过创设问题情境形成和发展数学核心素养。第三章教学实践。呈现给大家不同的问题情境下发展数学核心素养的具体做法（教学设计或教学案例）。每一个案例都经过精心打磨，可以为一线教师的教学提供帮助。

图书在版编目（CIP）数据

基于数学核心素养的问题情境教学 / 田雪，苏汉杰，王学一著. -- 北京：中国纺织出版社有限公司，2023.5（2024.3 重印）
ISBN 978-7-5229-0518-1

Ⅰ. ①基… Ⅱ. ①田… ②苏… ③王… Ⅲ. ①中学数学课—教学研究—高中 Ⅳ. ①G633.602

中国国家版本馆 CIP 数据核字（2023）第 070861 号

责任编辑：顾文卓　向连英
责任校对：楼旭红　　　　　　责任印制：储志伟

中国纺织出版社有限公司出版发行
地址：北京市朝阳区百子湾东里A407号楼　邮政编码：100124
销售电话：010—67004422　传真：010—87155801
http://www.c-textilep.com
中国纺织出版社天猫旗舰店
官方微博 http://weibo.com/2119887771
北京虎彩文化传播有限公司印刷　各地新华书店经销
2023年5月第1版　2024年3月第2次印刷
开本：710×1000　1/16　印张：14
字数：215千字　定价：88.00元

凡购本书，如有缺页、倒页、脱页，由本社图书营销中心调换

前言
Preface

在传统数学课堂教学中,由于受考试压力和应试教育思想的影响,教师在课堂教学中经常单纯地把数学概念当成一个名词来解释,片面地强调数学形式化的逻辑推导和技巧化的化简运算,对数学知识的发现过程和数学知识的背景关注较少,以至于学生普遍认为所谓数学就是晦涩难懂的抽象概念和枯燥无味的数学运算.很多学生恰恰就是因为对知识本质的一知半解,对概念的理解只是停留在形式化的表面,而没有深入理解数学知识的内涵,从而导致学生只会模仿,遇到新情况、新问题往往束手无策.

2018年9月10日,习近平同志在全国教育大会上强调了党的教育方针:坚持马克思主义指导地位,坚持中国特色社会主义教育发展道路,坚持社会主义办学方向,立足基本国情,遵循教育规律,坚持改革创新,以凝聚人心、完善人格、开发人力、培育人才、造福人民为工作目标,培养德智体美劳全面发展的社会主义建设者和接班人,加快推进教育现代化、建设教育强国、办好人民满意的教育.

中国学生发展核心素养是党的教育方针的具体化、细化.数学在形成人的理性思维、科学精神和促进个人智力发展的过程中发挥着不可替代的作用,数学素养是现代社会每一个人应该具备的基本素养.

在此背景下,高中数学新课改以发展学生数学学科核心素养为导向.数学课堂教学要创设合适的教学情境,启发学生思考,引导学生把握数学内容的本质.核心素养是在问题情境中借助问题解决培养起来的,问题情境是课堂教学中发展学生数学核心素养的重要载体.皮亚杰的发生认识论认为,人在自身经验基础上,在与环境、与他人的相互作用过程中,通过同化与顺应建构,获得知识.维果斯基的最近发展区理论认为,学习与发展是一种社会和合作活动,它适于学生在他们自己的头脑中构筑自己的理解,在这一过程中,教师扮演着促进者和帮助者的角色,通过创设一定的情境指导、激励、帮助学生全面发展.

《普通高中数学课程标准(2017年版)》主张"教师应注意创设情境,从具体的实例出发,展现数学知识的发生、发展过程,使学生能够从发现问题、提出问题,经历数学的发现和创造过程".问题源于情境,问题情境因其独特的作用价值和教育功能在课堂教学中被广泛使用,核心素养概念的提出与情境密切关联,发展学生数学核心素养的问题情境创设研究不仅是落实核心素养于课堂的一种尝试,也是探索问题情境功能价值的继承和创新.因此,教师如何创设情境,创设怎样的情境才能适应新课程改革对数学教师素质的要求,无疑是我们教师应该深入研究的重要课题.

本书第一章主要介绍核心素养提出的背景与核心素养的内涵结构,高中数学核心素养的"三会"与"六大核心素养",高中数学核心素养与四基、四能的关系.第二章主要介绍情境教学的中外文献综述和理论支撑,数学课堂情境创设的原则,举例介绍了数学课堂情境创设的模式,最后介绍了如何通过创设问题情境形成和发展数学核心素养.第三章是20个教学案例,分生活情境、数学情境和科学情境,呈现不同的问题情境下发展数学核心素养的实践案例,供一线教师学习交流之用.

教育改革是一个长期和艰难的过程,需要不断学习,不断自我革新.作为一线教师,我们需要时刻铭记立德树人根本任务,树立以学生为本的教育观,研究不断变化的教育环境和学生基本情况,时刻充满教育热情,在教书育人的岗位上不忘初心,勇毅前行!

由于水平和能力有限,本书肯定存在不妥之处,敬请读者和同行批评指正.

目录
Contents

第一章 数学核心素养 …………………………………………… /1

   第一节 核心素养 ………………………………………………… /2
   第二节 高中数学核心素养 ……………………………………… /6
   第三节 由能力到素养 ………………………………………… /10

第二章 问题情境教学 …………………………………………… /15

   第一节 问题情境 ……………………………………………… /16
   第二节 高中数学课堂的情境创设 …………………………… /20
   第三节 在问题情境教学中提升学生的数学核心素养 ……… /26

第三章 教学实践 ………………………………………………… /32

   案例一 《基本不等式》教学设计 …………………………… /32
   案例二 《函数 $y=A\sin(\omega x+\varphi)$》教学设计 ……………… /41
   案例三 《两条直线平行和垂直的判定》教学设计 ………… /54
   案例四 《椭圆及其标准方程》教学设计 …………………… /63
   案例五 《获取数据的途径》教学设计 ……………………… /69
   案例六 《统计应用——中学生视力调查分析》教学设计 … /81
   案例七 《一元线性回归模型参数的最小二乘估计》教学设计 … /93

案例八　《乘法公式与全概率公式》教学设计 …………………… / 101

案例九　《函数的基本性质——奇偶性》教学设计 …………… / 107

案例十　《对数》教学设计 …………………………………………… / 117

案例十一　《用交轨法绘制椭圆、双曲线和抛物线》
　　　　　教学设计 …………………………………………… / 126

案例十二　《等差数列前 n 项和的最值》教学设计 …………… / 141

案例十三　《平面与平面平行的判定》教学设计 ………………… / 148

案例十四　《平面与平面垂直的判定》教学设计 ………………… / 155

案例十五　《双曲线的切线与渐近线所围成的三角形面积的探究》
　　　　　教学设计 …………………………………………… / 165

案例十六　《直线与圆锥曲线的位置关系（第三课时）》
　　　　　教学设计 …………………………………………… / 171

案例十七　《古典概型》教学设计 ………………………………… / 180

案例十八　《导数在研究函数中的应用——函数的单调性》
　　　　　教学设计 …………………………………………… / 196

案例十九　《正弦型函数在指定区间内的单调性问题》
　　　　　教学案例 …………………………………………… / 203

案例二十　《图形计算器助力导数的教学》教学案例 ………… / 212

参考文献 …………………………………………………………… / 217

第一章　数学核心素养

2022年10月召开的党的二十大的主题是：高举中国特色社会主义伟大旗帜，全面贯彻新时代中国特色社会主义思想，弘扬伟大建党精神，自信自强、守正创新，踔厉奋发、勇毅前行，为全面建设社会主义现代化国家、全面推进中华民族伟大复兴而团结奋斗．

党的二十大报告强调：教育、科技、人才是全面建设社会主义现代化国家的基础性、战略性支撑．必须坚持科技是第一生产力、人才是第一资源、创新是第一动力，深入实施科教兴国战略，开辟发展新领域新赛道，不断塑造发展新动能新优势……要坚持教育优先发展、科技自立自强、人才引领驱动，加快建设教育强国、科技强国、人才强国，坚持为党育人、为国育才，全面提高人才自主培养质量，着力造就拔尖创新人才，聚天下英才而用之……办好人民满意的教育……坚持以人民为中心发展教育，加快建设高质量教育体系，发展素质教育，促进教育公平．加快义务教育优质均衡发展和城乡一体化，优化区域教育资源配置，强化学前教育、特殊教育普惠发展，坚持高中阶段学校多样化发展，完善覆盖全学段学生资助体系……推进教育数字化，建设全民终身学习的学习型社会、学习型大国．

普通高中教育是在义务教育的基础上进一步提高国民素质、面向大众的基础教育，它的任务是促进学生全面而有个性的发展，为学生适应社会生活、高等教育和职业发展做准备，为学生的终身发展奠定基础．普通高中的培养目标是进一步提升学生的综合素质，着力发展核心素养，使学生具有理想信念和社会责任感，具有科学文化素养和终身学习能力，具有自主发展能力和沟通合作能力．

第一节 核心素养

（一）素养

所谓"素"，原意是本色、本来的、原有的；所谓"养"，原意是培植、教育、熏陶、培养.《辞海》中对素养的定义已有提及，其一为修习涵养；其二为平素所供养. 素养是由训练和实践而获得的技巧或能力，是指一个人在从事某项工作时应具备的素质与修养，即一个人在品德、知识和身体等诸方面的先天条件和后天学习与锻炼的结果. 素养的形成对人的各方面发展都将起到重要的作用.

（二）素质与素养

"素质"一词本是生理学概念，是以人的生理和心理实际为基础，以其自然属性为基本前提. 因此它与人的遗传及胎儿期发育不无关系，但更是后天教育和实践的产物，是后天环境和教育影响下形成并发展起来的内在的、相对稳定的身心组织结构及质量水平. 马克思主义认为，人的素质是以往全部活动的客观结果，也是以后活动的主体条件.

人的自然属性、社会属性和精神属性，构成了人的自然素质、社会素质和精神素质. 党的十六大把人的素质概括为思想道德素质、科学文化素质和健康素质. 2001年6月，中共中央、国务院《关于深化教育改革全面推进素质教育的决定》指出："实施素质教育就是全面贯彻党的教育方针，以提高国民素质为根本宗旨，以培养学生的创新精神和实践能力为重点，造就有理想、有道德、有文化、有纪律的德智体美等全面发展的社会主义建设者和接班人."

1985年5月，邓小平在第一次全国教育工作会议上指出："我们国家，国力的强弱，经济发展后劲的大小，越来越取决于劳动者的素质，取决于知识分子的数量和质量."这成为素质教育实践的思想源头，以后素质教育逐渐发展，成为党和国家的教育方针. 国家推行素质教育的宗旨是提高国民素质，目标是培养德智体美劳全面发展的合格公民. 建设教育强国是中华民族伟大复兴的基础工程. 《关于新时代推进普通高中育人方式改革的指导意见》以及《关于深化教育教学改革全面提高义务教育质量的意见》，均要求坚持以习近平新时代中国特色社会主义思想为指导，全面贯彻党的教育方针，落实立德树人的根本任务，遵循教育规律，培养德智体美劳全面发展的社会主义建设者和接班人．文件旨在充分发挥基础教育的基础性作用，实现中华民族伟大复兴的教育强国梦．基础教育是教育事业发展、建设教育强国的重要基石，对提高国民素质，培养各级、各类人才具有极其重要的基础地位和作用．

从字面上看，素质是人生理上的原来特点、事物的本来性质、完成某种活动所必需的基本条件，是人的能力发展的自然前提和基础，而素养是人经过后天学习和训练而具备的从事某项工作的内在素质与修养．素质侧重先天禀赋，素养侧重后天习得．但从广义上讲，素质与素养具有一致性，没有本质的差异，新一轮课程改革提到的核心素养实际上是30年以后素质教育继续深化和具体的新起点，是中国教育与国际教育接轨的新实践．

（三）核心素养

学生发展核心素养，主要指学生应具备的、能够适应终身发展和社会发展需要的必备品格和关键能力．核心素养是党的教育方针的具体化，是连接宏观教育理念、培养目标与具体教育教学实践的中间环节．党的教育方针通过核心素养这一桥梁，可以转化为教育教学实践可用的、教育工作者易于理解的具体要求．

2016年9月13日上午，中国学生发展核心素养研究成果发布会在北京师范大学举行．中国学生发展核心素养以培养"全面发展的人"为核心，分为文化基础、自主发展、社会参与三个方面，综合表现为人文底蕴、科学精神、学会学习、健康生活、责任担当、实践创新六大素养，具体细化为国家认同等18个基本要点．各素养之间相互联系、互相补充、相互促进，在不同情境中发挥整体作用．

其中，文化基础，重在强调能习得人文、科学等各领域的知识和技能，掌握和运用人类优秀的智慧成果，涵养内在精神，追求真善美的统一，发展成为有宽厚文化基础、有更高精神追求的人；自主发展，重在强调能有效管理自己的学习和生活，认识和发现自我价值，发掘自身潜力，有效应对复杂多变的环境，成就出彩人生，发展成为有明确人生方向、有生活品质的人；社会参与，重在强调能处理好自我与社会的关系，养成现代公民必须遵守和履行的道德准则和行为规范，增强社会责任感，提升创新精神和实践能力，促进个人价值实现，推动社会

发展进步，以发展成为有理想信念、敢于担当的人.❶

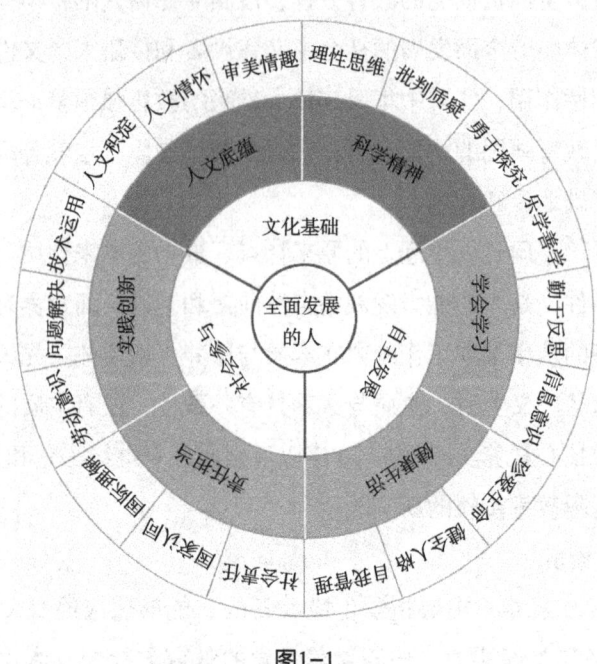

图1-1

18个基本要点则从更具体、更细微的角度对核心素养予以阐释（图1-1）.举例如下.

（1）审美情趣. 审美情趣是指人们根据自己的审美观，对自然、社会生活中的各种现象和事物，以及艺术作品做出直接的、感性的审美评价. 审美情趣要求学生具有艺术知识、技能与方法的积累；能理解和尊重文化艺术的多样性，具有发现、感知、欣赏、评价美的意识和基本能力，具有健康的审美价值取向；具有艺术表达和创意表现的兴趣和意识，能在生活中拓展和升华美等. 拥有健康的审美情趣，会对自然、社会和人生有更敏锐的感知能力，从而获得感官和心智方面美的享受，美好的图画、优美的旋律总是能激发人们的创造灵感. 个别文娱青年缺乏对美的判断，一味追求庸俗的、流弊的事物，没有形成正确的人生观和价值观，这正是由于审美情趣的缺失.

---

❶ 今天，为何要提"核心素养"[EB/OL]. [2016-10-13]. http://edu.people.com.cn/n1/2016/1013/c1006-28773930.html.

（2）批判质疑．批判质疑要求学生具有问题意识；能独立思考、独立判断；思维缜密，能多角度、辩证地分析问题，做出选择和决定．批判质疑是科学精神的精髓，具有批判质疑的精神，才能让学生遇事不草率、不盲从，不为感性事物所左右．现在是自媒体时代，我们每天都能接受海量的信息，我们要坚持自己的思考和判断，不要被"带节奏"，耳听为虚，眼见也不一定为实，不要被事物的表面蒙蔽了双眼．

（3）勤于反思．勤于反思要求学生具有对自己的学习状态进行审视的意识和习惯，善于总结经验；能够根据不同情境和自身实际，选择或调整学习策略和方法等．总结是客观的观察与高度的概括．高质量的总结意味着不能做思想懒汉，不能照猫画虎，要保持清醒、善于钻研、提高认识，去伪存真，抽象出一般规律，用理性的思维得出正确的结论．反思是对自己的思维过程、思维结果进行再认识的检验过程，是学习中不可缺少的重要环节，学习中的反思如同生物体消化食物和吸收养分一样，是别人无法代替的．在寻求问题答案的过程中，无论是正确的答案还是错误的答案，勤于反思都能够使认识得到再次升华，提高学习的效率．

（4）"珍爱生命"和"健全人格"．"珍爱生命"和"健全人格"要求学生理解生命的意义和人生价值，具有积极的心理品质，自信自爱，坚韧乐观；有自制力，能调节和管理自己的情绪，具有抗挫折能力等．健康的身体和健全的人格是一切的基础，离开这个基础，人文底蕴和科学精神将归零；离开这个基础，也不要谈责任担当和社会创新．因此，生命教育和健康教育是教育中不可或缺的重要组成部分．

（四）核心素养的落地

此轮教育改革，核心素养被"寄予厚望"，如何让核心素养落实在日常教学中，是教育专家和一线教师都关心和关注的问题．核心素养的落地必须与课程密切结合，在课程内容不可能被推翻，甚至不可能做出很大改变的前提下，课程结构的调整和课堂教学的设计显得尤为重要．在新一轮的义务教育课标修订过程中，整合小学原品德与生活、品德与社会和初中原思想品德为"道德与法治"，进行九年一体化设计；改革艺术课程设置，一至七年级以音乐、美术为主线，融入舞蹈、戏剧、影视等内容，八至九年级分项选择开设；科学、综合实践活动开设起始年级提前至一年级；将劳动、信息科技及其所占课时从综合实践活动课程中独立出来．从课堂教学角度来看，教师在进行教学设计时要突出知识的学习方式，打破死记硬背、题海战术等单纯知识、技能训练的魔咒，让学生在主题学习（单元学习）活动中，通过完成学习任务获得知识和解决问题，亲历实践、探究、体验、反思、合作、交流等深度学习过程，逐步发展核心素养．

第二节　高中数学核心素养

（一）高中数学核心素养提出的背景

党的十八大关于教育的论述："坚持教育为社会主义现代化建设服务、为人民服务，把立德树人作为教育的根本任务，全面实施素质教育，培养德智体美全面发展的社会主义建设者和接班人，努力办好人民满意的教育."论述与以前相比增加了"立德树人的根本任务"．为了落实这一根本任务，教育部于 2014 年发布了《教育部关于全面深化课程改革落实立德树人根本任务的意见》，教育部委托北京师范大学组建研究小组进行研究，并于 2016 年 9 月 13 日公布了中国学生发展核心素养的研究结果，将学生的核心素养定义为"学生应具备的，能够适应终身发展和社会发展需要的必备品格和关键能力"．中国学生发展核心素养是党的教育方针的具体化、细化．为建立核心素养与课程教学的内在联系，充分挖掘各学科课程教学对全面贯彻党的教育方针、落实立德树人的根本任务、发展素质教育的独特育人价值，各学科基于学科本质凝练了本学科的核心素养，明确了学生学习该学科课程后应达成的正确价值观念、必备品格和关键能力，对知识与技能、过程与方法、情感态度价值观三维目标进行了整合．课程标准还围绕核心素养的落实，精选、重组课程内容，明确内容要求，指导教学设计，提出考试评价和教材编写建议．

（二）高中数学核心素养的内容

《普通高中数学课程标准（2017 版）》（以下简称"新课标"）将高中阶段的数学核心素养定义为具有数学基本特征的、适应个人终身发展和社会发展需要的人的思维品质与关键能力．数学教育的终极目标是，一个人在学习数学之后，即便这个人未来从事的工作和数学无关，也应当会用数学的眼光观察世界，会用数学的思维思考世界，会用数学的语言表达世界．本质上，这"三会"就是数学核心素养；也就是说，这"三会"是超越具体数学内容的数学教学目标．为了教师能够在数学教学的过程中有机地融入数学的核心素养，需要把"三会"具体化，赋予内涵．数学的眼光就是数学抽象．数学的研究源于对现实世界的抽象，通过抽象得到数学的研究对象，基于抽象结构，通过符号运算、形式推理、模型构建等数学方法，理解和表达现实世界中事物的本质、关系和规律．正是因为有了数学抽象，才形成了数学的第一个基本特征，就是数学的一般性．当然，与数学抽象关系很密切的是直观想象，直观想象是实现数学抽象的思维基础，因此在高中数学阶段，也把直观想象作为核心素养的一个要素提出．数学的思维就是逻辑推．数学的发展主要依赖的是逻辑推理，通过逻辑推理得到数学的结论，也就是数学命题．所谓推理就是从一个命题判断到另一个命题判断的思维过程，所谓逻辑推理，就是从一些前提或者事实出发，依据一定的规则得到或者验证命题的思维过程．正是因为有了逻辑推理，才形成了数学的第二个基本特征，就是数学的严谨性．虽然数学运算属于逻辑推理，但高中阶段数学运算很重要，因此也把数学运算作为核心素养的一个要素提出．数学的语言就是数学模型．数学模型使得数学回归于外部世界，构建了数学与现实世界的桥梁．在现代社会，几乎所有的学科在科学化的过程中都要使用数学的语言，除却数学符号的表达外，主要是通过建立数学模型来刻画研究对象的性质、关系和规律．正是因为有了数学建模，才形成了数学的第三个基本特征，就是数学应用的广泛性．因为在大数据时代，数据分析变得越来越重要，逐渐形成了一种新的数学语言，所以也把数据分析作为核心素养的一个要素提出．[1]

因此，数学学科的核心素养包括数学抽象、逻辑推理、数学建模、直观想象、数学运算和数据分析．新课标从概念、价值、表现和学习要求四个方面分别对六个核心素养进行了具体阐述．

1. 数学抽象

数学抽象是指通过对数量关系与空间形式的抽象得到数学研究对象的素养，

---

[1] 史宁中，林玉慈，陶剑，等．关于高中数学教育中的数学核心素养——史宁中教授访谈之七[J]．课程·教材·教法，2017,37（4）：8-14.

主要包括从数量与数量关系、图形与图形关系中抽象出数学概念及概念之间的关系，从事物的具体背景中抽象出一般规律和结构，并用数学语言予以表征．

数学抽象是数学的基本思想，是形成理性思维的重要基础，反映了数学的本质特征，贯穿在数学产生、发展、应用的过程中．数学抽象使得数学成为高度概括、表达准确、结论一般、有序多级的系统．

数学抽象主要表现为获得数学概念和规则，提出数学命题和模型，形成数学方法与思想，认识数学结构与体系．

通过高中数学课程的学习，学生能在情境中抽象出数学概念、命题、方法和体系，积累从具体到抽象的活动经验；养成在日常生活和实践中一般性思考问题的习惯，把握事物的本质，以简驭繁；运用数学抽象的思维方式思考并解决问题．

2. 逻辑推理

逻辑推理是指从一些事实和命题出发，依据规则推出其他命题的素养，主要包括两类：一类是从特殊到一般的推理，推理形式主要是归纳、类比；一类是从一般到特殊的推理，推理形式主要是演绎．

逻辑推理是得到数学结论、构建数学体系的重要方式，是数学严谨性的基本保证，是人们在数学活动中进行交流的基本思维品质．

逻辑推理主要表现为掌握推理基本形式和规则，发现问题和提出命题，探索和表述论证过程，理解命题体系，有逻辑地表达与交流．

通过高中数学课程的学习，学生能掌握逻辑推理的基本形式，学会有逻辑地思考问题；能够在比较复杂的情境中把握事物之间的关联，把握事物发展的脉络；形成重论据、有条理、合乎逻辑的思维品质和理性精神，增强交流能力．

3. 数学建模

数学建模是对现实问题进行数学抽象，用数学语言表达问题、用数学方法构建模型解决问题的素养．数学建模过程主要包括在实际情境中从数学的视角发现问题、提出问题，分析问题、建立模型，确定参数、计算求解，检验结果、改进模型，最终解决实际问题．

数学模型搭建了数学与外部世界联系的桥梁，是数学应用的重要形式．数学建模是应用数学解决实际问题的基本手段，也是推动数学发展的动力．

数学建模主要表现为发现和提出问题，建立和求解模型，检验和完善模型，分析和解决问题.

通过高中数学课程的学习，学生能有意识地用数学语言表达现实世界，发现和提出问题，感悟数学与现实之间的关联；学会用数学模型解决实际问题，积累数学实践经验；认识数学模型在科学、社会、工程技术等诸多领域的作用，提升实践能力，增强创新意识和科学精神.

4. 直观想象

直观想象是指借助几何直观和空间想象感知事物的形态与变化，利用空间形式特别是图形，理解和解决数学问题的素养，主要包括借助空间形式认识事物的位置关系、形态变化与运动规律；利用图形描述、分析数学问题；建立形与数的联系，构建数学问题的直观模型，探索解决问题的思路.

直观想象是发现和提出问题、分析和解决问题的重要手段，是探索和形成论证思路、进行数学推理、构建抽象结构的思维基础.

直观想象主要表现为建立形与数的联系，利用几何图形描述问题，借助几何直观理解问题，运用空间想象认识事物.

通过高中数学课程的学习，学生能提升数形结合的能力，发展几何直观和空间想象能力；增强运用几何直观和空间想象思考问题的意识；形成数学直观，在具体的情境中感悟事物的本质.

5. 数学运算

数学运算是指在明晰运算对象的基础上，依据运算法则解决数学问题的素养，主要包括理解运算对象、掌握运算法则、探究运算思路、选择运算方法、设计运算程序，求得运算结果等.

数学运算是解决数学问题的基本手段. 数学运算是演绎推理，是计算机解决问题的基础.

数学运算主要表现为理解运算对象，掌握运算法则，探究运算思路，求得运算结果.

通过高中数学课程的学习，学生能进一步发展数学运算能力；有效借助运算方法解决实际问题；通过运算促进数学思维的发展，形成规范化思考问题的品质，养成一丝不苟、严谨求实的科学精神.

6. 数据分析

数据分析是指针对研究对象获取数据，运用数学方法对数据进行整理、分析和推断，形成关于研究对象知识的素养．数据分析过程主要包括收集数据，整理数据，提取信息，构建模型，进行推断，获得结论．

数据分析是研究随机现象的重要数学技术，是大数据时代数学应用的主要方法，也是"互联网+"相关领域的主要数学方法，数据分析已经深入科学、技术、工程和现代社会生活的各个方面．

数据分析主要表现为收集和整理数据，理解和处理数据，获得和解释结论，概括和形成知识．

通过高中数学课程的学习，学生能提升获取有价值信息并进行定量分析的意识和能力；适应数字化学习的需要，增强基于数据表达现实问题的意识，形成通过数据认识事物的思维品质，积累依托数据探索事物本质、关联和规律的活动经验．

（三）高中数学的核心素养是一个有机整体

数学抽象、逻辑推理、数学建模、直观想象、数学运算和数据分析这六个核心素养是在数学学习和应用的过程中逐步形成和发展的．它们之间既相对独立，又相互交融，是一个有机的整体．

第三节　由能力到素养

（一）知识、技能与能力

知识是指各种信息，是人对客观事物的主观表征．它通常可以通过间接的获取，或者通过直接的观察和感知获取．

技能是指具备一种或多种实际操作功能，是通过反复练习而获得的动作执行经验．

能力是完成一项实践任务所体现出来的综合素质．能力是生命体对自然探索、认知、改造水平的度量．

掌握知识和技能相对比较容易，而获得能力相对比较困难．掌握知识和技能是获得能力的基础，具备能力又是掌握知识和技能的前提．举例说明三者之间的关系：通过阅读书籍、浏览网页或者现场观摩的方式可以获取游泳的相关知识，然后通过实际的不断操作和练习，在教练的帮助下不断纠正动作，可以掌握游泳的技能，在此基础上形成不依靠外力而浮于水上的能力，具备了浮水的能力以后再学习其他泳姿也会变得简单许多．

在我国基础教育领域，中华人民共和国成立之初比较长的一段时间内都将技能与能力视作同义．数学教学大纲中正式而明确地出现了基础知识和基本技能的表述，这就是1986年的《全日制中学数学教学大纲》．该文本中对数学技能与数学能力作出了明确的区分，并将数学技能与数学知识并列为数学教学的基础，标志着"双基"理念在数学教学大纲中的正式确立．在这之后的数学教学大纲也大都沿用了类似表述．此外，大纲还明确了"双基"与"三大能力（计算能力、逻辑推理能力和空间想象能力）"的关系，即"双基"是"三大能力"的前提，"三大能力"则是"双基"的目标要求．在1988年颁布的《九年制义务教育全日制初级中学数学教学大纲（初审稿）》中，更是进一步对"双基"的基本含义做了明确的界定："初中数学中的基础知识包括初中代数、几何中的概念、法则、性质、公式、公理、定理等以及由其内容所反映出来的数学思想和方法．初中数学教学中要培养的基本技能是能够按照一定的程序与步骤来进行运算、作图或画图、简单的推理．"[1] 显然，知识与技能是更外显的东西，是容易被测量和评价的，而能力是在知识和技能的基础上形成的一种能够稳定伴随的、解决问题的一种素质，能力的形成更加重要，是我们追求的目标．知识和技能是为了达成目标的手段或过程．

（二）从"双基"到"四基"

大多数学者认为，首次在我国的教学大纲中明确提出基础知识和技能的是1952年的《中学数学教学大纲（草案）》．1963年推出的《全日制中学数学教学大纲（草案）》首次正式提出了"计算能力、逻辑推理能力和空间想象能力"三大能力．"三大能力"的提出，不仅标志着我国完全机械性模仿国外数学教育模式时代的结束，也对日后逐步形成具有中国特色的数学教育产生了深远的影响．1986年的《全日制中学数学教学大纲》正式而明确地出现了基础知识和基本技

---

[1] 朱雁，鲍建生．从"双基"到"四基"：中国数学教育传统的继承与超越[J]．课程·教材·教法，2017，37（1）：62-68．

能的表述.[①] 但是,20 世纪 90 年代后期,随着经济的发展,生活水平的提高,城镇化进程的开始,人们对教育越来越重视,考试竞争开始加剧,"双基"教学逐渐呈现出过分强调知识的系统性、逻辑性与形式化的趋势,强调通过记忆、操练以获得熟练技能的"题海战术"和"满堂灌","双基"教学出现了异化,实际上已经逐渐背离了"双基"教学的本质.所以,2001 年的《全日制义务教育数学课程标准(实验稿)》虽然沿用"双基"的提法,但是进一步提出了"三维目标"即"知识与技能、过程与方法、情感态度价值观",由过去的一维目标建构出新型的三维目标.

笔者是 2005 年参加工作的,工作时接触的就是实验版的课标和教材,"教学大纲"这个词只是在我的老师或者我身边的老教师口中听说的,而我本人从来都没有见到过,印象比较深的是在每次的听评课时或者每次写期末总结时,总也避不开的是"双基落实得如何",由此可见,"双基"给教师留下了非常深刻的烙印.正如张奠宙教授认为的那样,"双基"对于中国的基础教育确实做出了不可磨灭的贡献."三维目标"实际上是对"双基"的继承和发展,并不是对"双基"的否定,而是引导教学除了知识和技能外,要注重对学生全方位的教育.

史宁中教授认为,三维目标中所说的"过程方法"在新课改中没有成为目标,这是因为在描述"过程方法"时使用的行为动词是"经历""体验""探索",并没有说明通过这些"过程"让学生获得什么.为此,在数学课程标准修订时,把"过程"目标表述为通过学生参与其中的数学教学活动过程,让学生感悟数学的基本思想,积累数学思维和实践的基本经验.这就把传统数学教育的"双基"发展为"四基",并且强调:"四基"的提出是在传统的"双基"的前提下,加上了基本思想和基本活动经验,目的是通过数学的学习,使学生不仅把数学作为一种技术和手段,还要学会思考,逐步具有抽象的能力和逻辑推理能力."四基"中各"基"之间的关系并不是简单叠加."四基"是一个有机的整体,相互制约、相互促进.在教学活动中,"基本思想"是统领全部内容的主线,"基本活动经验"则是不可或缺的内容.

张奠宙教授认为,"四基"中的基本数学知识、基本数学技能和基本数学思

---

① 朱雁,鲍建生.从"双基"到"四基":中国数学教育传统的继承与超越[J].课程·教材·教法,2017,37(1):62-68.

想方法,皆属于数学教学的内容,是学习者需要努力掌握的客体对象.而基本数学活动经验,则具有学习者参与的主体特征.原有的"双基"数学教学注重的是对客观数学知识和数学技能重要性的描述,"四基"数学教学则是具有学生主体参与的教学.基于这一理念,他认为"四基"模块必然具有很强的个体特色.

强调"四基",就要在数学教学活动中,让学生在掌握知识技能的同时理解比知识本身更上位的东西——数学思想.高中数学课程要落实立德树人的根本任务,培育科学精神和创新意识,就需要学生不能单单满足学会知识,而是要学会学习,那么学生在学习过程中需要积累数学思维和实践经验,在这个基础上促使学生形成和发展数学核心素养.完成这样的任务,就需要设计并且实施合适的教学活动,设计合适的情境和问题,引导学生思考以及和他人讨论,要以学生为本,让学生在学习过程中逐步积累数学学习的活动经验.

(三)从"三大能力"到"核心素养"

1963年《全日制中学数学教学大纲(草案)》首次正式提出了"计算能力、逻辑推理能力和空间想象能力"三大能力,2003年在《普通高中数学课程标准(实验)》的课程目标中,把"三大能力——计算能力、逻辑推理能力、空间想象能力"拓展为"五大能力——空间想象、抽象概括、推理论证、运算求解、数据处理能力","五大能力"包含了"三大能力"."2003年课标"将逻辑推理能力拓展为推理论证能力,不仅包括了原来的演绎推理,还包括归纳推理、类比推理两类合情推理,因为合情推理也是数学发现非常重要的方法,很多伟大的数学发现都是先猜出来的,这方面的能力对于培养学生提出和发现问题的能力、培养学生的创新精神非常重要.同时,将计算能力拓展为运算求解能力,40年过去了,随着时代的发展,计算工具的不断发展,数学本身也在不断拓展,与实际生产生活的联系也越来越紧密,因此对于运算来说,除了计算能力,又包括了估算能力、使用计算器和计算机的能力、求近似解的能力等.同时,"2003年课标"增加了抽象概括能力和数据处理能力.数学抽象对于发现数学的研究对象、数学自身的发展非常重要,概括能力对于学生学习能力提高的重要性也是不言而喻的,因此增加了抽象概括能力.随着计算机的普及和大数据对生产生活发挥着越来越大的作用,对数据处理的需求也越来越大,因此增加了数据处理能力.增加抽象概括能力和数据处理能力体现了对归纳思维和发现过程的重视.数学既是演绎的科学,又是归纳的科学."演绎推理"和"归纳抽象"是认识数学的两个基本方面,从一般到特殊，从具体到抽象，都是重要的．抽象概括和数据处理都是一种归纳思维，因此，增加抽象概括能力和数据处理能力反映了数学课程从单纯地强调演绎，到强调归纳演绎并重．增加数据分析能力也反映了对数学与社会生活的联系、应用数学解决问题的重视．

新课标把"五大能力——空间想象、抽象概括、推理论证、运算求解、数据处理能力"拓展为"六个核心素养——数学抽象、逻辑推理、数学建模、直观想象、数学运算、数据分析"．这次改进有两个实质性进展，一个是增加"数学建模"，主要是体现数学的应用性；另一个是从能力到素养，从能力到素养是这次修订工作重点．在新课标中，"数学学科核心素养是数学课程目标的集中体现，是具有数学基本特征的思维品质、关键能力，以及情感、态度与价值观的综合体现，是在数学学习和应用的过程中逐步形成和发展的．"数学学科核心素养的内涵要比能力更丰富，不仅包括外在的、结果性的内涵，特别强调具有数学基本特征的思维品质，以及情感、态度与价值观的综合体现，这是一个很大发展．[1]

---

[1] 王尚志，胡凤娟．高中数学课程标准"修订思路""组织"及"过程"[J]．数学教育学报，2018,27（1）：11-13.

第二章　问题情境教学

俗话说:"良好的开端是成功的一半."创造一个好的问题情境是一节课成功的基础.生动有意思的情境能够吸引学生,使之全神贯注,启发学生的思维,调动学生的积极性.

还记得笔者大四回高中母校进行实习,我走上讲台的第一节课讲的是基本不等式.由于是第一次上讲台,台下的学生又不太熟悉,我特别害怕不被学生接受,当时我绞尽脑汁设计了这么一个情境:小亮的母亲到商铺买黄金首饰,服务员用天平(无游码)称得首饰重量为 a 克,为了防止由于天平不准而带来经济损失,小亮的母亲要求把首饰盘和砝码盘交换位置进行称重,结果称得首饰重量为 b 克,于是双方协商,按照两次称量结果的平均值 (a+b)/2 来计算,你认为这种处理是否公道?如果不公道,谁吃亏了?也许是我太紧张了,情境引入和新知探究阶段很快就结束了,由于学生参与并不多,提前 10 分钟我就结束了全部的教学任务,只好让孩子们自己整理笔记.这次课我印象特别深,大概一辈子都不会忘掉.下课以后一个小男孩跑出教室跟我说,老师您开始的问题挺有意思的,我们都特别感兴趣.有意思的开头可能是我这节课唯一的亮点,也是以后的课堂教学中我一直追求的效果.

第一节　问题情境

（一）问题情境的概念

"情境"的"情"是状况的意思，"境"是环境的意思，《辞海》将其解释为"情境是指一个人在进行某种行动时所处的社会环境，是人们社会行为产生的具体条件"．而心理学认为情境是对人产生一定影响，具有一定的生物学意义和社会学意义的具体环境．教学中的情境是指在学习过程中，可以让学生产生某种情感体验，并对教学环境产生影响的氛围或者环境．

针对"情境"和"情景"之间的区别，孙晓天教授从教学的实际出发谈了自己的观点：仅从这两个词所表达的意思来理解，它们之间是有区别的，"情景"的"景"侧重具体直观，而"情境"的"境"要丰富得多，是指蕴涵在情景中的那些相互关联的因素及它们之间的关系，因此，情境要比情景复杂得多，但是就数学学科而言，教学过程中应主要侧重"情境"．❶

"问题情境"中的"问题"与"情境"是融合在一起的，创设合适的教学情境、提出合适的问题都是为了把握学科知识的本质，形成和发展学科核心素养．闫勋才认为，问题情境有以下几种：①"矛盾式"问题情境，这是从学生的心智出发，抓住学生原有的认知结构与新学知识的矛盾，从而形成的问题情境．②阶梯式问题情境，这是将新旧知识紧密地衔接起来，使新知识建立在旧知识的基础之上，让学生的认识沿着教师设好的阶梯拾级而上，思维一步一步向纵深发展．③发散式问题情境，这种问题情境以某一知识点为中心，引导学生从不同的角度去解决与中心有密切联系的知识，从而深化对知识的理解．④变式问题情境，这是将教学中将已有的习题加以改变形式，使题目的精髓渗透到其他形式改变而实质不变的问题中去，从而培养学生的创造性思维能力．❷

"问题情境"可理解为一种特殊的教学环境，它可以是现实生活中的材料，

---

❶ 黄翠中．高中数学问题情境的有效性研究 [D]．武汉：华中师范大学，2011．

❷ 范梅．高中数学问题情境创设的现状研究 [D]．上海：华东师范大学，2009．

也可以是本学科的内容知识，还可以是其他学科的相关内容等．它充分反映了学生的主观愿望，能激发学生的学习兴趣和学习动机，使他们能积极主动地投入到学习中去．

（二）关于问题情境教学的文献综述

1. 国外问题情境教学研究述评

早期阶段，在国外，苏格拉底的"产婆术"被认为是与情境教学有关的最早的教学理念．教学中运用和创设情境问题在美国教育家杜威那里得到了进一步发展，他说，"我们主张必须有一个实际的经验情境，作为思维的开始阶段"．1929年，美国哲学家阿尔佛雷德诺斯怀特海在他的著作《教育目的》一书中阐明他的观点：以学惰性的知识培养出来的学生只会考试，而不能回到生活，解释生活，适应生活．这被看作是对情境认知与学习理论最早的、相对具体的论述．

20世纪80年代中期到90年代，是情境认知与学习理论的初步形成阶段．1987年，瑞兹尼克在美国教育研究协会的就职演说中，发表了演说《学校内外的学习》，之后，她又相继在1987年和1989年分别出版了该系列著作，推动了以情境理论为重点的系列观点的发展．1989年，布朗、柯林斯和杜吉德在《教育研究者》杂志上发表了他们著名的论文《情境认知和文化学习》，被认为是情境认知与学习理论研究领域中的开创性与指导性之作．

理论体系的丰富与发展阶段是从1993年开始至今．1993年3月，美国权威杂志《教育技术》开辟专栏对情境认知与学习理论进行探讨．1996年，希拉里·麦克莱伦将这些论文以"情境学习的观点"为题结集出版．这本书可以看作是对情境认知与学习理论研究的阶段性研究成果，该项研究的突破点主要表现在将情境学习与计算机教育、课堂教学、情境教学的评价及相关的一些案例的研究与开发等相结合．

现实主义的情境数学，主要代表人物是荷兰数学教育家弗赖登塔尔，他有两个基本观点：现实的和实现的，现实的即注重情境的运用，强调由现实问题到数学问题的转化，实现了现实情境转化为数学符号；而实现的，就是将现实的数学教学与数学的"再发现"紧密相连，是在数学范畴内对已经符号化了的问题做进一步抽象处理的数学化过程．外国教育家第斯多惠指出："教学的艺术不在于传授本领而在于激励、唤醒、鼓舞．"

在国外数学学科教育中，情境化创设手段已被广泛用于课堂教学和课外的一些活动中. 国外很多学派对情境创设的目的及有效创设的具体方法都有阐述, 他们认为数学教学的情境创设必须是形式多样的富于生活气息的数学活动, 还认为体验数学活动比课堂听教师讲授更有意义, 效果更好.

2. 国内问题情境教学研究述评

在国内, 对情境教学理论与实践的研究是从 1978 年李吉林的情境教学法实验正式开始的, 这个实验主要侧重于研究怎样通过创设情境来调动学生的兴趣和动机. 李吉林教授通过三十多年的实践研究, 从情境教学到情境教育学, 李教授总结了情境教育的四大特点, 综合运用创设情境的六条途径, 以及怎样实践情境教育、怎样设计情境教育等理论体系. 吕传汉与汪秉彝两位教授开展了"设置数学情境与提出数学问题"的教学实验, 提出了"创设情境—提出问题—解决问题—注重应用"的基本教学模式. 该实验研究通过理论与实际证明了创设有效的问题情境有利于学生提出问题的能力的培养, 对于培养和锻炼学生的创新意识有一定的积极作用. 冷平和梅松竹认为, 情境教学的理论基础有认识论、学习论、现代教学观、现代心理学及数学文化. 王鉴和张晓洁从教学论的角度对情境教学的理论基础进行了探讨. 他们认为, 情境教学的教学论基础主要在于教学二重性, 即符合教学预设性与教学生成性的辩证关系. 王文静和郑秋贤研究了与情境认知相关的一些美国教学案例并做了总结; 吴爱武、何永刚发表了《数学课堂中优化问题情境创设的策略》; 华东师范大学张卫平博士提出数学问题情境创设的有效性; 浙江绍兴文理学院沈超剖析了创设数学问题情境存在的几种误区.

(三) 情境教学的概念

关于情境教学, 不同专家有不同的定义. 顾明远提出"情境教学就是运用具体生动的场景, 以激起学生主动的学习兴趣、提高学习效率的一种教学方法". 傅道春在其著作《教育学——情境与原理》中将情境教学定义为教师根据一定的教学要求, 有计划地使学生处于一种类似真实的活动情境之中, 利用其中的教育因素综合地对学生施加影响的一种方法. 佘玉春认为情境教学是一种运用具体生动的场景以激起学生主动学习的兴趣、提高学习效率的教学方法. 张新华认为情境教学是从教学的需要出发, 教师依据教学目标创设以形象为主体, 富有感情色彩的具体场景或者氛围, 激发和吸引学生主动学习, 达到最佳效果的一种教学方法. 张华提出"情境教学是指创设含有真实事件或真实问题的情境, 学生在探究事件或解决问题的过程中自主地理解知识、建构意义".

（四）问题情境教学的理论依据

1. 情境认知与学习理论

情境认知与学习理论是继行为主义的"刺激—反应"学习理论和认知心理学"信息加工"学习理论后的又一个当代西方学习理论的重要研究方向．情境认知理论的主要关注点在如何帮助学生学到知识并实现知识的迁移．在该理论中，学习应该是学生和情境进行有效互动的结果，而迁移是指学生从课堂的情境中所获得的知识向真实的生活情境中迁移的过程，是"学以致用"．要顺利的实现知识的迁移，即学生所获得的知识能成功发生迁移，很重要的一点就是该知识是来源于它所依赖的情境．情境认知与学习理论强调情境的重要性，只有当学习发生在有意义的情境中时，从中获得的数学知识才更容易迁移成功．情境认知与学习理论认为学习是通过参与有目的模仿活动而构建的，同时强调了实践与共同体的重要性．当学习者产生基于情境的行动，参与到实践中，成为实践共同体时，必然会经历自新手逐渐从共同体的边缘向中心移动的过程．通过情境认知与学习理论我们可以看到，学生的学习产生于在与教师设置的教学情境的互动中，这就要求教师在创设问题情境时，以学生已有生活和学习经验为基础，创设学生感兴趣的、易于接受的问题情境，产生正迁移，让学生逐渐从边缘参与者走向实践共同体的中心，从中获得新的知识和新的经验．[1]

2. 建构主义学习理论

建构主义学习理论包括以下几个观点：①学习过程不是学习者被动地接受知识，而是积极地建构知识的过程．②学习活动是以学习者为中心，而且是真实的，因而更能激发学习者的兴趣和动机，能够鼓励学习者进行批判思维，能够更易于培养学习者的个性和易于发挥创造性．③意义建构是学习的目的要靠学生自觉、主动去完成．教师和外界环境的作用都是为了帮助和促进学生的意义建构．④强调创设真实情境，把创设情境看作是意义建构的必要前提，并作为教学设计最重要的内容之一．⑤学习总是与一定的社会文化背景即情境相联系的，在实际情境下或通过多媒体创设的接近实际情境下进行学习，可利用生动、直观的形象有效地激发联想，从而使学习者能利用自己原有认知结构中的有关知识与经验去同化当前学习到的新知识，赋予新知识的某种意义．如果原有的知识与经验不能

---

[1] 周潇潇．高中数学课堂问题情境的创设[D]．重庆：西南大学，2021．

同化新知识，则要引起顺应过程，即对原有认知结构进行改革与重组，通过同化与顺应达到对新知识的建构．⑥同化与顺应离不开原有认知结构中的知识、经验与表象，情境创设为提取记忆中的这些知识、经验与表象创造了有利条件．在传统课堂讲述中，由于不能提供实际背景所具有的生动性和丰富性，不能激发联想，难以提取常识记忆中的有关内容，因而将使学习者对知识的意义建构发生困难．以上启示我们：数学课堂教学中的创设情境正是数学学习方式变革的切入口，以问题方式展开的教学可以较好地体现对学生认知活动的组织和思维活动的激发、引导和创新．

3. 最近发展区理论

维戈茨基在研究教学和发展的关系时，提出了"最近发展区"的概念．最近发展区是指学生独自能达到的水平和学生在老师的帮助下能达到的水平之间的区域，所以最近发展区又叫作"潜在发展区"．这个区域可以认为是学生现有水平和教学目标之间的差距．学生的发展水平可以分成两种，一种是目前能达到的发展水平，叫作"现有水平"；另一种是在老师的帮助下可能达到的发展水平，叫作"可能水平"．现有水平和可能水平之间就是最近发展区．现有水平是学生已经形成的现状，可能水平则是可以通过教学得到不断发展的．最近发展区是正在形成的能力，是动态变化的，表明了学生发展的可能，也是教学的方向，是学生和教师共同努力的目标．最近发展区理论同样适用于问题情境教学，在具体运用时需要注意问题提出的范围和学生与最近发展区的距离．

第二节　高中数学课堂的情境创设

（一）数学课堂情境创设的原则

1. 生活化原则

创设问题要结合生活中的真实情境．对新知识来讲，通过创设生活化的问题情境，能够有效地消除学生对新知识的陌生感，增强学生学习新知识的主动性，促使学生自主构建知识结构网络．数学来源于生活又应用于生活，通过生活化的问题情境的创设，能够让学生体会数学的应用价值.

2. 系统化原则

任何一个知识都不是一个孤立存在的，高中阶段的很多数学知识都可以视为初中知识的延伸或者大学知识的先修. 因而，创设问题情境时，教师要站在学习进阶的角度，关注数学知识的系统性、一致性.

3. 趣味化原则

爱因斯坦曾说："兴趣是最好的老师."趣味性原则是指在教学过程中教师运用幽默生动的语言、直观形象的表达，以灵活的教学技巧来增加课堂活力，促使学生产生学习热情，培养学生在轻松愉快的氛围中学习"枯燥"的数学知识的兴趣.

4. 多样化原则

总是使用同一种情境教学方式，学生会失去新鲜感，产生感官疲劳，课堂效果就会打折扣. 所以教师要根据具体的教学内容、班级学生的实际以及所处的外部大环境等因素变换情境教学的方式，让学生总能在数学课堂上保持浓厚的学习兴趣，积极主动地学习数学知识.

（二）数学课堂情境创设的模式

新课标提出：高中数学教学活动应该把握数学的本质，创设合适的教学情境、提出合适的数学问题，引发学生思考与交流，形成和发展数学学科核心素养. 而数学教学情境包括现实情境、数学情境、科学情境，每种情境可以分为熟悉的、关联的、综合的. 设计情境与问题目的是启发学生思考，从而把握所学数学知识的本质. 数学情境与数学问题是连在一起的，目的是相同的，在备课时，教师需要通盘考虑.

下面阐述几种问题情境创设的模式.[1]

1. 通过现实生活中的例子创设问题情境

数学的高度抽象性使学生误以为数学是脱离实际的，其严谨的逻辑性又使学生学习时缩手缩脚，其应用的广泛性更使学生觉得高深莫测，望而生畏. 因此，在课堂教学中，应把教材内容与生活情境有机结合起来，使数学知识成为学生看得见、摸得着的现实. 只要善于挖掘数学内容中的生活情境，让数学贴近生活，

---

[1] 崔正万. 高中数学创设问题情境教学的实证研究 [D]. 吉林：东北师范大学，2009.

学生就会真正体会到生活中充满了数学，感受到数学的真正价值，从而增强学好数学的信心．

案例一：糖水加糖更甜

在讲解不等式性质的题目"已知 a, b, m 是正实数，且 $a<b$，证明：$\frac{a+m}{b+m}>\frac{a}{b}$"时，如果直接给出不等式去证明，那么整个过程将会枯燥无味，学生兴趣不浓．如果创设这样一种应用情境：有白糖 a 克，放到水中得 b 克糖水，再向水中加入白糖 m 克，此时糖水是变甜了还是变淡了？学生会毫不犹豫地回答"变甜了"，于是就得到了不等式"$\frac{a+m}{b+m}>\frac{a}{b}$"．就这样，学生轻松愉快地证明了这个不等式，并了解了它的实际背景，从而使学生体会到数学来源于生活，激发了学生的学习兴趣．

案例二：

有一套房子，价格为 200 万元，假设房价每年上涨 10%，某人每年固定能攒下 40 万元，如果他想买这套房子，在不贷款、收入不增加的前提下，这个人需要多少年才能攒够钱买这套房子？

A.5 年　　　　B.7 年　　　　C.8 年　　　　D.9 年　　　　E. 永远也买不起

这道题目是人教 B 版必修二《4.5 增长速度的比较》一节问题情境的题目，具有很强的生活性和现实性，解决问题的过程同时是复习旧知识的过程．另外，教师可以根据学情，在此情境的基础上增加新的问题，比如把房价上涨改为 6%，会怎么样呢？这样的一节课充分激发了学生的好奇心和学习兴趣，培养了学生的创新思维．

2. 通过动手实验创设问题情境

数学实验指的是为了获得某些数学知识，形成或检验某个数学猜想，解决某类数学或实际问题，学生在教师指导下进行的一种以人人参与的实际操作为特征的数学验证或探究活动．新课程倡导"应培养学生的创新精神、实践能力、应用意识"，那么开展数学实验就是其中一种有效的途径．

案例三：

讲椭圆定义前，教师让学生先用图钉、细线、铅笔等工具，按照书本要求画椭圆，思考并回答如下问题：

（1）图形是什么样的点的集合？怎样给椭圆下定义？

（2）图钉距离的远近发生变化时，对椭圆的圆扁会带来什么影响？

（3）什么情况下画不出椭圆？

然后让学生做进一步思考：到两个定点的距离之和若小于（或等于）这两个定点之间的距离，这样的点的轨迹又是什么？通过边实践边思考，学生就能较完整地理解和掌握椭圆的定义，以及两个结论：与两个定点的距离之和等于（或小于）这两个定点之间的距离的点的轨迹是连结这两个定点的线段（或不存在）。这种在教师的指导下，学生通过实验，眼、手、脑并用，不仅容易获得知识，而且清楚地掌握了知识的发生过程，学会了探求性思维的方法，是一种行之有效的教学手段。事实证明，经历过动手学习的知识，学生形成的记忆更加长久，理解也更加深刻。这也说明数学也是可以"做出来的"。

3. 通过教具模型创设问题情境

教具模型往往具有形象直观的特性，在遇到一些较抽象的问题时，教师若能恰当地使用教具模型来创设情境，将会激发学生的学习兴趣、丰富学生的想象，收到良好的教学效果。在立体几何的教学中就常常会用到教具模型创设情境。立体几何的学习是很多学生比较头疼的，学生在初中并不学习立体几何知识，高中突然接触，对于空间想象能力不太强的同学来说，这简直就是灾难。这具体表现在两个方面，一是不能够将立体的空间图形用直观图在平面纸上画出来，二是纸上直观图不能想象出其中的线面关系。为了提高学生的空间想象能力，可以让学生自己制作典型的立体几何模型，经常拿出来看一看，逐步锻炼自己的"透视眼"。同时可以让学生借助课桌、书本当平面，借助手指、笔当直线，模拟空间中的线面关系。经过一段时间的训练，学生逐渐在头脑中会形成一定的印象，空间现象能力也不断提高了。在课堂上，教师可以让学生之间互相配合，完成课堂需要探究的任务。在立体几何的教学过程中，教师要根据学生实际，结合教材具体内容，采取适当的教学手段，借助立体几何模型，以学生为中心，认真分析学生的认知水平和认知能力，以问题探究为线索，设计逻辑上层层递进、能激发学生探究欲望的问题，帮助学生理解数学内容的本质．这样的教学设计，使学生对立体几何知识的认识经历"直观感知—操作确认—思辨论证"的过程，从而发展直观想象核心素养．

4. 通过多媒体创设问题情境

数学知识比较抽象，当我们对抽象知识难以讲解或学生难以理解时，我们往往采用投影或实物模型等视觉媒体来帮助我们理解．实践告诉我们：教学的内容以多种形式呈现时，学生的学习积极性就高，学习的效果就好．但是数学领域中许多抽象图形的动态变化过程很难通过一般媒体来达到帮助学生对相关知识的理解．而将多媒体引进课堂，就充分体现了它的无比优越性．它借助其生动直观、变静为动、图文并茂、虚拟现实、放大细节、拟真等特性，多层次、多角度生动地展现出丰富的教学内容，激发了学生的学习兴趣，提高了学生学习的效率，从而实现教学的最优化．对于数学来说，GGB（GeoGebra）是一款非常好用的软件，其绘图的基本元素包括点、直线、线段、多边形、向量、圆锥曲线和函数．这些绘图元素均可在创建后直接在屏幕或者使用命令动态改变．GGB可以完成大量初高等数学中的绘图工作．比如GGB可以直接绘制圆锥曲线，对函数求导数、求积分，对多项式函数求极值和拐点等，这些极大地方便了课堂的使用，使课堂效率大大提高．

5. 利用变式题创设问题情境

利用变式题创设问题情境是指教师以某一知识点为中心，从不同方向、不同途径、不同角度设置疑问，引导学生在尽可能短的时间内去发现和寻找与此中心有密切联系的尽可能多的知识点，进一步深化对知识的理解，培养他们的发散性思维．

案例四：

基本不等式教学中有关对勾函数问题：

（1）求 $y = x + \dfrac{1}{x}(x>0)$ 的最小值，并求取得最小值时 x 的值．

（2）求 $y = x + \dfrac{1}{x+1}(x>0)$ 的最小值，并求取得最小值时 x 的值．

（3） $y = \sqrt{x^2+1} + \dfrac{1}{\sqrt{x^2+1}} (x > 0)$ 是否有最小值?

（4） $y = x + \dfrac{1}{x}$ 是否有最值?

通过这些变式题,将知识进一步引向深入,使学生了解命题的来龙去脉,探索命题演变的思维方法,是发展学生发散思维的有效途径. 学生在学习数学时常常陷在无穷的题海中,但实际上许多问题具有共性,对这样的问题不断总结、积累,能加深学生对知识内在本质的理解,提高分析问题、解决问题的能力.

6. 利用趣味故事创设问题情境

数学知识点多,与一些知识相关的故事不少,爱听故事是每一个学生的天性. 好听的故事能集中学生的注意力,能激发学生的学习兴趣.

案例五：

在讲"等比数列的前 n 项和"时,老师讲了这样一个故事:古时候,在印度有一位聪明的大臣,他发明了国际象棋,献给了国王,国王从此迷上了下棋,为了对聪明的大臣表示感激,国王答应满足这个大臣的一个要求. 大臣说："就在这个棋盘上放一些米粒吧. 第 1 格放 1 粒米,第 2 格放 2 粒米,第 3 格放 4 粒米,然后是 8 粒米,16 粒米,32 粒米……一直到 64 格.""你真傻,就要这么一点米粒?"国王哈哈大笑. 大臣说："我就怕您的国库没有这么多米!"你认为国王的国库里有这么多的米吗?若满足大臣的要求,国王的国库里至少要有多少米?请估算.

同学们,你想知道这个问题的结果吗？只要你学好了等比数列的前 n 项和公式就可以解决这个问题了.

这样的故事能强烈地激起学生的认知冲突,启发学生进行新的探索.

案例六：

在教等差数列的求和公式时,老师先讲了一个数学小故事：世界著名数学家高斯读小学时,他的老师出了一道算术题:

"1+2+3+…+100 等于多少？"老师刚读完题目,高斯就写出了答案：5050.

而其他同学还在一个数一个数地相加呢！高斯是用什么方法做得这么快呢？这时学生们表现出惊疑，产生一种强烈的探究欲望．进而老师再点明课题：这就是今天要讲的等差数列的求和方法——倒序相加法．通过这些有趣的故事，极大地提高了学生学习数学的兴趣，学生的主观能动性得到发挥，思维处于活跃状态，创造潜能也得以发展．

第三节 在问题情境教学中提升学生的数学核心素养

（一）情境与核心素养

中国学生发展核心素养是落实立德树人根本任务，发展素质教育的关键．为建立核心素养与课程教学的内在联系，各学科都凝练了基于学科本质的学科核心素养．数学核心素养则是核心素养在数学学科中的具体化．因此，数学核心素养成为新一轮高中数学课程改革的主要方向．数学核心素养与传统数学"双基"教育、"四基"教育一脉相承，是"四基"教育的继承和发展，而"四基"则是学生形成和发展数学核心素养的有效载体．因此，基于数学核心素养的教学是发展学生核心素养的重要途径，是教师进行教学设计和实施的重点．

问题情境是高中数学课堂倡导的教学方式．高中数学课程以落实"四基"，培养学生"四能"，发展数学核心素养为目标．要培育学生的科学精神和创新意识，就必须为学生创设一个问题情境来启发学生思考，问题情境的价值也不仅是用来激发学生数学学习兴趣，启发学生思考，还是唤起学生问题意识，培养发现和提出问题的能力、发展创新思维的重要途径．

情境与核心素养的形成和发展有着十分密切的关系．最早研究素养的世界权威机构——经济合作与发展组织（OECD）认为素养是运用知识、技能和态度满足特定情境中复杂需要的能力，核心素养是满足个体在多样化的情境中的需求的重要能力，并且在变化的情境中各个核心素养是联结在一起发挥作用的．欧盟"核心素养框架"认为素养是适用于特定情境的知识、技能和态度的综合．美国"21世纪技能框架"将素养指向如何将知识与技能运用于生活情境中，认为素是生活与工作情境的产物，同时要求学生建立学科知识与真实生活情境的联系. 国际知名核心素养测试评价项目 PISA 也是将学生在不同现实情境中解决实际问题的表现作为评价依据. 可见，核心素养与情境确实有着密切关联，核心素养与情境的密切关联显示，在特定情境中发展学生的核心素养不是虚无缥缈的，情境是发展核心素养的重要途径. ❶

（二）数学核心素养与问题情境

核心素养与问题情境有着密切关系. 体现数学学科核心素养的四个方面是情境与问题、知识与技能、思维与表达和交流与反思，其中第一项就是情境与问题，情境主要是现实情境、数学情境、科学情境，问题就是在情境中提出的问题. 问题情境创设的目的是引导学生思考，把握数学知识内容的本质. 数学核心素养的培养又是以具体的数学知识为载体，所以数学核心素养的发展离不开问题情境的创设，而数学课堂中问题情境创设的最终目标必然是发展学生的数学核心素养. 以下分别阐述六个数学核心素养与问题情境之间的关系.

数学抽象是指通过对数量关系与空间形式的抽象，得到数学研究对象的素养，主要包括从数量与数量关系、图形与图形关系中抽象出数学概念及概念之间的关系，从事物的具体背景中抽象出一般规律和结构，并用数学语言予以表征. 根据数学抽象与情境的关系，可以将数学抽象分为两类，现实情境抽象与数学情境抽象. 现实情境抽象是通过对现实世界中数量关系、图形关系的抽象，得到数学概念或形成数学命题，这是数学抽象的基础过程，它离不开具体的现实情境. 数学情境抽象是在现实情境抽象物的基础上的进一步抽象，自然也离不开现实的情境.

逻辑推理是指从一些事实和命题出发，依据规则推出其他命题的素养，主要包括两类：一类是从特殊到一般的推理，推理形式主要有归纳、类比；一类是从一般到特殊的推理，推理形式主要是演绎. 逻辑推理的起点是事实和命题，这里的"事实"来源于现实世界的客观存在，"命题"是用来判断具体情境中事物的真假. 因此，逻辑推理来源于现实的问题情境，通过对问题情境中的具体问题进行归纳、类比等一系列活动，能够在比较复杂的情境中把握事物之间的关联，把握事物发展的脉络，寻找解决问题的一般方法，并形成重论据、有条理、合乎逻辑

---

❶ 曾晓梦. 发展数学核心素养的高中数学问题情境创设研究 [D]. 四川：西华师范大学, 2020.

的思维品质和理性精神，增强交流能力.

数学建模是对现实问题进行数学抽象，用数学语言表达问题、用数学方法构建模型解决问题的素养. 数学建模过程主要包括在实际情境中从数学的视角发现问题、提出问题、分析问题、建立模型、确定参数、计算求解、检验结果、改进模型，最终解决实际问题. 数学建模需要个体在现实情境中发现和提出问题，并用数学语言表达，建立数学模型来求解，再回到现实问题情境中进行检验和完善，直至解决问题. 可见，现实问题情境创设是数学建模素养发展的基础，贯穿数学建模的整个过程，是学生发展数学建模素养的重要渠道.

直观想象是指借助几何直观和空间想象感知事物的形态与变化，利用空间形式特别是图形，理解和解决数学问题的素养，主要包括：借助空间形式认识事物的位置关系、形态变化与运动规律；利用图形描述、分析数学问题；建立形与数的联系，构建数学问题的直观模型，探索解决问题的思路. 直观想象是几何直观和空间想象的融合与发展，几何直观是对事物的直接理解和感知，空间想象是对认知事物的更进一步的想象和思考. 几何直观需要借助可视化情境来产生，空间想象则是以现实世界为背景，基于对图形的运动、变化和位置关系的把握，经过数学抽象后在头脑中进行加工和构建. 数学抽象和数学建模过程都需要借助直观想象，在解决复杂情境中的问题时，通常都需要通过直观想象将问题"图形化"，利用图形分析解决问题. 通过学习，可以增强运用几何直观和空间想象思考问题的意识；形成数学直观，在具体的情境中感悟事物的本质.

数学运算是指在明晰运算对象的基础上，依据运算法则解决数学问题的素养，主要包括理解运算对象、掌握运算法则、探究运算思路、选择运算方法、设计运算程序、求得运算结果等. 数学运算与实际生活息息相关，生产生活离不开数学的运算，在很多情况下，数学运算是在一定情境中进行的，解决实际问题首先就需要结合具体情境抽象出运算对象，然后进行数学运算和求解，得到运算结果，最后再转化为实际情况的解. 因此，数学运算素养的培养可以通过创设与实际有关的问题情境来进行.

数据分析是指针对研究对象获取数据，运用数学方法对数据进行整理、分析和推断，形成关于研究对象知识的素养. 数据分析过程主要包括收集数据，整理数据，提取信息，构建模型，进行推断，获得结论. 数据分析经常是为了解决某个实际问题，需要收集和整理数据，发现并提出统计概率问题，利用运算工具对数据进行分析，得出结论的过程．因此，数据分析素养的培养可以通过创设问题情境来引导学生亲身经历数据分析活动的过程，培养数据分析素养．

（三）基于学生核心素养的问题情境创设策略

创设发展学生数学核心素养的问题情境需要明确教学目标，分析教学内容，设计切合学生实际的问题情境，促进学生数学核心素养的发展．

1. 明确教学目标，突出数学本质

创设发展学生数学核心素养的问题情境首先要明确教学目标，单元内容的本质是什么，如何进行课时划分，然后在明确每个课时的目标．每个课时的素养目标与具体内容紧密相关．例如，弧度属于几何度量问题．在此学习之前，高中学生已经学过长度、角度、面积、体积的度量，这些几何量的共性是它们都具有大小，可以通过确定单位来进行比较."弧度制"的学习就是通过与长度、角度、面积、体积的度量的类比，发现用长度度量角的单位．所以在弧度内容教学中，逻辑推理尤其是类比推理贯穿教学始终，发挥了重要作用．因此，在确定"弧度制"的教学目标时，就要明确本节内容是发展学生逻辑推理素养的重要载体，要在问题情境创设中凸显发展学生类比推理素养的教学目标．在明确了具体内容的素养发展目标的基础上，围绕具体内容中重要的、本质的概念来创设问题情境．例如，弧度制的本质是用长度度量角的大小，从而实现三角函数自变量和函数值单位的统一，以便进行运算，使函数具有更广泛的应用性．教学中要抓住数学内容的本质，创设问题情境，引导学生思考：为什么要学习弧度制？与角度制相比，弧度制具有什么作用和优势？从以上两方面确定问题情境创设的核心内容，在解决问题的过程中形成数学核心素养．❶

2. 根据教学内容创设合适情境

在明确素养发展目标，突出数学本质的基础上，选择何种问题情境类型作为内容呈现的形式对学生素养的发展也具有重要作用．因此，可以根据具体教学内容创设如下问题情境，发展学生的数学核心素养．

（1）借助生活情境，重点提升数学抽象素养、数学建模素养、数学和数据分析素养．基本概念的形成主要来源于对现实世界中数量关系、图形关系的抽象．高中阶段的基本概念有集合、函数、平面向量、事件、数列等，这些基本概念的学

---

❶ 曾晓梦．发展数学核心素养的高中数学问题情境创设研究[D]．南充：西华师范大学，2020．

习是积累从具体到抽象的活动经验、发展用数学眼光观察世界的重要载体.因此,高中基本概念的学习可以借助生活情境,重点提升学生的数学抽象素养.例如,函数概念的形成,人教A版是在呈现生活实例"复兴号"列车路程与时间的关系、工人一周工资与工作天数的关系、北京市某天空气质量指数与时间和恩格尔系数与年份的关系的基础上,引导学生用变化与对应的眼光观察其变化规律,用数学的语言概括模型的共同特征,抽象出了函数的概念. 2017年版新课标在必修课程和选择性必修课程中都专门设置了数学建模和数学探究活动.数学建模是对实际问题进行数学抽象,构建数学模型.教师可以根据所用教材的课时安排将学生分组,帮助学生筛选合适的问题,指导学生进行数学建模活动,让学生经历完整的建模过程,体会数学建模在实际生活中的应用价值,发展学生的数学建模素养.随着大数据时代的到来,数学的实际应用价值越来越被重视,统计内容往往通过创设生活情境来学习探究,在对大量数据进行收集和整理的过程中,需要用到相关的统计方法或统计工具,这个过程重点是提升学生的数据分析素养.

（2）创设数学情境,重点提升逻辑推理素养和数学运算素养.逻辑推理是得到数学结论、构建数学体系的重要方式,是数学严谨性的基本保证,是人们在数学活动中进行交流的基本思维品质.具备逻辑推理素养,学生可以掌握推理基本形式和规则,发现问题和提出命题,探索和表述论证过程,理解命题体系,有逻辑地表达与交流.通过数学抽象得到研究对象以后,数学家经常通过逻辑建构丰富数学对象的结构体系,所以逻辑推理是数学内部发展,科学严谨的有力保障.因此,可以通过创设数学情境引导学生有逻辑地思考,重点发展学生的逻辑推理素养.例如,函数性质的学习,学生学习了函数的奇偶性以后,已经能够用数学符号准确表达函数图象关于原点对称和关于y轴对称,并能够解决一些相关的问题；在此基础上,如果我们再创设相关的数学情境,将对称中心或者对称轴平移到坐标系的其他位置,这其实就是函数的对称性了,根据奇偶性的研究方法,类比就可以自己探究函数的对称性.在这个过程中,学生通过函数奇偶性积累的活动经验,能够相对容易地推导函数对称性的相关结论,提升逻辑推理素养,对研究对象有更深刻的理解.在推理论证的过程中,必然要经历对数学表达式的整理、变形和简化,这就自然而然地提升了数学运算素养.

（3）创设科学情境，重点提升直观想象素养和数学运算素养．核心素养强调跨学科的综合能力，这意味着数学核心素养的发展要注重与其他学科的融合，那么在具体内容的学习中，教师就应了解数学与其他学科的联系，创设学科相关情境，使学生体会数学的综合性和科学价值．例如，向量作为沟通代数、几何与三角函数的一种工具，有着极其丰富的物理背景，在数学学科和物理学科中都有着广泛的应用．向量概念的引入，就是以位移、力等物理量为背景抽象而来的，向量运算法则的学习也可以利用物理中位移的合成与力的合成创设物理问题情境，向量的数量积、向量的投影等概念又可以创设物体做功的问题情境．这些知识学生在初中就学习过，有很好的基础．另外，在函数模型的教学中，我们遇到的逻辑斯谛模型可以与生物学知识进行联系，创设相关的问题情境，使学生更容易理解，同时，数学原理又可以使学生对相关的生物学知识理解更加深刻．

3. 加强自身修炼，不断提升素养

核心素养概念的提出不仅是对学生发展的目标和要求，也是对教师的一个巨大挑战．教师要深刻领会党的教育方针政策，落实立德树人的根本任务，为党育人、为国育才．落实在具体行动上，这就要求教师要认真研读课标，钻研教材，准确把握数学内容的本质．要以学科素养为导向，抓住函数、几何与代数、概率与统计、数学建模活动与数学探索活动等主线，了解数学与生活、其他学科的联系，结合具体教学内容，创设符合学生认知规律的问题情境．因此，教师需要通过不断学习、探索、研究、实践，提升自身的数学素养，创造出有助于学生发展数学核心素养的问题情境的优秀案例．

第三章 教学实践

案例一

《基本不等式》教学设计

一、教学内容分析

本节课选自人教 A 版《普通高中教科书·数学（必修第一册）》第二章《一元二次函数、方程和不等式》2.2《基本不等式》第一课时.

（一）本章内容分析

本章是高中数学必修课程中的预备知识，对初、高中数学教学起着衔接与过渡作用，内容包括"相等关系与不等关系"和"从函数观点看一元二次方程和一元二次不等式"，共 8 课时. 相等关系、不等关系是数学中最基本的数量关系，是构建方程、不等式的基础；方程和不等式都是重要的数学工具，在解决问题中有广泛的应用；用函数理解方程和不等式是数学教学的基本思想方法.

在本章的学习中，学生将通过类比初中学过的等式和方程，学习不等式的性质，理解等式与不等式的共性与差异，掌握基本不等式；并将在初中学习一元一次函数与方程、不等式的联系的基础上，用二次函数的观点看一元二次方程和一元二次不等式，理解一元二次不等式与相应函数、方程的联系，借助二次函数求解一元二次不等式. 通过本章的学习，学生的逻辑推理和数学运算素养将得到进一步提升.

（二）本节内容分析

相等关系、不等关系是数学中最基本的数量关系，是构建方程、不等式的基础. 基本不等式是一种重要且基本的不等式类型，在中学数学知识体系中也是一个非常重要的、基础的内容.

基本不等式与很多重要的数学概念和性质相关. 从数与运算的角度, $\frac{a+b}{2}$ 是两个正数 a、b 的 "算术平均数", $\sqrt{ab}$ 是两个正数 a、b 的 "几何平均数". 因此, 不等式中涉及的是代数中的 "基本量" 和最基本的运算. 从几何图形的角度, "周长相等的矩形中, 正方形的面积最大" "等圆中, 弦长不大于直径" 等, 都是对基本不等式的直观理解.

基本不等式的证明或推导方法有很多, 上面的分析也是基本不等式证明方法的来源. 利用分析法, 从数量关系的角度, 利用不等式的性质来推导基本不等式; 从几何图形的角度, 借助几何直观, 通过数形结合来探究不等式的几何解释; 从函数的角度, 通过构造函数, 利用函数性质来证明基本不等式; 等等. 这些方法也是代数证明和推导的典型方法.

基本不等式是几何平均数不大于算术平均数的最基本和最简单的情形, 可以将其推广至 n 个正数的几何平均值不大于这 n 个正数算术平均值. 基本不等式的代数结构也是数学模型思想的一个范例, 借助这个模型可以求最大值和最小值. 同时, 在理解和应用基本不等式的过程中涉及变与不变、变量与常量, 以及数形结合、数学模型等思想方法. 因此, 学习基本不等式内容可以培养学生的逻辑推理、数学运算和数学建模素养.

二、学生情况分析

(一) 知识基础

学生已经学习了等式和不等式的性质, 证明方法和比较大小的方法, 具备基本的证明不等式的能力, 但是书写规范性不够. 初中已经学习过直角三角形双垂直定理, 但有知识遗忘的现象.

(二) 学习能力

本次教师将为北京市普通高中的高一学生授课, 这是一所位于农村的普通高中, 这里的学生层次差异较大, 数学基础比较薄弱, 学习能力、分析问题能力、语言表达能力不强, 需要老师引领. 学生大部分能够熟练操作计算机, 家中都能够提供计算机支持, 学校教室配备有多媒体, 有学生计算机教室. 学生对信息技术手段不陌生, 但缺少对数学教学软件的操作能力.

三、教学目标和重难点

基于上述分析,本节课的教学目标及教学重难点如下.

教学目标:

(1)通过折纸探究,从几何图形中获得基本不等式,并从不同角度探索基本不等式 $\sqrt{ab} \leqslant \dfrac{a+b}{2}$ 的证明过程;

(2)尝试用基本不等式解决简单的最值问题,并领会运用基本不等式的三个限制条件(一正、二定、三相等)在解决最值问题中的作用;

(3)通过对基本不等式的探究,渗透转化和数形结合的数学思想,经历研究问题的过程,发展数学运算、直观想象、逻辑推理、数学建模核心素养.

教学重点:基本不等式定义、几何解释和证明方法、用基本不等式解决简单的最值问题.

教学难点:用基本不等式解决简单的最值问题.

四、教学过程

本节课教学流程:

设计问题,创设情境→问题驱动,探索新知→运用新知,解决问题→回顾总结,反思升华→深入延展,感受文化→布置作业,课后延拓.

教学方法:讲授法、讨论法.

教学媒体:计算机、电子白板.

(一)设计问题,创设情境

探究1 请同学们拿出准备好的大小不等的正方形彩色纸片,按照如下步骤操作:

(1)从彩纸中任选两张正方形纸片,沿它们的对角线折成两个等腰直角三角形;

(2)用这两个三角形拼接构造出一个矩形,如图 3-1(两边分别等于两个直角三角形的直角边,多余部分折叠)所示.

图3-1

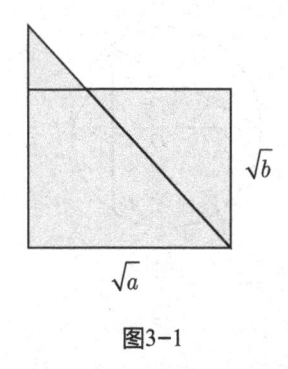

假设这两个正方形的面积分别为 a 和 b，考察两个直角三角形的面积与矩形的面积，你能发现一个不等式吗？

【设计意图】经历用数学的眼光观察事物，用数学的思维分析实际问题，用数学的语言表达实际问题，用数学的知识解决实际问题，同时，能够更好地理解基本不等式等号成立的条件，体会数学的严谨性，发展数学抽象和数学建模等核心素养.

（二）问题驱动，探索新知

问题1 上述不等式一定成立吗？在什么条件下成立？你能说明吗？

问题2 求证：若 $a>0, b>0$，则 $\dfrac{a+b}{2} \geqslant \sqrt{ab}$（当且仅当 $a=b$ 时，等号成立）.

证明过程略.

强调等号成立的条件.

问题3 你还能得到什么不等式？

不等式：若 $a \in \mathbf{R}$，$b \in \mathbf{R}$，则 $a^2+b^2 \geqslant 2ab$（当且仅当 $a=b$ 时，等号成立）.

【设计意图】交流证明方法，发散思维. 从感性认识基本不等式到理性证明基本不等式，形成有论据、有条理、合乎逻辑的推理意识和思维品质，发展学生逻辑推理核心素养.

探究2 如图3-2所示，AB 是圆 O 的直径，点 C 是 AB 上一点，$AC=a$，$BC=b$. 过点 C 作垂直于 AB 的弦 DE，连接 AD，BD，你能在这个图形中找到长度分别等于 $\dfrac{a+b}{2}$ 和 $\sqrt{ab}$ 的线段吗？观察图形，比较这两个线段长度的大小.

图3-2

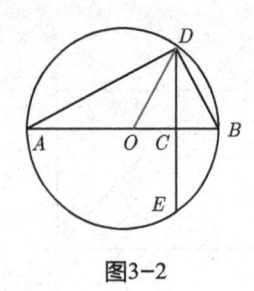

教师在几何画板上的动态演示，如图 3-3 所示.

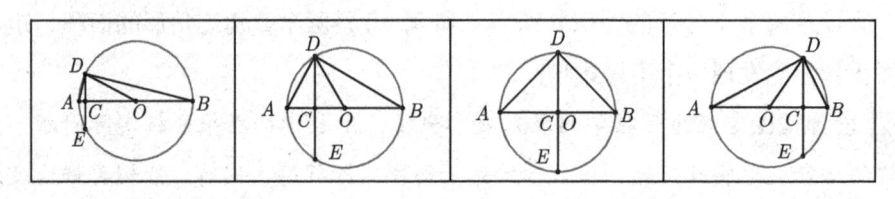

图3-3

问题 4 基本不等式的几何解释是什么？

几何角度：在同一半圆中，半径长大于等于半弦长.

【设计意图】通过几何画板的动态演示，化静为动，吸引学生学习兴趣，调动学生的学习情绪，同时赋予不等式 $\frac{a+b}{2} \geq \sqrt{ab}$（$a>0$，$b>0$）几何直观认识，更好地领悟不等式中等号成立的条件，提高学生的学习兴趣，同时培养学生的语言表达能力，发展学生逻辑推理核心素养.

问题 5 观察不等式中的 $\frac{a+b}{2}$ 和 $\sqrt{ab}$，这种形式在哪里出现过？

数学角度：（1）两个正数的等差中项大于等于它们的正的等比中项；

（2）两个正数的算术平均数大于等于它们的几何平均数.

【设计意图】体现知识的联系性，从不同角度认识基本不等式，同时培养学生的语言表达能力.

（三）运用新知，解决问题

例1（1）已知 $x>0$，求当 x 取什么值时，$x+\frac{1}{x}$ 的值最小？最小值是多少？

（2）已知 $x>2$，求当 x 取什么值时，$x+\frac{1}{x-2}$ 的值最小？最小值是多少？

例2 已知 x、y 都是正数,求证:

(1)如果积 xy 等于定值 P,那么当 $x=y$ 时,和 $x+y$ 有最小值 $2\sqrt{P}$;

(2)如果和 $x+y$ 等于定值 S,那么当 $x=y$ 时,积 xy 有最大 $\dfrac{1}{4}S^2$.

【设计意图】初步感受运用基本不等式求最值,体会应用基本不等式求最值时的三个限制条件,经历用数学知识解决实际问题的过程,发展学生数学运算核心素养.

(四)回顾总结,反思升华

问题6 我们今天是怎样对"基本不等式"进行研究的,又用它解决了什么问题?

(1)发现基本不等式、证明基本不等式、研究基本不等式、应用基本不等式;

(2)应用基本不等式能解决最值问题,但要注意条件(一正、二定、三相等).

【设计意图】引导反思,体会研究问题、解决问题的方法和其中蕴含的数学思想,在反思中内化,在反思中感悟,在反思中延伸,进而提升反思能力.

(五)深入延展,感受文化

问题7 如图3-4所示,你知道这张邮票是为了纪念什么而发行的吗?

2002年8月20日,第24届国际数学家大会在人民大会堂举行. 这是100多年来中国第一次主办国际数学家大会. 图3-4中的正方形图案是大会的会标. 它源于公元3世纪中国数学家赵爽的弦图,颜色的明暗使它看上去像一个风车,代表中国人民热情好客.

图3-4

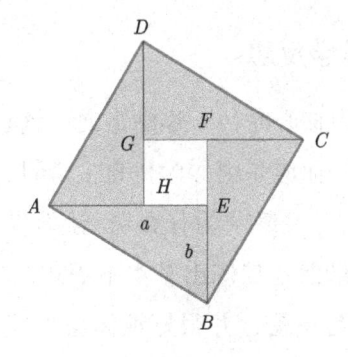

图3-5

如图 3-5 所示，在图中我们设每个直角三角形的直角边长分别为 a、b，就能够得到 $a^2+b^2 \geqslant 2ab$. 详见图 3-6.

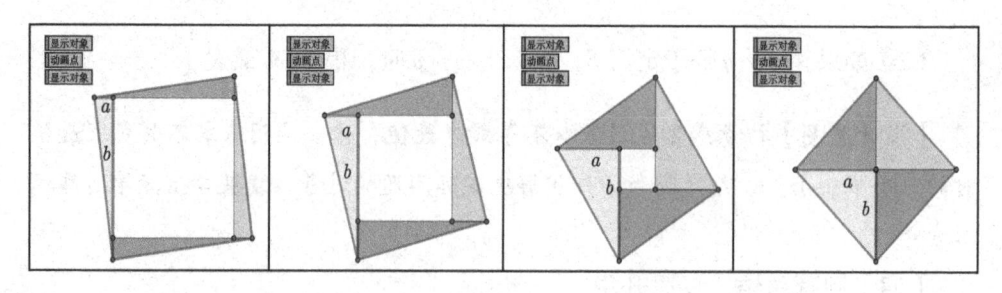

图 3-6

【设计意图】通过几何画板的动态演示，进一步理解和记忆基本不等式，彩色的视觉效果有利于缓解学生的疲劳情绪，调动学习积极性，同时渗透数学文化，开阔视野，激发民族自豪感，发展直观想象，培养数学抽象核心素养.

（六）布置作业，课后延拓

基本作业：人教 A 版《普通高中教科书·数学（必修第一册）》46 页练习题 1～5 题；

拓展作业：查阅有关基本不等式及赵爽弦图的材料，整理并进行相互交流；

探究作业：现有一台天平，两臂长不相等，其余均精确. 有人说要用它称物体的重量，只需将物体放在左右托盘各称一次，则两次所称重量的和的一半就是物体的真实重量. 这种说法对吗？说明你的结论.

【设计意图】巩固基础知识，培养自主学习能力，了解中国的数学文化，体会数学的应用价值.

五、教学反思

在"知识核心时代"逐渐走向"核心素养时代"的背景下，教学不应该是机械地灌输，而应是引导学生自主学习、自主探究，培养学生的数学素养，既教"是什么"，又教"为什么"，让学生知其然，更知其所以然. 本节课通过开放式的折纸游戏提炼出基本不等式，降低了难度，更贴近学生的实际情况，使学生很容易接受，并很好地体会不等式等号成立时的条件，充分激发学习热情.

（一）问题驱动思维

创设学生熟悉的问题情境，可以充分调动学生的学习积极性，体现教学中学生的主体地位，有效地转变学生的学习方式．学源于思、思源于疑、疑源于问．以问题引领来激活学生思维是数学课堂教学的有力抓手．有了问题，学生的思维才有了方向和载体，才有交流展示的机会，课堂才能真正被激活．基于以上认识，本节课采用问题情境和问题串的教学方法，通过设计环环相扣、层层推进的问题，保证了课堂的有序和流畅．学生在思考的过程中，思维得到有效的锻炼，经历了发现问题、解决问题、再发现问题、再研究问题的过程．在这个过程中，学生研究问题的能力得到提升，发展了学生的数学抽象、数学建模等核心素养．

（二）信息技术辅助

在高中数学课堂上，充分利用信息技术，将问题生动直观地展示给学生，帮助学生更好地发现问题、探究问题，更好地理解和掌握知识，并运用知识解决问题，引导学生主动提出问题，对新知识自主探索和质疑．结合教学任务及其蕴含的数学核心素养设计合适的问题情境，引导学生理解数学内容的本质，教会学生解决问题的方法，促进学生思维发展，促进学生数学核心素养的发展．

六、教学特色

在"互联网＋教育"的背景下，学习不再只是呈现、接收、反馈的过程，而是一种全新的认知过程．课程的建设也不再只是师生传授，而需要更加关注进度设计、用户感受、社会参与等．在高中数学课堂上，注重学生"能力"的培养，引导学生主动提出问题，对新知识进行自主探索和质疑．为学生创造有效的问题情境，无疑是促进学生思维参与的一个极好的途径．通过问题，激发学生去探索、去研究．

（一）学生活动多样

随着新技术、新设备的不断推陈出新，学习的方式方法、教育的内涵外延都发生了很大变化．北京师范大学教育学部副部长余胜泉认为，互联网课程的变革，既要关注内容建设，更要关注促进学生学习认知投入的学习活动的设计."具体来说，就是要通过设计'接受中学''联系中学''重构中学''比较中学''反思中学''交流中学''情境中学''创造中学'等不同层次的学习活动，促进学者从接受到参与再到贡献,实现深层次的学习投入."本节课学生活动多样,课堂学生参与度高,学生学得轻松,实现了在快乐中学习的目的.

(二)文化滋润课堂

教育最终指向全面发展的人.学生发展核心素养,主要指学生应具备能够适应终身发展和社会发展需要的必备品格和关键能力.学生的人文素养是一个不能忽视的方面,人文素养主要是指学生在学习、理解、运用人文领域知识和技能等方面形成的基本能力、情感态度和价值取向,是提高学生的思想境界和文化修养的一条有效途径.通过对数学史料问题的学习,既能使学生了解中国数学史的辉煌成就,又能使学生体会到数学在生产过程中的广泛应用,认识到学数学有用,从而产生强烈的求知欲,同时能了解华夏文化的博大精深,增强爱国情怀,从而励志学好数学,树立建设祖国的远大志向.

案例二

《函数 $y = A\sin(\omega x + \varphi)$》教学设计

一、教学内容分析

本节课选自人教 A 版《普通高中教科书·数学（必修第一册）》第五章《三角函数》5.6《函数 $y = A\sin(\omega x + \varphi)$》.

（一）本章内容分析

《三角函数》一章内容包括任意角和弧度制、三角函数的概念、诱导公式、三角函数的图象和性质、三角恒等变换、函数 $y = A\sin(\omega x + \varphi)$、三角函数的应用、小结，共 24 课时．在高中数学课程中，《普通高中数学课程标准（2017 年版 2020 年修订）》把三角函数的内容安排在必修课程"主题二函数"中，本单元起着承上启下的重要作用．承上，在整个函数的大背景下，三角函数是一种特殊的函数，承接了现实中的周期现象，尤其是依托单位圆定义对匀速圆周运动进行探究；启下，本单元是特殊的圆周运动到一般的圆周运动的过程，也是为后续函数应用做好铺垫．

三角函数是一类最典型的周期函数．本单元的学习，可以帮助学生在用锐角三角函数刻画直角三角形中边角关系的基础上，借助单位圆建立一般三角函数的概念，体会引入弧度制的必要性；用几何直观和代数运算的方法研究三角函数的周期性、奇偶性（对称性）、单调性和最大（小）值等性质；探索和研究三角函数之间的一些恒等关系；利用三角函数构建数学模型，解决实际问题．重点提升数学抽象、数学建模、数学运算、直观想象和逻辑推理素养．

（二）本节内容分析

本节内容是第二节函数的基本性质，共有两课时内容：匀速圆周运动的数学模型、函数 $y = A\sin(\omega x + \varphi)$ 的图象．本课为第一课时．

本节的知识结构，如图 3-7 所示．

建议将本单元内容用两课时完成，且宜采用两课连堂的方式授课．内容安排的顺序是：

（1）经历简谐运动的数学建模过程，得出函数模型；

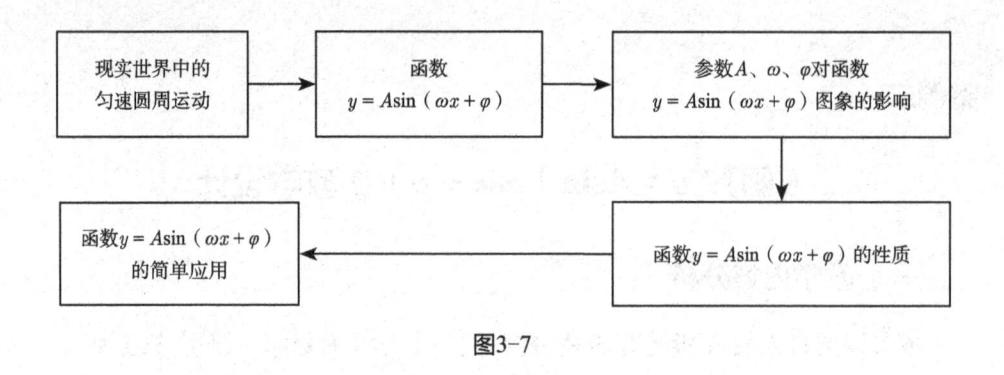

```
┌─────────────┐     ┌─────────────┐     ┌──────────────────────────┐
│ 现实世界中的 │ ──→ │    函数      │ ──→ │ 参数 A、ω、φ 对函数       │
│ 匀速圆周运动 │     │ y=Asin(ωx+φ)│     │ y=Asin(ωx+φ) 图象的影响  │
└─────────────┘     └─────────────┘     └──────────────────────────┘
                                                      │
                                                      ↓
┌──────────────────┐                    ┌──────────────────────────┐
│ 函数 y=Asin(ωx+φ)│ ←───────────────── │ 函数 y=Asin(ωx+φ) 的性质 │
│    的简单应用     │                    │                          │
└──────────────────┘                    └──────────────────────────┘
```

图3-7

（2）讨论、明确研究 $y=A\sin(\omega x+\varphi)$ 的过程和方法；

（3）分别探究参数 A、ω、φ 的变化对 $y=A\sin(\omega x+\varphi)$ 图象的影响；

（4）梳理从正弦曲线出发，通过图象变换得到 $y=A\sin(\omega x+\varphi)$ 图象的方法和步骤；

（5）联系作正弦曲线简图的方法，得出用五点法作 $y=A\sin(\omega x+\varphi)$ 简图的方法；

（6）用 $y=A\sin(\omega x+\varphi)$ 的图象与性质解决问题．

新课标相关要求：结合具体实例，了解 $y=A\sin(\omega x+\varphi)$ 的实际意义；能借助图象理解参数 A、φ、ω 的意义，了解参数的变化对函数图象的影响．鼓励学生运用信息技术学习、探索和解决问题．

函数 $y=A\sin(\omega x+\varphi)$ 是建立一般的匀速圆周运动的函数模型；参数 A、ω、φ 对 $y=A\sin(\omega x+\varphi)$ 图象的影响；函数 $y=A\sin(\omega x+\varphi)$ 的简单应用．函数 $y=A\sin(\omega x+\varphi)$ 具有丰富的现实背景，是描述现实中周期现象的重要数学模型，在解决实际问题中有重要作用．正弦函数 $y=\sin x$ 是刻画"单位圆上的点 P 从 $A(1,0)$ 开始做逆时针方向的单位速度的运动"的数学模型，函数 $y=A\sin(\omega x+\varphi)$ 是刻画"一般匀速圆周运动"的数学模型，反映了在圆半径为 A、角速度为 ω，起始位置为 φ 的条件下，圆周上点的位置随时间的变化而变换的规律．

研究 $y=A\sin(\omega x+\varphi)$ 的性质，关键就是研究参数 A、ω、φ 的变化对函数图象的影响，从 $y=\sin x$ 的图象出发，依次研究各参数对图象的影响，进而从整体上把握从正弦曲线通过图象变换得到 $y=A\sin(\omega x+\varphi)$ 图象的过程，体现了从特殊到一般，从局部到整体，从简单到复杂，从具体到抽象的研究方法．当然，在研究过程中，要利用函数 $y=\sin x$ 的图象、性质等知识，要借鉴相应的研究经验．

在自然界、生活、生产实际及科学技术中,周期现象俯拾即是,从天体运动到"摩天轮"旋转、"取水车"运作、车轮转动、车床作业,再到高科技领域中的振动、波动等,都是周期运动现象,而刻画这些现象的数学基础就是函数$y=A\sin(\omega x+\varphi)$,其中$A$、$\omega$、$\varphi$都有特定的实际意义.因此,本单元以广泛而丰富的周期现象为背景引入,既体现函数$y=A\sin(\omega x+\varphi)$的现实需要,也符合概念引入的自然性原则,能让学生体会到学习的必要性,同时加强了数学与现实生活的联系,体现了函数$y=A\sin(\omega x+\varphi)$的应用价值.

以筒车为背景抽象出函数$y=A\sin(\omega x+\varphi)$具有现实意义,是一个非常典型的函数建模过程,不仅能联系实际,突出参数A、ω、φ的物理意义,而且能联系函数解析式、函数的图象,并充分揭示它们之间的内在逻辑关系,为发展学生数学建模、数学抽象、直观想象、逻辑推理等数学素养提供重要的平台.

二、学生情况分析

(一)知识基础

通过课前调查和测试筒车建模问题,发现学生的建模能力比较弱,尤其是还没有学习解析几何,对用坐标法解决问题的过程不了解,没有建立直角坐标系的意识.在物理上学生只学了直线运动,并未学习曲线运动,不了解角速度的概念,这就需要教师将函数$y=A\sin(\omega x+\varphi)$的物理意义讲清楚,为学生后续利用物理知识研究参数$A$、$\omega$、$\varphi$的变化对函数$y=A\sin(\omega x+\varphi)$图象的影响做好铺垫.学生对匀速直线运动中涉及的物理量比较熟悉,虽并未学习匀速圆周运动及角速度的概念,但比较容易通过类比理解.学生刚学习过三角函数的图象和性质,对三角函数的概念及"五点法"作图掌握比较好.

(二)学习能力

授课学生为北京市示范性高中的普通班学生,这些学生具备良好的数学基础,部分学生分析问题、解决问题的能力较强,但是学生层次有一定差异.学生对使用 GGB 进行学习有很高的兴趣和积极性,能够初步了解几何绘图软件 GGB 的使用,能根据需要进行简单操作,但对利用交轨法作图有一定的困难.

三、教学目标和重难点

基于上述分析,本节课的教学目标及教学重难点如下.

教学目标：

（1）能通过具体实例，发现 $y=A\sin(\omega x+\varphi)$ 的实际意义；

（2）能借助实例构建函数 $y=A\sin(\omega x+\varphi)$，并利用图形计算器观察参数 ω、φ 对 $y=A\sin(\omega x+\varphi)$ 图象的影响，学会如何由 $y=\sin x$ 变化为函数 $y=A\sin(\omega x+\varphi)$；

（3）体会从特殊到一般的研究方法，发展学生数学建模、直观想象、逻辑推理、数学抽象等核心素养．

教学重点： 参数 ω、φ 对函数 $y=A\sin(\omega x+\varphi)$ 图象的影响，以及函数 $y=A\sin(\omega x+\varphi)$ 图象的变换过程．

教学难点： 参数 ω 对函数 $y=A\sin(\omega x+\varphi)$ 图象的影响，从圆周运动的实际意义和函数图象上点的坐标变化两个角度解释函数 $y=A\sin(\omega x+\varphi)$ 的图象变换与解析式变换之间的内在联系．

四、教学过程

本节课教学流程：

创设问题情境，建立函数模型→讨论函数关系，交流研究思路维→画图观察归纳，实验作图验证→设计研究方案，数学实验探究→总结探究过程，提炼思想方法→巩固探究成果，延续探究活动．

教学方法： 小组合作法、实验教学．

教学媒体： 计算机、电子白板、平板电脑．

（一）创设问题情境，建立函数模型

问题 1 筒车是我国古代发明的一种水利灌溉工具，因其经济又环保，至今还在农业生产中得到使用（图 3-8）．明朝科学家徐光启在《农政全书》中用图画描绘了筒车的工作原理（图 3-9）．

假定在水流量稳定的情况下，筒车上的每一个盛水筒都做匀速圆周运动．你能用一个合适的函数模型来刻画盛水筒（视为质点）距离水面的相对高度与时间的关系吗？

如果将筒车抽象为圆，盛水筒抽象为圆上的点（图 3-10）．

（1）经过时间 t 后，盛水筒距离水面的高度 H 与哪些量有关？

（2）它们之间有怎样的关系？

结合以上两个问题写出高度 H 与时间 t 的关系．

图3-8 　　　　　　　图3-9 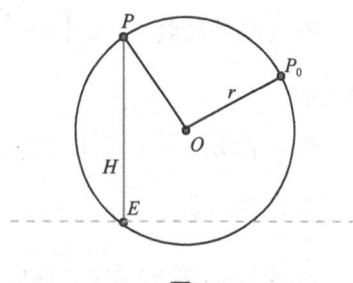　　　　　　　图3-10

【设计意图】 结合筒车问题，建立三角函数的模型，让学生经历数学建模的全过程，引导学生用数学的眼光看现实世界，用数学的语言描述世界，同时明确函数 $y=A\sin(\omega x+\varphi)$ 中参数 A、ω、φ 的实际意义，发展学生数学建模、数学抽象核心素养.

（二）讨论函数关系，交流研究思路

在上面我们利用三角函数知识，建立了形如 $y=A\sin(\omega x+\varphi)$ 的函数. 这个函数由参数 A、ω、φ 确定. 因此，只要了解这些参数的意义，知道它们的变化对函数图象的影响，就能把握这个函数的性质.

问题2 如何研究函数 $y=A\sin(\omega x+\varphi)$ 的图象？

追问：函数 $y=A\sin(\omega x+\varphi)$ 中含有三个不同参数 A、ω、φ，该如何进行研究呢？

师生活动：引导学生从正弦函数出发研究各参数对函数 $y=A\sin(\omega x+\varphi)$ 图象的影响，并鼓励学生从整体上把握研究的策略，即从特殊到一般，从局部到整体，从简单到复杂，从具体到抽象. 学生会有不同的选择策略. 由于学生对平移变换有一定的认识，所以从 φ 对函数 $y=A\sin(\omega x+\varphi)$ 图象的影响开始研究，再依次研究 A、ω 对函数数 $y=A\sin(\omega x+\varphi)$ 图象的影响.

【设计意图】 引导学生思考研究问题的一般解题思路和方法，有助于学生主动地学习，学会学习，发展学生逻辑推理核心素养.

（三）画图观察归纳，实验作图验证

问题3 探索参数 φ 对函数 $y=\sin(x+\varphi)$ 图象的影响.

追问1：如何研究参数 φ 对函数 $y=\sin(x+\varphi)$ 图象的影响？

追问2：用"五点法"探究：

$\varphi=\dfrac{\pi}{4}$ 时的函数 $y=\sin\left(x+\dfrac{\pi}{4}\right)$ 与 $\varphi=0$ 时的函数 $y=\sin x$ 的图象之间具有怎样的关系？

师生活动：学生利用"五点法"作图，从特殊点角度得到函数图象，观察 $\varphi=\dfrac{\pi}{4}$ 对函数图象 $y=\sin(x+\varphi)$ 的影响.

追问3：在单位圆中，如何利用函数模型的实际意义来说明函数 $y=\sin x$ 与函数 $y=\sin\left(x+\dfrac{\pi}{4}\right)$ 图象之间的关系呢？

追问4：你能结合相应函数图象上点的坐标变化解释图象间的关系吗？

师生活动：教师通过追问引导学生在观察发现的基础上进行理性的思考.

追问5：利用GGB作图观察：

如果 $\varphi=-\dfrac{\pi}{6}$，$\varphi=-\dfrac{\pi}{3}$，$\varphi=\dfrac{\pi}{3}$，…或者 φ 为任意角时，函数 $y=\sin(x+\varphi)$ 与 $\varphi=0$ 时的函数 $y=\sin x$ 的图象之间具有怎样的关系？

师生活动：学生进行实验探究. 学生交流展示成果，教师利用GGB演示参数 φ 为连续变化的值时对函数 $y=\sin(\omega x+\varphi)$ 图象的影响.

GGB实验作图验证：见图3-11、图3-12.

追问6：通过观察，你能归纳出参数 φ 对函数 $y=\sin(x+\varphi)$ 图象影响的一般化结论吗？

结论：一般地，把正弦曲线上的所有点向左（当 $\varphi>0$ 时）或向右（当 $\varphi<0$ 时）平移 $|\varphi|$ 个单位长度，就得到函数 $y=\sin(x+\varphi)$ 的图象.

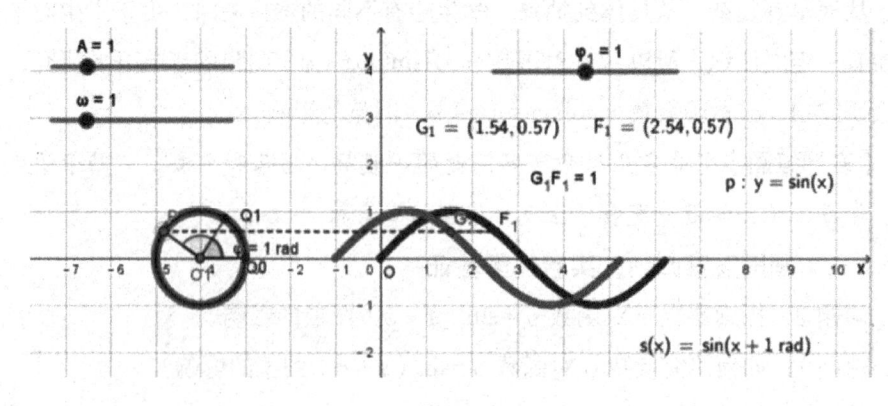

图3-11

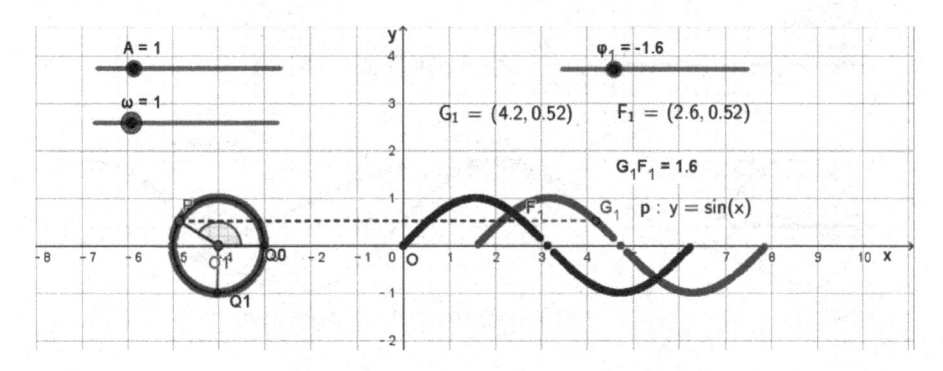

图3-12

师生活动：教师与学生一起借助信息技术GGB完成数学实验．学生在观察发现的基础上进行理性的思考，观察参数φ对函数图象的影响；还可使φ的值连续变化，以便观察函数$y=\sin(x+\varphi)$图象的整体变化过程，仅为获得图象平移的直观印象，从而得到φ对函数$y=\sin(x+\varphi)$图象影响的一般规律．

【设计意图】这个思路体现研究函数从特殊到一般的数学思想，直观体验函数$y=\sin x$图象与函数$y=\sin(x+\varphi)$图象之间的关系，并从圆周运动的实际意义和图象上点的坐标两个角度观察与分析，发展学生直观想象和逻辑推理核心素养．

（四）设计研究方案，数学实验探究

问题4 利用GGB研究参数$\omega(\omega>0)$的变化对函数$y=\sin(\omega x+\varphi)$图象的影响．并从质点的匀速圆周运动规律和函数图象上点的坐标变化角度进行合理的解释．

师生活动：教师引导学生对研究方案进行组内交流讨论，并适当指导学生进行实验探究．学生交流展示成果：教师利用GGB演示参数$\omega(\omega>0)$为连续变化的值时对函数$y=\sin(\omega x+\varphi)$图象的影响（图3-13、图3-14）．

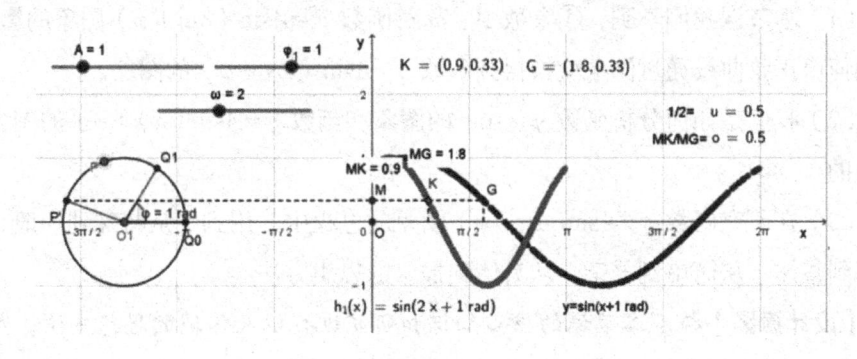

图3-13

图3-14

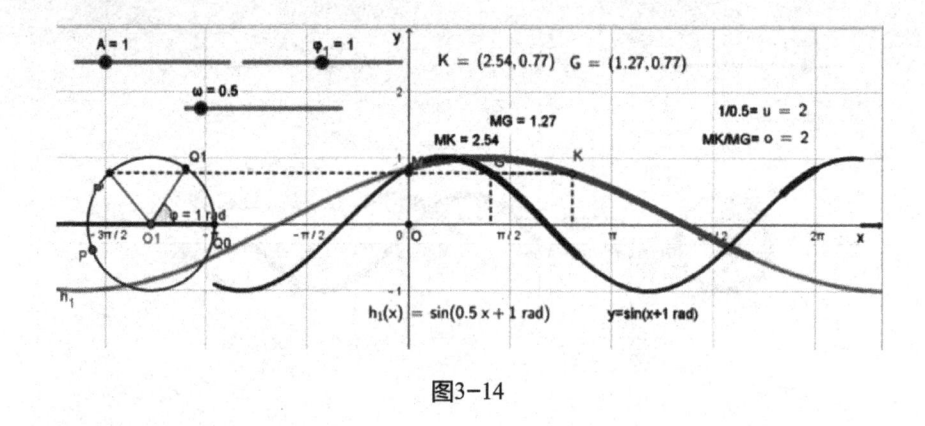

追问：通过实验结果，你能归纳出参数 ω（$\omega>0$）的变化对函数 $y=\sin(\omega x+\varphi)$ 图象影响的一般化结论吗？

结论：一般地，函数 $y=A\sin(\omega x+\varphi)$ 的周期是 $\dfrac{2\pi}{\omega}$，把 $y=\sin(x+\varphi)$ 图象上的所有点的横坐标缩短（当 $\omega>1$ 时）或伸长（当 $0<\omega<1$ 时）到原来的 $\dfrac{1}{\omega}$ 倍（纵坐标不变），就得到函数 $y=A\sin(\omega x+\varphi)$ 的图象．

【设计意图】这是本单元的难点．通过前面对参数 φ 的研究，学生已经有了一定的实践经验和理论基础，这里是借助信息技术让学生就参数 ω 的变化对函数 $y=A\sin(\omega x+\varphi)$ 图象的影响进行实验探究，通过本环节，让学生理解具体的匀速圆周运动规律与三角函数解析式及其图象之间的本质联系，并通过对观察到的现象进行理性思考，用数学语言准确地描述数学对象，进一步发展学生的直观想象和逻辑推理素养．

(五) 总结探究过程，提炼思想方法

（1）本节课我们学到：①参数 A、ω 对函数 $y=A\sin(\omega x+\varphi)$ 图象的影响；②如何由正弦曲线通过图象变换得到函数 $y=A\sin(\omega x+\varphi)$ 的图象．

（2）我们是如何分析函数 $y=\sin x$ 的图象和函数 $y=A\sin(\omega x+\varphi)$ 的图象的关系的．

（3）在研究函数 $y=A\sin(\omega x+\varphi)$ 图象的过程中，用到了从特殊到一般、从局部到整体、从简单到复杂、从具体到抽象的思想方法．

【设计意图】梳理本节课的核心知识和研究过程以及体现的思想方法，加深对本节课内容的整体认识，进一步体会研究数学对象的思路和方法．

（六）巩固探究成果，延续探究活动

课后作业：人教 A 版《普通高中教科书·数学（必修第一册）》：239 页第 4 题；240 页习题 5.6 第 1 题的（1）（2）题．

探究下列问题：

（1）如果改变参数 A 的取值，对函数 $y=A\sin(\omega x+\varphi)$ 的图象会有什么影响？

（2）在按照 $y=\sin x \to y=\sin(x+\varphi) \to y=\sin(\omega x+\varphi) \to y=A\sin(\omega x+\varphi)$ 的路线研究了函数 $y=A\sin(\omega x+\varphi)$ 的图象之后，请写出从函数 $y=\sin x$ 的图象出发，通过图象变换得到函数 $y=A\sin(\omega x+\varphi)$ 的图象的过程与方法．

（3）如果改变参数 A、ω、φ 的研究顺序，如何从正弦函数 $y=\sin x$ 通过图象变换得到函数 $y=A\sin(\omega x+\varphi)$ 的图象？

【设计意图】巩固本节课知识，并利用本节课的思想方法继续探究．

（七）目标检测设计

选择题：已知函数 $y=3\sin\left(x+\dfrac{\pi}{5}\right)$ 的图象为 C．

（1）为了得到函数 $y=3\sin\left(x-\dfrac{\pi}{5}\right)$ 的图象，只要把 C 上所有的点（　　）．

A. 向右平行移动 $\dfrac{\pi}{5}$ 个单位长度　　　B. 向左平行移动 $\dfrac{\pi}{5}$ 个单位长度

C. 向右平行移动 $\dfrac{2\pi}{5}$ 个单位长度　　　D. 向左平行移动 $\dfrac{2\pi}{5}$ 个单位长度

（2）为了得到函数 $y=3\sin\left(2x+\dfrac{\pi}{5}\right)$ 的图象，只要把 C 上所有的点（　　）．

A. 横坐标伸长到原来的 2 倍，纵坐标不变

B. 横坐标缩短到原来的 $\dfrac{1}{2}$，纵坐标不变

C. 纵坐标伸长到原来的 2 倍，横坐标不变

D. 纵坐标缩短到原来的 $\dfrac{1}{2}$，横坐标不变

【设计意图】考查学生关于参数 A、ω、φ 对函数 $y=A\sin(\omega x+\varphi)$ 图象影响的掌握．

（八）评价方式

本节课的效果评价主要有课堂前测、当堂反馈、课后检测、课后作业、课后访谈．课上学生通过展示分享，体现探究的成果，讲解作图过程及发现，落实本节课的教学要求．课后通过检测了解学生对知识的掌握情况，通过作业了解学生对知识、方法思想的掌握情况，通过访谈了解学生对引入物理知识的理解情况（表3-1）．

表3-1

本节课问题探究情况统计分析表					
	活动一	活动二	活动三	活动四	思考作业
评价内容/评价目标	结合实际情境建立函数模型	讨论函数关系，交流研究思路	实验作图验证（探索参数 φ 对函数 $y=\sin(x+\varphi)$ 图象的影响）	数学实验探究（参数 ω（$\omega>0$）的变化对函数 $y=\sin(\omega x+\varphi)$ 图象的影响）	如果改变参数 A、ω、φ 的研究顺序，如何从正弦函数 $y=\sin x$ 通过图象变换得到函数 $y=A\sin(\omega x+\varphi)$ 的图象？
能够独立完成					
能够完成一部分					
有想法但实施有困难					
没有思路					
评价	本节课建立函数模型 ♡♡♡♡♡				
	本节课研究问题方法 ♡♡♡♡♡				
	本节课的知识收获 ♡♡♡♡♡				
	利用 GGB 作图 ♡♡♡♡♡				
	综合评定 ♡♡♡♡♡				

学习知识两周后，教师对学生进行访谈，发现学生对这节课记忆较深，很容易回忆起参数 A、ω、φ 对函数 $y=A\sin(\omega x+\varphi)$ 图象的影响，以及函数 $y=A\sin(\omega x+\varphi)$ 图象的变换过程，尤其是不同顺序的变换会得到不同的解析式，

对学生的理解有更好的帮助.

五、教学反思

（一）创设现实情境，渗透数学文化

新课改要求我们要回归数学的本质，体现数学的思考方式：以典型的、简单的数学对象为载体，在数学知识的发生发展过程中，培养学生的理性思维，发展学生的数学学科核心素养．本节课通过具体的现实情境，以问题串的形式驱动学生发现问题、分析问题、解决问题．学生经历了从特殊到一般的推理，从归纳推理到演绎推理，体会到了数学的严谨性．通过观察"筒车"的产生与运动，体现了数学与现实世界联系密切，在进一步发展数学建模核心素养的同时，渗透数学文化，感受自然带给人们的美和人们无限的想象力和创造力，从中体会数学就在我们身边，体现了立德树人的教育理念．

（二）研究函数模型，渗透思想方法

本节课从学生熟悉的正弦函数 $y=\sin x$ 的运动模型和"筒车"运动，引出函数 $y=A\sin(\omega x+\varphi)$ 是刻画"一般匀速圆周运动"的数学模型；通过控制变量来研究函数 $y=A\sin(\omega x+\varphi)$ 的图象与函数 $y=\sin x$ 的图象之间的关系，这是数学知识从特殊到一般，从局部到整体，从简单到复杂，从具体到抽象的研究过程，有助于学生强化函数研究的基本思想和方法，同时，发展学生的数学建模、数学抽象、直观想象、逻辑推理等核心素养．

（三）体现学生主体，提高合作意识

本节课根据授课的内容采取分组教学，将学生按照学习能力、GGB 软件的使用能力分成三人一组，每组配备一台笔记本电脑，方便学生进行合作，探究问题．课堂中，将问题抛给学生，让学生去讨论、探究、发现并总结问题．学生大胆的交流想法，同时，我深入各个合作小组，进行现场观察和介入，倾听学生的讨论，了解合作的动向，随时指导合作学习过程中出现的问题．这种小组探究，让课堂氛围民主和谐，有效地调动了学生学习数学的积极性．

（四）利用信息技术，发展数学思维

教学中体现了信息技术与高中数学教学的深度融合．利用 GGB 软件，让学生将"看"和"学"更好地结合起来，帮助学生突破学习的难点．课上引导学生通过信息技术，绘制图形，亲自体验数学、理解数学，使学生的学习由接受性学

习转变为探索性学习,帮助学生理解图象变换的本质,很自然地突破了参数ω对函数$y=A\sin(\omega x+\varphi)$图象的影响的难点. 同时,利用信息技术教学能够创建良好的学习氛围,让传统的课堂教学转向以激发学生潜在能力为本. 将数学知识学习由抽象思维转化为形象思维,实现理论与实践相结合,培养学生的思维能力、创新能力、解决实际问题的能力、动手操作能力. GGB 的使用,使教与学充满生机,使学生亲自体会到了知识的形成过程,对结论加深印象,实现化难为易,突破学习难点,也大大提高了学生学习的积极性.

然而还有一些缺憾:对本节内容,教师的干预(讲解)还是太多. 课堂上在"放"的尺度把握上还有欠缺,当学生学习出现困难时,问题引导过多,就降低了任务的认知水平. 在以后的教学中,应放手让学生多一些探究与合作,争取创建更加宽松、自由的课堂.

六、教学特色

(一)单元——课时目标确定有"高度"

通过具体实例,构建函数$y=A\sin(\omega x+\varphi)$的模型,发现函数$y=A\sin(\omega x+\varphi)$的实际意义,在抽象函数模型的过程中发展数学建模素养;在探究参数A、ω、φ对函数$y=A\sin(\omega x+\varphi)$图象的影响的过程中,体会从特殊到一般的研究方法,理解图象变换的本质(能从图象上任意一点的变化过程看清图象变换的整个过程,也能借助实际意义认识图象变换的结果),学会如何由函数$y=\sin x$的图象变换得到$y=A\sin(\omega x+\varphi)$的图象,发展数学抽象、逻辑推理、直观想象等核心素养. 课堂教学实践也证明了本节课的目标达成度比较高,相关数学核心素养得到发展.

(二)课堂结构合理有序、流畅自然,重点突出

"筒车"模型抽象出数学模型 → 确定研究函数的基本思路 → 研究参数φ对函数$y=A\sin(\omega x+\varphi)$的影响 → 研究参数$\omega$对函数$y=A\sin(\omega x+\varphi)$的影响 → 研究参数$A$对函数$y=A\sin(\omega x+\varphi)$的影响 → 研究如何从$y=\sin x$的图象变换到$y=A\sin(\omega x+\varphi)$的图象 → 研究$y=A\sin(\omega x+\varphi)$的图象与性质 → 应用

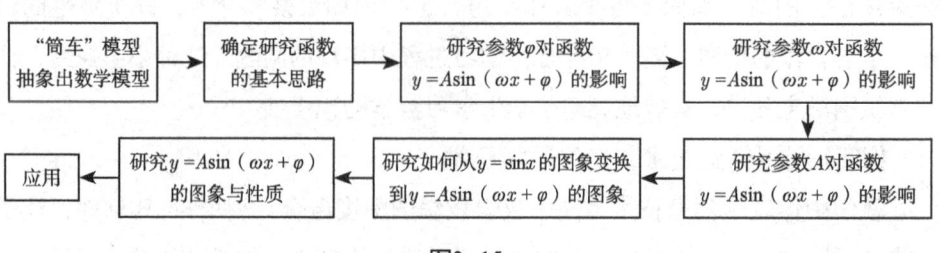

图3-15

本小节内容分为两个课时八个环节（图3-15），前四个环节作为本课时的内容，后四个环节作为下一课时的内容，这种安排是非常合理的，既突出了本节课的重点，又能为下一课时做充分的准备．

（三）问题设置科学合理，师生活动张弛有度

本节课有四个环节．在教学活动中，教师起的作用是创设情境、提出问题、启发引导、质疑评价；学生在教师的引导下分析评价、自主活动、合作探究、发现创造．

（四）信息技术的有效使用

从创设现实情境，画出函数图象（圆周运动——函数图象），到改变参数，观察图象、解析式关联变换，获得整体的变换形象，再到改变自变量，观察圆周上点的运动与图象上点的变换之间关联，其中，信息技术的运用使学生直观生动地感受到图象的变换与点的变换之间的内在联系．本节课信息技术的运用是有效的，起到了很好的辅助作用，有助于学生理解图象变换的本质．

案例三

《两条直线平行和垂直的判定》教学设计

一、教学内容分析

本节课选自人教 A 版《普通高中教科书·数学（选择性必修第一册）》第二章《直线和圆的方程》第一节《直线的倾斜角与斜率》2.1.2《两条直线平行和垂直的判定》。

（一）本章内容分析

平面解析几何是高中课程的重要内容，解析几何是近代数学发展的一个里程碑。在解析几何学习中，数形结合思想和坐标法统领全局，始终强调"先用几何眼光观察与思考，再用坐标法解决"的策略。这也说明，一方面，应从几何角度关注图形，认识图形的几何特征；另一方面，要建立代数方程，用代数工具研究几何性质。

本章讲授的是平面解析几何的第一章，包括直线与方程、圆与方程两部分。初中阶段从几何角度研究过直线和圆，本章学习用解析几何的方法进行研究，包括用代数方法表示几何图形、图形的位置关系及与距离有关的问题，这也为学生感悟解析几何的思想方法、为圆锥曲线的研究奠定基础。本章还安排了"方向向量与直线的参数方程""笛卡儿与解析几何""坐标法与数学机械化"等选学内容，目的是拓展学生的知识面，让学生从多种角度认识直线方程的表示形式，了解解析几何产生的过程，以及我国数学家吴文俊先生运用坐标法进行几何定理机器证明的杰出贡献。

新课标要求：通过本单元的学习，帮助学生在平面直角坐标系中认识直线和圆的几何特征，建立它们的标准方程；运用代数方法进一步认识它们的性质及位置关系；运用平面几何方法解决简单的数学问题和实际问题，初步感悟平面解析几何中蕴含的数学思想。

因此本章重点提升直观想象、数学运算、逻辑推理和数学抽象素养。

（二）本节内容分析

本节内容是第一节——直线的倾斜角与斜率，共有两个课时的内容：倾斜角与斜率、两条直线平行与垂直的判定，本节课为第二课时．

新课标相关要求：理解直线的倾斜角和斜率的概念，经历用代数方法刻画直线斜率的过程，掌握过两点的直线斜率的计算公式；能根据斜率判断两条直线平行或垂直．

本课时教材可以分为三个活动：直线倾斜角和斜率研究方法回顾、两条直线平行、两条直线垂直．①直线倾斜角和斜率研究方法回顾，回顾第一课时的内容，如何将一个几何问题转化为代数问题，提出本课时的研究问题．②两条直线平行，教材采取将几何角度平行与倾斜角、斜率联系，得到如何根据斜率判断两直线平行的结论；另外对斜率不存在特殊情形进行说明，两条直线重合时可以证明三点共线；设置两个例题，直接判断两直线是否平行和判断四边形的形状．③两条直线垂直，首先由相交逐步聚焦到垂直的特殊情况，并提出研究问题；利用方向向量得到根据斜率判断两直线垂直的结论；说明特殊情形，斜率不存在与斜率为0的两条直线互相垂直；设置两个例题，直接判断两直线是否垂直和判断三角形的形状．

在学习本节课知识之前，让学生观察图片中抽象出来的直线的位置关系，引发学生的认知冲突，体会从数学角度研究问题的必要性．在探究两直线垂直的判定方法时，注重发展学生发现问题、提出问题、解决问题的能力，积累研究问题的方法，引导学生思考学过哪些判断两条直线垂直的方法，进而猜想判断两条一般直线垂直的结论并证明．本节课充分发挥信息技术的作用，通过计算机软件向学生展示方程中参数的变化对两直线位置关系变化的影响；发展学生数学运算、直观想象、逻辑推理和数学抽象核心素养．

二、学生情况分析

（一）知识基础

经过高一数学的学习，学生积累了一定的数形结合、转化等数学思想和从特殊到一般的研究方法，并具备一定的数学抽象、数学运算、直观想象和逻辑推理能力．初中几何已经学习了直线和圆、直线位置关系、点和圆的位置关系、直线和圆的位置关系、圆和圆的位置关系，知道一次函数的图象是一条直线，且能够利用平面几何知识解决一些简单的图形问题，具备一定的平面几何推理能力．

本章学习是从解析几何的角度，用代数方法研究直线和圆，从代数角度来判定图形的位置关系，这是一种新的思维方式．在探究过程中要用到向量和向量的运算、平面几何等相关知识，这可能会使一部分学生在探究过程中受阻．

（二）学习能力

授课学生为北京市示范性高中普通班的学生，班级近四分之一的学生已经提前学习了两直线的位置关系，能够根据斜率判断两直线的位置关系，但是对于结论的证明并不熟悉．

三、教学目标和重难点

基于上述分析，本节课的教学目标及教学重难点如下．

教学目标：

（1）能根据斜率判断两直线平行或垂直，能理解用坐标法研究图形问题的方法和思想；

（2）实践从具体问题情境中抽象出两条直线平行、垂直的结论的过程，提高发现问题、分析问题、解决问题的能力；

（3）通过两直线平行或垂直问题的探究，发展学生的直观想象、逻辑推理和数学运算素养．

教学重点： 通过代数方法得到两条直线平行或垂直的几何结论．

教学难点： 两条直线垂直的判定方法的探究．

四、教学过程

本节课教学流程如下：

创设情境，提出问题→问题引领，探究新知→迁移经验，探究新知→迁移经验，探究新知→典例讲解，巩固应用→归纳小结，回顾方法→课后作业，巩固新知．

教学方法： 讲授法、讨论法．

教学媒体： 计算机、电子白板．

（一）创设情境，提出问题

创设情境：2019 年中国北京世界园艺博览会——中国馆．

2019 年中国北京世界园艺博览会（简称"2019 北京世园会"）是继 2010 上海世博会之后，我国举办的规格最高、规模最大的世界园艺博览会，也是献礼祖国 70 华诞的盛事之一. 2019 北京世园会的主题为"绿色生活，美丽家园"，中国馆是世园会中首个整体亮相的场馆，该场馆师法自然，传递生态文明，并且效仿了先人"巢居""穴居"的古老智慧. 2019 北京世园会将中国馆打造成一座会"呼吸"、有"生命"的绿色建筑.

图 3-16 为中国馆的部分截图，观察图中中国馆上方的排山沟滴，从数学角度判断它们有什么样的位置关系？

图3-16

观察中国馆全景图，如图 3-17、图 3-18 所示，你认为中国馆上方的各个排山沟滴之间有什么位置关系？

图3-17 　　　　　　　　　　图3-18

通过中国馆局部图和整体图，我们发现利用图形直观观察得到的结论不一定正确，需要严谨的判定方法进行判断. 本节课将在直线方程的基础上，用解析法继续探究两直线的位置关系的判定方法.

【设计意图】通过具体情境引发学生的认知冲突，激发学生的学习兴趣和研究意识，同时让学生感受中国建筑的对称美、和谐美，渗透数学文化，引导学生用数学视角观察现实世界，并尝试用数学语言描述现实世界.

（二）问题引领，探究新知

问题1 平面内两条不重合的直线的位置关系有哪些？

预设1：相交和平行.

预设2：相交的特殊情形，垂直.

问题2 首先探究两条直线平行的判定条件，具体化为已知平面内两条不重合直线 $l_1: y = k_1 x + b_1$ 和 $l_2: y = k_2 x + b_2$（$b_1 \neq b_2$），若 $l_1 // l_2$，能得到哪些结论？反之，能否成立？

预设1：从几何图形角度看，两条直线平行，如果被第三条直线（这里是 x 轴）所截，那么形成的同位角相等，也就是两条直线的倾斜角相等. 若体现在两条直线方程上，就是 $k_1 = k_2$.

预设2：如果两条直线斜率相等，即 $k_1 = k_2$，由正切函数的单调性，可知它们的倾斜角相等；从图形上看是一对同位角，由两条直线平行的判定定理可知，它们平行.

预设3：综合起来，在斜率存在的前提下，两条直线平行与它们的斜率相等互为充分必要条件，即对于斜率分别为 k_1、k_2 的两条直线 l_1、l_2，都有

若 $l_1 // l_2$，则 $k_1 = k_2$，$b_1 \neq b_2$；反之，若 $k_1 = k_2$，$b_1 \neq b_2$，则 $l_1 // l_2$.

预设4：如果 l_1、l_2 的斜率都不存在，那么它们的倾斜角都是 $90°$，从而它们互相平行或重合.

【设计意图】 通过观察平面内两条互相平行的直线，结合初中两直线平行的性质定理和判定定理，让学生发现如何用"数"来表示两条直线平行的位置关系，从而将几何直观转化为代数表达，体现数形结合的数学思想，培养学生直观想象、逻辑推理等数学核心素养和严谨的数学思维，同时让学生感受数学的简洁美.

（三）迁移经验，探究新知

问题3 平面内两条不重合直线的位置关系有相交和平行，垂直是相交的特殊情形，如何判定两条直线垂直呢？

预设1：从几何图形的元素角，可以根据角的大小等于 $90°$ 判断. 从几何图形的元素线，可以利用勾股定理、射影定理等进行判断.

预设2：如果两个向量的数量积为0，那么两个向量垂直．可以据此写出两条直线所在的向量，利用向量数量积进行判断．

预设3：如果已知平面内两条直线的方程，是否可以找到斜率之间的关系？

预设4：如果其中一条直线的斜率不存在，另一条直线的斜率为0，那么这两条直线就是垂直的．

预设5：如果其中一条直线斜率存在，且不为0，从图形上易知另一直线的斜率一定存在．可以从具体例子开始研究，如 $l_1: y = x$，即一三象限的角平分线，与从图形上看是二四象限的角平分线的直线 $l_2: y = -x$ 垂直．两条直线的斜率分别是 1 和 -1，互为相反数或互为负倒数．

预设6：可以从特殊倾斜角考虑，假设其中一条直线倾斜角是60°且过原点，那么 $l_1: y = \sqrt{3}\, x$，那么与 l_1 垂直的直线 l_2 的倾斜角为150°，假设 l_2 过原点，那么 $l_2: y = -\dfrac{\sqrt{3}}{3} x$．两条直线的斜率分别是 $\sqrt{3}$ 和 $-\dfrac{\sqrt{3}}{3}$，互为负倒数．

小结：通过讨论，我们可以从几何元素的角、线判断两条直线垂直，具体方法有勾股定理、射影定理等，也可以计算向量的数量积进行判断．通过两组特殊的直线，可以得到初步猜想：已知两条直线 $l_1: y = k_1 x + b_1$，$l_2: y = k_2 x + b_2$，当 $l_1 \perp l_2$ 时，两条直线的斜率互为负倒数，用数学表达式可以表示为 $k_1 \cdot k_2 = -1$．

问题4 已知两条不重合的直线 $l_1: y = k_1 x + b_1$，$l_2: y = k_2 x + b_2$（图3-19），证明：当 $l_1 \perp l_2$ 时，有 $k_1 \cdot k_2 = -1$．

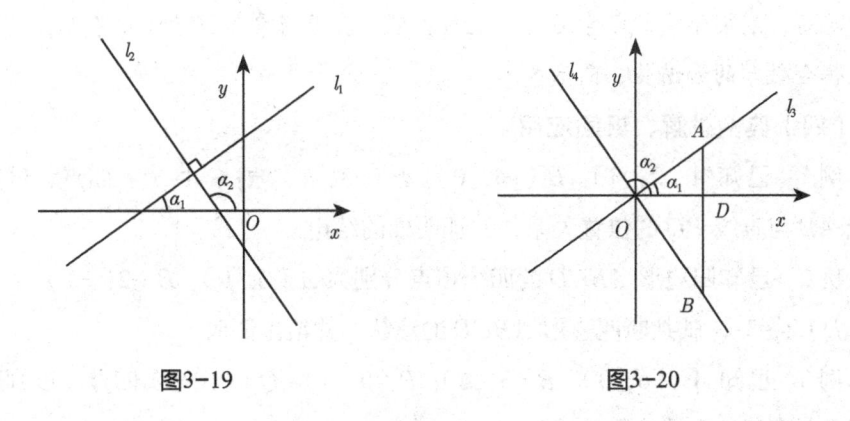

图3-19　　　　图3-20

预设1：联立解交点，利用勾股定理、射影定理进行计算（计算量太大）．

预设2：将两条直线分别平移到过原点的位置，以减小计算量．如图3-20所示，过坐标原点 O 分别做 $l_3 \parallel l_1$，$l_4 \parallel l_2$，分别在 l_3，l_4 上取两点 $A(1, k_1)$，$B(1, k_2)$，线段 AB 与 x 轴的交点为 $D(1, 0)$，由勾股定理 $AO^2 + BO^2 = AB^2$ 得证或由射影定理 $OD^2 = AD \cdot BD$ 得证.

预设 3：在图 3-20 的基础上，利用倾斜角 $\alpha_2 = \alpha_1 + 90°$，结合三角函数、诱导公式知识得证.

预设 4：如图 3-20 所示，过坐标原点 O 分别做 $l_3 \parallel l_1$，$l_4 \parallel l_2$，分别在 l_3，l_4 上任取两点 $A(x_1, y_1)$，$B(x_2, y_2)$，由勾股定理 $AO^2 + BO^2 = AB^2$ 及直线方程得证.

预设 5：利用方向向量证明

设两条直线 l_1、l_2 的斜率分别为 k_1、k_2，则直线 l_1、l_2 的方向向量分别是 $\vec{a} = (1, k_1)$、$\vec{b} = (1, k_2)$，于是：

$l_1 \perp l_2 \Leftrightarrow \vec{a} \perp \vec{b} \Leftrightarrow \vec{a} \cdot \vec{b} = 0 \Leftrightarrow 1 \times 1 + k_1 k_2 = 0$，即 $k_1 \cdot k_2 = -1$.

小结：当两条直线都存在斜率时，有 $l_1 \perp l_2 \Leftrightarrow k_1 \cdot k_2 = -1$；当其中一条直线的斜率不存在，另一条直线的斜率为 0 时，有 $l_1 \perp l_2$（分别与 x 轴、y 轴平行的两条直线互相垂直）.

【设计意图】 问题设置从特殊到一般，为学生搭建学习研究的桥梁，体会从归纳推理到演绎推理的过程，体会用坐标法研究几何问题的过程，感受向量方法的运用突出了几何直观与代数运算之间的融合，提高学生数形结合能力和严谨的数学思维，发展学生的数学运算、逻辑推理、直观想象等数学核心素养，同时让学生体会数学的和谐美、简洁美.

（四）典例讲解，巩固应用

例 1　已知 $A(2, 3)$、$B(-4, 0)$、$P(-3, 1)$、$Q(-1, 2)$ 四点，试判断直线 AB 与直线 PQ 的位置关系，并证明你的结论.

例 2　已知四边形 $ABCD$ 的四个顶点分别为 $A(0, 0)$、$B(2, -1)$、$C(4, 2)$、$D(2, 3)$，试判断四边形 $ABCD$ 的形状，并给出证明.

例 3　已知 $A(-6, 0)$、$B(3, 6)$、$P(0, 3)$、$Q(6, -6)$ 四点，试判断直线 AB 与直线 PQ 的位置关系.

例 4　已知 $A(5, -1)$、$B(1, 1)$、$C(2, 3)$ 三点，试判断三角形 ABC 的形状.

【设计意图】例 1 和例 3 都是用斜率判断两条直线的位置关系，例 2 和例 4 的综合性强一些，先由图形直观进行猜想，再按照猜想的思路，给予证明，是用斜率判断两条直线的位置关系的应用.

（五）归纳小结，回顾方法

本节课学到了哪些知识及研究解决问题的方法、思想？

知识角度：平面内两条不重合的直线平行的判定方法，两条直线垂直的判定方法.

方法角度：从特殊到一般，从几何和解析式的不同角度思考问题.

【设计意图】梳理本节课的核心知识和研究过程，以及体现的思想方法，加深对本节课内容的整体认识.

（六）课后作业，巩固新知

人教 A 版《普通高中教科书·数学（选择性必修第一册）》57 页练习 1 题、2 题，58 页 5 题、6 题、9 题、10 题.

【设计意图】巩固本节课知识，发展学生数学运算核心素养.

五、教学反思

新课标提出"高中数学教学以发展学生核心素养为导向，创设合适的教学情境，启发学生思考，引导学生把握数学内容的本质". 在教学活动中，应结合教学任务极其蕴含的数学学科核心素养设计合适的情境和问题，引导学生用数学的眼光观察现象、发现问题，使用恰当的数学语言描述问题，用数学的思想方法解决问题. 在问题解决的过程中，理解数学内容的本质，促进学生数学核心素养的形成和发展.

（一）创设问题情境，发展数学思维

本节课通过具体的问题情境，逐步引导学生，符合学生的认知水平，使学生经历了从特殊到一般，从归纳到演绎的推理过程，体会了数学的严谨性，同时，体现数学知识之间的联系性，更有利于发散学生思维，发展学生的逻辑推理、数学运算等核心素养，有利于培养学生的创新精神和研究能力.

（二）整合不同教材，关注学生主体

本节课设计借鉴不同版本的教材，同时带有自己的想法，内容由浅入深，逐步引导学生，符合学生的认知水平，同时，学生的数学思维得到很好的发展. 本

节课借助直角坐标系建立数与形的联系，利用图形理解和解决数学问题，充分体现了数形结合思想，增强运用图形思考问题的意识，有利于培养学生直观想象、数学运算的核心素养．同时帮助学生树立敢于质疑、善于思考、严谨求实的科学精神；不断提高应用能力、实践能力，提升创新意识．

（三）融合信息技术，提高学习兴趣

教学中体现了信息技术与高中数学教学的深度融合，利用数学软件动态呈现两条直线的位置关系及斜率数据的变化，学生能够直观地看到变化中的不变性，实现化静为动，动静结合．通过使静态的知识动态化，增强了数学的趣味性，使教与学充满了生机，使学生对结论印象深刻，实现化难为易，突破学习难点．

六、教学特色

本节课通过创建问题情境、三个问题的探究，渗透研究方法，学生通过了解直线平行和垂直的判定结论的形成过程，使学生完全成为课堂的主人，在对两直线垂直的结论进行证明时，学生将所学知识充分运用，充分发散学生的思维．

（一）设计有效问题，体现数学本质

新课标要求我们要回归数学本质，体现数学的思维方式，以典型、简单的数学对象为载体，在数学知识的发生发展过程中，培养学生的理性思维，发展学生的数学学科核心素养．本节课通过具体的现实情境和数学情境，激发学生的探究精神，使探究过程完整而流畅，严谨而灵动，提高学生发现和提出问题的能力、分析和解决问题的能力．学生经历了从特殊到一般，从归纳到演绎的推理过程，体会了数学的严谨性，有助于学生形成有论据、有条理、合乎逻辑的思维品质，严谨求实的科学精神，有利于培养学生的逻辑推理核心素养．

（二）感受中国文化，渗透美育教学

本节课通过创设现实情境，让学生感受中国建筑中的和谐美、对称美，感受数学中的简洁美、对称美．培养学生善于发现美、鉴赏美，创造美的能力，使学生在学习过程中享受美，从而形成美的心灵、美的灵魂，同时感受中国文化的博大精深．

案例四

《椭圆及其标准方程》教学设计

一、教学内容分析

本节课选自人教 A 版《普通高中教科书·数学（选择性必修第一册）》第三章《圆锥曲线的方程》的第一节第一课时．

（一）本章内容分析

本章将在"直线和圆的方程"的基础上，通过行星运行轨道、抛物线运动轨迹等，使学生了解圆锥曲线的背景与应用；在研究过程中，数形结合思想和坐标法统领全局，运用平面解析几何方法解决简单的数学问题和实际问题，感悟平面解析几何中蕴含的数学思想；提升直观想象、数学运算、数学建模、逻辑推理和数学抽象素养．本章共 13 课时，其中椭圆 4 课时，双曲线 3 课时，抛物线 3 课时，文献阅读与数学写作 1 课时，小结 2 课时．

椭圆的标准方程的研究是坐标法的深入，同时是进一步研究椭圆几何性质和双曲线、抛物线问题的基础，本节课规范了研究曲线的一般方法，对本章的教学有导向和引领作用，为研究双曲线和抛物线方程提供了基本模式和理论依据．因此，本节课具有承上启下的作用．❶

（二）本节内容分析

本节课通过行星运行轨道等实例了解椭圆的背景，又结合了椭圆发展历史上两个重要的情境清晰地描述了椭圆的几何特征，利用动态软件（GGB）再现了这两个重要过程，学生通过动态的演示再次经历了抽象出椭圆概念的过程，同时激发了学生学习圆锥曲线的兴趣．对于椭圆定义与方程的研究，将曲线与方程对应起来，体现了函数与方程、数形结合的重要思想．通过本节内容的学习，对发展学生数学抽象、逻辑推理、数学运算等数学核心素养，培养学生创新意识和探索精神有很大的帮助．同时，学生在学习过程中，可以感受数学中的和谐统一美、对称美、计算美、简洁美，同时感受数学文化．

---

❶ 李一鸣．"椭圆的标准方程"教学设计 [J]．中学数学教学参考，2018（12）：12-15．

对于圆锥曲线的教学,人教 A 版、人教 B 版、湘教版、北师大版教材的章引言中都是利用平面去截圆锥或者圆柱得到的截面,这些截面分别为椭圆、双曲线、抛物线. 在湘教版教材中,设计数学实验让学生感受生活中的圆锥曲线,北师大版教材中也引入了具体生活中的椭圆图形,并利用几何模型得到椭圆的定义. 在四个版本的教材中都设置了动手实践环节,让学生利用具体工具绘制出椭圆,再推导出椭圆的标准方程. 学生对于椭圆的形状观察的比较直观,但是对于椭圆的定义理解不够深刻. 因此,本节课除了保留生活中的椭圆和绘制椭圆的教学,又增加了"椭圆的历史""用 GGB 通过尺规作图的方式作出椭圆"的环节,力求帮助学生更好地理解和记忆椭圆的定义.

二、学生情况分析

教师将对一所示范性高中的学生进行授课,这里的学生数学思维比较活跃,运算能力有层次差异,但学习数学的热情很高,查阅资料的能力、表达能力相对较强. 学生很熟悉 PPT 的制作与使用,能够利用 GGB 几何软件进行简单的绘图.

三、教学目标和重难点

教学目标:

(1) 经历从具体情境中抽象出椭圆定义的过程,掌握椭圆的标准方程及其推导过程,体会研究圆锥曲线的过程与方法,发展学生数学抽象和数学运算的核心素养;

(2) 通过绘制椭圆和用数学软件演示椭圆的形成过程,培养学生发现问题、提出问题、解决问题的能力;直观感知用平面适当去截圆锥或圆柱可截得椭圆,发展学生的直观想象能力;

(3) 从历史角度了解椭圆的研究发展过程,体会数学的文化价值与应用价值.

教学重点:椭圆的定义、椭圆的标准方程及其推导过程,理解坐标法的基本思想.

教学难点:用平面适当去截圆锥或圆柱可截得椭圆(截面定义)与椭圆定义的关系,椭圆标准方程的推导与化简.

四、教学过程

（一）创设情景，提出问题

问题 1　你能举出生活中的椭圆的例子吗？（提前布置，学生准备图片，筛选后课上交流展示.）

学生活动：学生从日常生活物品、建筑、行星运行轨道等几个方面展示几何直观上的椭圆.

【**设计意图**】通过实例了解椭圆的背景与应用，从几何直观的角度回忆椭圆，体会数学源于生活，同时感受数学中的对称美；但这些椭圆都是想象中的形状，并不是严格意义上的椭圆，需要寻求严格意义上椭圆的定义，激发学生学习探究的积极性.

问题 2　椭圆"数学意义"上的定义是什么？（提前布置，学生准备图片，筛选后课上交流展示.）

教师活动：在回忆椭圆的定义之前，我们先来了解一下椭圆的研究历史，数学家们曾经经历了什么.

学生活动：从古希腊的阿波罗尼茨（公元前 200 年）的"圆锥曲线论"谈到单德林（1794—1847）的"双球试验".

教师活动：通过动态软件（GGB）再现椭圆发展历史上这两个重要的节点.

动态软件 1：展示用一个平面适当地截圆锥，这个平面与圆锥的交线可以是椭圆（椭圆的截面定义）、双曲线或抛物线，这也是"圆锥曲线"这个名称的由来（图 3-21）.

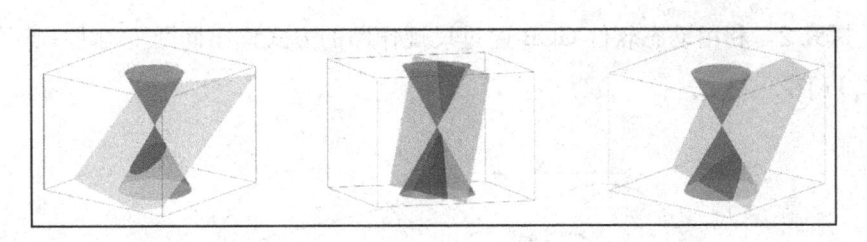

图3-21

动态软件 2：动态展示了比利时数学家单德林提出的"双球试验"，建立了椭圆的"截面定义"与第一定义的联系.

【设计意图】 学生通过动态的演示再次经历了抽象出椭圆概念的过程，激发了学生学习圆锥曲线的兴趣，同时渗透数学文化，感受数学的文化价值.

（二）合作交流，探究新知

1. 椭圆定义

探究1 利用准备好的工具，一条细绳（无弹性），把它的两端用图钉分别固定在纸板的两点处，套上铅笔，拉紧绳子，移动笔尖，观察画出的轨迹.

在这一过程中，你能说出移动的笔尖（动点）满足的集合条件吗？

（1）2人一组合作完成；

（2）将学生的成果通过信息技术进行展示、对比、交流；

（3）利用GGB分别演示绳长＞图钉间距离、绳长＝图钉间距离、绳长＜图钉间距离时，轨迹是如何变化的（图3-22）.

由椭圆的定义，椭圆就是集合 $P=\{M\,|\,|MF_1|+|MF_2|=2a\}$.

（1）$|MF_1|+|MF_2|>|F_1F_2|$，轨迹为椭圆；

（2）$|MF_1|+|MF_2|=|F_1F_2|$，轨迹为线段；

（3）$|MF_1|+|MF_2|<|F_1F_2|$，轨迹不存在.

教师活动：用手机拍摄学生画图的过程和每组画图的成果，并展示学生出现的问题.

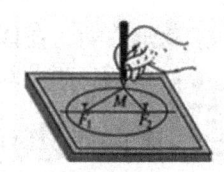

图3-22

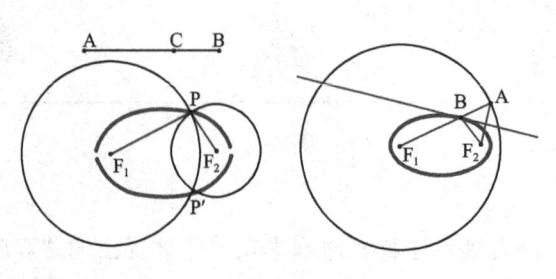

【设计意图】 让学生经历动手操作、直观感知的过程，同时利用信息技术辅助教学，让学生能够更直观地看到轨迹的变化，感受图形中的对称美、椭圆定义和图形的和谐美，体会数学的严谨性，同时发展学生数学抽象、逻辑推理、直观想象的数学核心素养.

探究2 利用动态软件GGB通过尺规作图的方式作出椭圆（两人一组合作完成）（图3-23）.

图3-23

【设计意图】让学生经历动手操作、直观感知的过程,让学生能够更直观理解椭圆的定义,感受图形中的对称美、为用坐标法研究椭圆的方程奠定基础,同时发展学生逻辑推理、直观想象的数学核心素养.

2. 椭圆的标准方程

探究3 用坐标法研究椭圆的方程. 设椭圆的焦距为 $2c$($c>0$),M 与 F_1、F_2 的距离之和等于 $2a$($a>0$),请你建立适当的坐标系,求出椭圆的方程.

学生通过思考、讨论、交流,多媒体展示不同的推导方法,逐渐将其完善,并对比结果的不同,确定椭圆的标准方程.

【设计意图】有了上面绘制椭圆的过程,学生很容易利用椭圆的对称性建立直角坐标系,得到椭圆的两个标准方程. 这也可以帮助学生渗透数形结合思想,同时发展学生逻辑推理、数学运算的核心素养.

得到方程 $\dfrac{x^2}{a^2}+\dfrac{y^2}{a^2-c^2}=1$($a>c>0$) 或 $\dfrac{y^2}{a^2}+\dfrac{x^2}{a^2-c^2}=1$($a>c>0$).

问题3 如图3-24,你能从中找到表示 a、c、$\sqrt{a^2-c^2}$ 的线段吗?

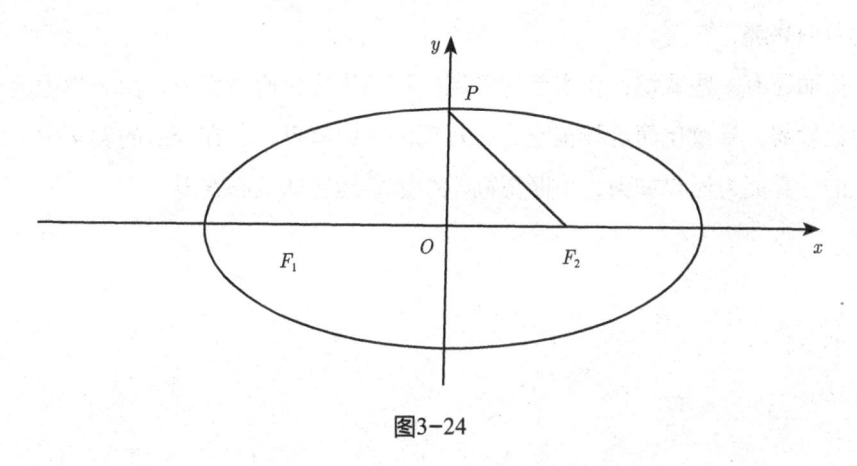

图3-24

为使方程更简单、对称,令 $b^2=a^2-c^2$,

从而得到方程 $\dfrac{x^2}{a^2}+\dfrac{y^2}{b^2}=1$($a>b>0$),$\dfrac{y^2}{a^2}+\dfrac{x^2}{b^2}=1$($a>b>0$).

【设计意图】经历发现问题、解决问题的过程,培养学生的数形结合能力,体会椭圆中的对称美、和谐美、简洁美,发展学生直观想象的核心素养.

问题4 总结求圆锥曲线的方程的一般步骤.

【设计意图】归纳用坐标法研究曲线方程的过程，为研究双曲线的标准方程、抛物线的标准方程奠定基础.

五、教学反思

本节课通过创建情境，进行问题引领. 采用合作、探究的学习方式，让学生经历观察、猜想、实践、验证、归纳的过程. 在知识的形成、发展过程中展开思维，培养学生发现问题、提出问题、分析问题、解决问题的能力，发展学生数学抽象、直观想象、数学运算等核心素养，同时，培养了学生的探索精神，使学生体会到数学的严谨性，感受到数学中的和谐美、简洁美、对称美.

本节课将信息技术与课堂教学恰当整合，生动直观地将点的轨迹、平面截圆锥展示给学生，帮助学生更好地发现问题、探究问题，并运用知识解决问题，很好地发展了学生的数学抽象素养.

在教学中融入了椭圆的研究发展历史，以阿波罗尼茨－洛必达－单德林为主线，串起了椭圆及其标准方程的主要内容，让学生感受到数学文化，进而提高学生学习的兴趣.[1]

然而还有一些缺憾：在本节课椭圆方程的推导化简过程中，由于学生的计算能力比较弱，导致化简过程很吃力，化简的时间有点长. 在今后的教学中，对于学生的计算能力还要加强，不断提高学生数学运算的核心素养.

---

[1] 张琦，高慧明. 挖掘教材数学文化 提升数学核心素养——对"椭圆的标准方程"教学设计的点评 [J]. 中学数学教学参考，2018（12）：15-16.

案例五

《获取数据的途径》教学设计

一、教学内容分析

本节课选自人教 A 版《普通高中教科书·数学（必修第二册）》第九章《统计》第一节《随机抽样》9.1.3《获取数据的途径》.

（一）本章内容分析

统计学是通过收集数据和分析数据来认识未知现象的一门科学，它可以为人们制定决策提供依据. 按照新课标的要求，在高中数学课程中，概率与统计是必修课程和选择性必修课程的主题之一. 从统计研究的内容看，必修课程主要学习收集数据的方法和单变量的统计问题，选择性必修课程主要学习两个变量的统计问题. 本章属于必修课程，也是高中统计内容的第一章. 本章将通过一些典型的案例，使学生经历较为系统的数据处理全过程. 在此过程中，进一步学习数据收集和整理的方法、数据直观图表的表示方法和数据统计特征的刻画方法；感悟根据实际情况进行科学决策的必要性和可能性；体会统计思维与确定性思维的差异、归纳推断与演绎证明的差异；通过实际操作、计算机模拟等活动，积累数据分析的经验，培养数据分析的素养.

（二）本节内容分析

本节主要内容为获取数据的一些基本途径. 统计学是通过收集数据和分析数据来认识未知现象的，因此如何收集数据是统计学研究的重要内容. 本节介绍的获取数据的途径，学生只需了解即可.

根据数据是直接获取还是间接获取，一般可以分为一手数据和二手数据. 其中获取一手数据的主要途径包括调查、试验、观察等，获取二手数据的主要途径包括通过统计年报、年鉴或互联网获取等. 当然还有其他分类的方法. 教科书根据获取数据的方式不同，分调查、试验、观察和查询四部分介绍.

调查获取数据是统计学研究的重点. 统计研究的主要内容之一是如何有效地收集数据，包括人力、物力、时间的节省，以及使收集来的数据包含尽可能多的信息，并有一种便于分析的结构. 学生已经理解调查的基本方法，这里不介绍各种数据收集的具体方法，而是通过举例让学生了解调查获取数据不只是通过调查问卷，而是非常广的一个概念，初步了解不同的数据有不同的调查方法．

通过试验获取数据，也是统计学研究的内容．这部分内容学生可能比较陌生，教科书只是简单举例，比如新药试验需要试验、培育小麦新品种需要试验．由于不同类型的试验，有不同的试验方法，限于篇幅，教科书对于如何安排试验并没有展开，学生想要进一步了解可查阅有关资料．例如，新药试验中有双盲试验，培育小麦新品种有正交试验，等等．

与通过精心设计、严格控制的试验获取数据不同，通过观察获取数据主要是针对不能被人为控制的自然现象，如地震、降水、大气污染、宇宙射线、太阳黑子等．通过观察获取数据是很多科学研究领域获取数据的常用方式．历史上有很多通过观察获得数据导致科学发现的著名例子．例如，开普勒发现行星运动的三大定律，主要是基于第谷长年累月观察天文积累的数据．

通过查询获取数据是成本最低的一种获取数据的方法，但获取的数据是二手数据．我们可以有多种渠道获取数据，如学术论文、专著、公报、网络，等等．随着信息技术的发展，网络越来越成为获取二手数据的主要方式．但不管是从哪种渠道获取的二手数据，数据的真实性是重中之重．

在探究获取数据的途径时，关注用数学知识解决实际问题，注重学生思维能力的培养．本节内容可以发展学生数学抽象、数据分析和逻辑推理的核心素养．

二、学生情况分析

（一）知识基础

学生在初中时学习过统计的初步知识，在实际生活中也了解了通过调查获取数据步骤，在信息化时代，学生经常通过网络获取数据，通过试验、观察获取数据，只是未对获取数据的方法形成系统的认识．

（二）学习能力

本次教师将为北京市示范性高中高二学生授课，这里学生的数据处理能力比较强，学生的知识面比较广，能够顺利完成本节课的知识学习．

三、教学目标和重难点

基于上述分析，本节课的教学目标及教学重难点如下．

教学目标：

（1）通过实际情境，理解获取数据的途径，体会收集数据的方法；

（2）结合具体的问题和实际背景的限制，选取适当的获取数据的方法，提升学生分析问题、解决问题的能力；

（3）在实际情境中，发展数据分析、数学抽象、逻辑推理核心素养．

教学重点： 理解获取数据的途径．

教学难点： 结合具体的问题和实际背景的限制，选取适当的获取数据的方法．

四、教学过程

本节课教学流程：

创设问题情境，调查获取数据→创设问题情境，试验获取数据→创设问题情境，观察获取数据→创设问题情境，网络获取数据→典例讲解，巩固应用→回顾归纳，总结提升→课后作业，巩固新知．

教学方法： 讲授法、讨论法．

教学媒体： 计算机、电子白板．

（一）创设问题情境，调查获取数据

问题 1 农业上该如何估计农作物的产量？

预设：对一大片农田每隔一定距离（如纵横各 10 米）抽取一小块（如 0.25 平方米）进行实际测量或调查．

问题 2 欲估计某高校大学生的月平均消费支出．假定该大学里共有 40000 个大学生、10000 个学生宿舍（每个宿舍住 4 人），现需要抽出 400 人进行调查，可以如何设计调查方案？

预设：利用简单随机抽样，根据学生名录，随机抽取 400 个大学生，但是工作量比较大．

问题 3 有没有更简洁的抽取方式呢？

预设：仿照上一题中的方法，按照一定的顺序和间隔抽取出 400 个学生，因为 40000/400=100，所以可以根据学生的学号，先在前 100 号中抽取一名学生，再按照每加上间隔 100，抽取一个学生，得到另外 399 名学生．这样就得到一个容量为 400 的样本．显然方案 2 比方案 1 更省时省力．

师：这种抽样方法就是系统抽样．

系统抽样只需确定总体、个体的排列顺序，然后从第一组随机抽出一个个体，其他的个体就都能够按顺序依次得到．

这种抽样简便易行，而且可以使样本个体在总体中分布均匀，一般具有较好的代表性．

【设计意图】 通过生活中的实例，让学生发现还需要学习研究其他的调查方法，并结合实例学习系统抽样、整群抽样．

问题 4 要考察某公司生产的 250mL 袋装牛奶的质量是否达标，现从 500 袋牛奶中抽取 50 袋进行检验，该如何抽取呢？

预设：可以利用简单随机抽样，但是编号的工作量比较大，而且想要"搅拌均匀"也非常困难，这就容易导致样本的代表性差．

问题 5 系统抽样是否合理呢？

预设：首先将这 500 袋牛奶从 1 开始编号，然后计算 500/50=10，所以抽取的两个相邻号码之差可以定为 10，即从 1～10 中随机抽取一个号码，如果抽到的号码是 8，每次增加 10，得到 8，18，28，…，498．这样就可以得到一个容量为 50 的样本．

师：显然系统抽样比简单随机抽样更省时省力，而且抽出的样本更具有代表性．

问题 6 要考察某公司生产的 250mL 袋装牛奶的质量是否达标，现从 505 袋牛奶中抽取 50 袋进行检验，该如何抽取呢？我们发现 505/50=10…5，这时候该怎么办？

预设：我们可以先利用简单随机抽样剔除 5 袋牛奶，然后用系统抽样从剩下的 500 袋牛奶中抽出 50 袋牛奶．这样就可以得到一个容量为 50 的样本．

【设计意图】 通过同一个问题设计不同的解决方案，引导学生发散思维，培养学生勤思考、敢提问的思维品质，使学生学会分析问题、解决问题，发展学生数据分析的核心素养．

问题 7 欲估计某高校大学生的月平均消费支出．假定该大学里共有 40000 个大学生、10000 个学生宿舍（每个宿舍住 4 人）现需要抽出 400 人进行调查，还能设计出更省时省力的调查方案吗？

预设：因为 40000 个学生分布在 10000 个宿舍里，每个宿舍有 4 个人，我们可以利用宿舍这个小群体来进行样本抽取，这样更省时省力．因为400/4=100，所以可以根据学生宿舍名录随机抽取100个宿舍，并调查被抽宿舍中的每一个学生．

师：像这样成群成组地抽取调查个体样本就是整群抽样．

整群抽样具有实施调查便利的特点．当群间差异性不大或者不适宜单个地抽选调查样本的情况下，可以采用这种方式．但是因为抽取的样本个体比较集中，一般群内个体之间的差异比较小，而不同群之间的差别比较大，所以整群抽样的误差常常大于简单随机抽样的误差．

问题8 你还能设计出更好的调查方案吗？

预设：可以把需要被抽查出的400人分配到各个宿舍中，比如在抽样的过程中先利用系统抽样的方法抽出400个宿舍，再在每个宿舍中抽出1名学生．

师：在这个抽样中，我们是分两步完成的，这样的抽样就是两阶段抽样．

两阶段抽样的每一个阶段的抽样可以相同，也可以不同，它通常是与简单随机抽样、分层随机抽样、整群抽样、系统抽样结合使用．

在这个抽样的过程中，用两阶段抽样就可以避免利用整群抽样可能出现的样本代表性差的问题，而且实施起来比简单随机抽样和系统抽样更方便、更省时省力．也就是说，两阶段抽样是这个问题的一种比较合理的调查方案．

问题9 想要调查北京市高一学生的体育健康测试情况，该如何设计调查方案呢？

预设：用两阶段抽样的方法，先从各个区县抽取学校，再从被抽取的学校中抽取几个班级．

问题10 某调查公司承接了一项关于全国城市成年居民人均奶制品消费情况的调查．如果你是该公司的调查员，你该如何设计调查方案呢？

预设：可以这样设计调查方案．

第一阶段，从全国抽取20个城市；

第二阶段，从每个样本城市抽取4个街道，共计80个街道；

第三阶段，从每个样本街道内抽取2个居委会，共计160个居委会；

第四阶段，从每个样本居委会内抽取10户居民户，共计1600个居民户；

第五阶段，从每个样本居民户内，随机抽取1名成年居民．

师：在这个抽样调查中，分了五个步骤进行，像这样的抽样就是多阶段抽样.

多阶段抽样的每一个阶段的抽样可以相同，也可以不同，它通常也是与简单随机抽样、分层随机抽样、整群抽样、系统抽样结合使用.

在调查全国城市成年居民人均奶制品消费情况的过程中，显然每个城市的人口规模是不一样的，全国一共有663个城市，其中直辖市4个，地级市293个，县级市366个. 如果仍然按照简单随机抽样来抽取20个城市是不公平的. 这时，我们可以按城市人口规模大小成比例的方式抽取，显然这时每个城市被抽取的概率是不相等的，但是这样对每个城市是公平的.

师：像这种与规模大小成比例的抽样就是不等概抽样.

不等概抽样主要应用于群规模不等、群规模差异较大的整群抽样中，让大个体入样概率大，小个体入样概率小. 最常用的方法是与人口规模大小成比例.

【设计意图】通过生活中的实例，让学生发现还需要学习研究其他的调查方法，并结合实例学习多阶段抽样、不等概抽样，发展学生数据分析、数学抽样核心素养.

问题11 我们都学习了哪些抽样方法？

预设：我们在简单随机抽样、分层随机抽样的基础上又学习了系统抽样、整群抽样、两阶段抽样、多阶段抽样、不等概抽样.

师：在统计工作实践过程中，应当结合研究对象的实际情况展开抽样调查. 在抽样调查过程中，往往是充分吸取各种具体的抽样方法及具体的抽样形式的长处和优点，采取多种抽样交互使用的方式，进一步提高抽样调查的效率；同时以最小的费用支出，达到预期精度的可靠性.

例如，国家统计局开展的全国住户收支与生活状况调查工作，是由国家统计局及其下属各级调查队具体组织实施，采用分层、多阶段、与人口规模大小成比例的不等概抽样和系统抽样相结合的方法抽选住宅，对抽中住宅内的住户进行调查.

具体实施步骤是：

第一步：编制调查小区名单. 使用人口普查的普查小区名录或《国家统计局统计用区划代码和城乡划分代码库》的村（居）委会名录作为基础资料，进行必要的核实和更新后，形成小区名单.

第二步：抽选调查小区．每个省，分市区层和县域层，分别按照不等概抽样方法抽选调查小区．

第三步：抽选样本住户．对抽中调查小区内所有的住宅进行进一步随机抽选100个左右住宅开展摸底调查，并根据摸底数据将住户排序，利用系统抽样选出固定数量的住户，通常每个调查小区抽取10个样本住户．

【设计意图】通过生活中的实例，学习多阶段抽样、不等概抽样，让学生体会实际调查中要结合具体问题设计不同的调查方法、并体会在实际抽样时经常是多种抽样方式合理交互使用．

问题12 你还知道实际生活中的其他抽样方法吗？

预设：估计湖中有多少条鱼．

可以这样设计，假设第一次从湖中捕获200条鱼，做标记后放回湖中，让它们与湖中未做标记的鱼混合．然后，从湖中再捕获100条鱼，这次与第一次捕获是相互独立的．假设第二次捕获的鱼中有20条是已经做了标记的，同时假定两次捕获中间湖中鱼的总体没有发生变化，且每次从湖中捕鱼都是简单随机抽样，而且鱼不会丢失其标记．

这就是两阶段抽样的运用实例．

通过 $\frac{200}{N} = \frac{20}{100}$ 来求湖中大约有多少条鱼，就可以估计出湖中大约有1000条鱼．

在这个调查湖中鱼的总数的问题中所采用的抽样方法就是捕获再捕获抽样．该方法也可用于野生动物的数量研究．

问题13 在美国历史上曾经有这样一个抽样调查案例：

在1936年美国总统选举前，一名颇有名气的杂志 *Literary Digest* 的工作人员做了一次民意测验．调查兰顿（当时任堪萨斯州州长）和罗斯福（当时的总统）中谁将当选下一届总统．为了了解公众意向，调查者通过电话簿和车辆登记簿上的名单给一大批人发了调查表．通过分析回收的调查表，得出兰顿非常受欢迎，于是此杂志预测兰顿将在选举中获胜．

但是实际选举结果正好相反，最后，罗斯福以62%的选票在选举中获胜（表3-2）．

表3-2

候选人	预测结果（%）	选举结果（%）
罗斯福	43	62
兰顿	57	38

那么为什么实际选举的结果和抽样调查的结果相差这么大呢？

你认为预测结果出错的原因是什么？

分析这次抽样调查，我们可以发现，此次调查是通过电话簿和车辆登记簿上的名单来抽取调查对象的，虽然现在手机已经成为绝大多数人的必备品，但是在1936年，拥有电话和车辆的人群是少数的富人，所以这次调查抽样只能代表富人的观点，不能代表全体选民的观点．

在抽样调查中，样本的选择是至关重要的，样本能否代表总体，直接影响着统计的可靠性．

【设计意图】通过生活实例让学生感受抽样调查其实就在身边，体会数学就在生活中，并体会抽样过程中样本的代表性的重要性，发展学生数据分析核心素养．

（二）创设问题情境，试验获取数据

问题14 把一枚质地均匀的硬币抛10次，出现正面向上的次数是多少？可以如何获得？

历史上有一些著名的数学家曾做过抛硬币试验，这些数据都是通过试验获得的．

问题15 你还知道哪些数据是通过试验获取的？

预设：判断研制的新药是否有效，如我们现在正在研制的新冠疫苗，培育的小麦新品种是否具有更高的产量，特种钢、轮胎的配方和产品质量、降低消耗、提高产品性能或质量、新产品试验等情况．

师：所以，试验是获取样本观测数据的另一种重要途径．在科学研究和工农业生产中，经常需要通过试验来寻找所研究对象的变化规律，并通过对规律的研究达到各种实用的目的．

在通过试验获取数据时，我们需要严格控制试验环境，通过精心的设计安排试验，以提高数据质量，为获得好的分析结果奠定基础. 在统计学中，这种安排试验的学问叫作"试验设计". 不同类型的试验有不同的安排试验的方法，如新药试验中的双盲试验，培育小麦新品种的正交试验.

【设计意图】通过实际问题感受通过调查获取数据是不够的，还需要其他的获取数据的方式. 这发展学生数据分析的核心素养.

（三）创设问题情境，观察获取数据

问题 16 下面这段文字中的数据是通过什么方式获得的呢？

在全球变暖的大背景下，北极的情况受到全球亿万人的关注. 早在 30 年前，北极的冰盖面积为 1270 万平方公里. 如今，北极的冰盖层面积已缩减为 340 万平方公里. 经过科学家多年的研究发现，北极地区气温上升速度是其他地区的 4 倍.

预设：通过对北极地区的长期观察发现的.

【设计意图】引导学生用数学的眼光观察世界，用数学的思维思考世界.

问题 17 你还知道哪些数据是通过观察获取的？

预设：很多自然现象都不能被人类控制，如地震、降水、大气污染、太阳黑子、宇宙射线等.

师：像这样不能被人为控制的自然现象，我们一般需要通过观察获取数据.

问题 18 除了自然现象，你还知道哪些数据是通过观察获取的？

预设：开普勒发现行星运动的三大定律，主要是基于第谷长年累月观察天文积累的数据.

师：在通过观察获取数据的过程中，对于各个不同的行业，往往需要专业测量设备获取观测数据.

【设计意图】通过实例感受获取数据的方式，培养学生用数学的眼光观察世界，用数学思维思考世界，用数学的语言表达世界，同时感受数学文化.

（四）创设问题情境，查询获得数据

问题 19 想要了解 2020 年 3 月份 70 个大中城市商品住宅销售价格的变动情况，该怎么办呢？

预设：能够查询数据的官方网站.

师：能够查询数据的官方网站如下所示：

中华人民共和国国家统计局 http：//www.stats.gov.cn/ 统计年鉴、统计月

报等；

国务院发展研究中心信息网 http：//www.drcnet.com.cn/ 宏观经济、财经、货币金融等；

中国互联网络信息中心 http：//www.cnnic.net.cn/ 互联网发展研究、互联网数据；

中国经济信息网 http：//www.cei.gov.cn/ 经济信息及各类网站.

其中，国家统计局是我国最主要的统计数据（收集和发布）的部门. 国家统计局的数据涉及人们生活的方方面面. 国家统计局的统计数据通过多种形式进行公布，如定期发布新闻稿、举办新闻发布会、发布统计公报、出版各类统计资料等. 统计公报有年度统计公报、经济普查公报、人口普查公报、农业普查公报等；统计资料出版物有《中国统计摘要》、以《中国统计年鉴》为代表的统计年鉴系列等.

对于 2020 年 3 月份 70 个大中城市商品住宅销售价格的变动情况，我们可以到国家统计局网站上，通过查阅《中国统计年鉴》获得.

问题 20 除了利用网站查询，还可以到哪里去查询数据呢？

预设：在学术论文、专著、新闻稿、公报或互联网上等查询数据.

师：像这样，我们在分析研究问题的时候，可以收集前人的劳动成果并加以利用，我们把这样获得的数据叫作二手数据.

二手资料的收集比较容易，且采集数据的成本低，能很快得到. 但在使用时，要"清洗"数据，去伪存真.

【设计意图】 通过实例学习获取数据的方式，并感受网络、书籍等给人们带来的便利，体会生活中处处都存在数学.

（五）典例讲解，巩固应用

例 1 写出下列事件中获取数据的方式分别是什么？

（1）每年全国人口变动情况.

（2）"雨水"过后，中国大部分地区气温回升到 0℃以上，黄淮平原日平均气温已达 3℃左右，江南平均气温在 5℃上下，华南气温在 10℃以上，而华北地区平均气温仍在 0℃以下.

（3）检测户外空气中的颗粒物中是否含有新冠病毒.

（4）我国水资源情况.

例2 设计一个调查某地区一年内空气质量状况的方案，并对比哪一个方案更便于实施．

【设计意图】巩固获取数据的方法，培养学生分析问题、解决问题能力．

（六）回顾归纳，总结提升

我们学习了哪些获取数据的途径？它们各自的优缺点及适用的实际背景？

调查、试验、观察、查询．

【设计意图】通过框图回顾梳理本节研究的内容，使学生对获取数据的方式有系统的认识．

（七）课后作业，巩固新知

（1）拟从已编号（1～60）的60枚最新研制的某型导弹中随机抽6枚来进行发射试验，用每部分抽取的号码间隔一样的系统抽样方法确定所选取的6枚导弹的编号可能是（　　）

（A）5, 10, 15, 20, 25, 30　　　（B）3, 13, 23, 33, 43, 53

（C）1, 2, 3, 4, 5, 6　　　（D）2, 4, 8, 16, 32, 48

（2）为了便于管理，将某林区划分为400个小区域．现从中抽取20个小区域，用以测量树的高度．

（3）拟调查北京市高中生日平均上网时间，请你设计一种调查方案．

（4）请从国家统计局网站上查找我国水资源及其使用情况的一些数据，根据数据谈谈当前保护水资源的重要性．

【设计意图】巩固本节课学习的知识，体会获取数据在实际生活中的应用．

五、教学反思

本节课结合学生已有的经验和知识，以问题促进学生的自我认知，在教学中设计了阶梯式的问题串，教学过程环环紧扣，以"情境—问题"模式逐层深入，逐步引导学生思考，实现学生在已有知识上主动构建新知．

本节课的课堂引入、情境设置达到预期效果，对本节的内容引入起到积极作用．从学生身边的实际情境入手，整节课流畅、自然，既让学生感觉亲切，也引起了学生的学习兴趣．

六、教学特色

教学目标充分关注了数学核心素养的达成.基于数学核心素养的教学活动应该把握数学的本质,创设合适的教学情境或者提出合适的数学问题,这样能够引发学生思考与交流,形成和发展数学核心素养.

在教学中,以生活中的实例启发学生,提出问题、分析问题、解决问题,很好地帮助学生数学核心素养的养成,特别是"数学抽象""数学建模""直观想象""数据分析"等核心素养,同时体现数学来源于生活,并服务于生活,有利于提高学生从数学角度发现问题的能力,以及分析和解决问题的能力.

案例六

《统计应用——中学生视力调查分析》教学设计

一、教学内容分析

本节课选自人教 A 版《普通高中教科书·数学（必修第二册）》第九章《统计》复习课.

（一）本章内容分析

统计学是通过收集数据和分析数据来认识未知现象的一门科学，它可以为人们制定决策提供依据. 按照新课标的要求，在高中数学课程中，概率与统计是必修课程和选择性必修课程的主题之一. 从统计研究的内容看，必修课程主要学习收集数据的方法和单变量的统计问题，选择性必修课程主要学习两个变量的统计问题. 本章属于必修课程，也是高中统计内容的第一章. 本章将通过一些典型的案例，使学生经历较为系统的数据处理全过程. 在此过程中，进一步学习数据收集和整理的方法、数据直观图表的表示方法和数据统计特征的刻画方法；感悟根据实际情况进行科学决策的必要性和可能性；体会统计思维与确定性思维的差异、归纳推断与演绎证明的差异；通过实际操作、计算机模拟等活动，积累数据分析的经验，培养数据分析的素养.

（二）本节内容分析

统计的研究对象是数据，统计的核心是通过数据分析、研究和解决问题. 本章主要学习了收集数据的方法和单变量的统计问题，教材通过一些典型的案例，使学生经历了较为系统的数据处理的全过程，进一步学习数据收集和整理的方法、数据直观图表的表示方法和数据统计特征的刻画方法；感悟根据实际情况进行科学决策的必要性和可能性；体会统计思维与确定性思维的差异、归纳推断与演绎证明的差异，学会使用统计软件进行计算. 帮助学生积累数据分析的经验，发展学生数学运算、数学建模、逻辑推理、数据分析的核心素养. 但是在实际教学中学生缺少实际操作、计算机模拟等活动，使得学生对统计的知识仅仅停留在理论的学习，缺乏解决实际问题的过程，对图表和数字特征也缺少统计意义的理解. 因此，本节课引导学生利用统计学知识对本校学生视力的实际情况进行分析，引领学生实际操作，体验统计在实际中的应用，达到学有所用，用能固学的目的，发展数据分析、数据运算、逻辑推理的核心素养．

二、学生情况分析

（一）知识基础

学生在初中时学习过统计的初步知识，了解了扇形图、频数直方图、折线图，会求一组数据的平均数、众数、中位数、方差、标准差，并了解它们的实际意义；在高一下学期又系统学习了这些统计知识，并在这些知识的基础上继续学习了频率分布直方图、百分位数等知识．

（二）学习能力

本次将为北京市普通高中高二学生授课，这里学生的数据处理能力有限．而且，由于学习本章内容时采用的是线上教学，学生学习的实际效果很有限，而且层次差异较大．本学期结合教学需要，对统计进行一轮复习，在复习过程中，发现学生只是掌握了基本的理论知识，对统计的实际应用缺乏实操性．

三、教学目标和重难点

基于上述分析，本节课的教学目标及教学重难点如下．

教学目标：

（1）通过实际情境，理解统计图表及数字特征的统计意义，体会用样本估计总体的思想；

（2）借助统计软件 Excel 整理分析数据，学会 Excel 的简单的数据分析功能，提升学生分析问题、解决问题的能力；

（3）在实际情境中，经历收集数据、整理数据、分析数据的过程，发展数据分析、数据运算、逻辑推理的核心素养．

教学重点： 理解统计相关知识及其统计的意义．

教学难点： 利用 Excel 整理数据、分析数据．

四、教学过程

本节课教学流程：

创设情境，前测分析→提出问题，解决问题→归纳总结，反思提升→实践应用，巩固提升．

教学方法：探究法、讨论法．

教学媒体：计算机、电子白板、平板电脑．

（一）创设情境，前测分析

前测：眼睛是心灵的窗口，保护好视力非常重要．1996年，我国将"爱眼日"活动列为国家节日之一，并重新确定每年6月6日为"全国爱眼日"．1996年6月6日开展首届"全国爱眼日"，其主题为"保护儿童和青少年视力"，你都关心青少年视力的哪些问题？请以通州区张家湾中学高中二年级226名学生的裸眼视力情况为依据，提出想要研究的问题，并利用所学的抽样方法设计相应的解决方案，并解决提出的问题．（见附件1）

要求：设计一份研究报告，内容包括如下．

（1）标题（研究内容）；

（2）前言（调查的基本情况：简单交代调查的目的、方法、范围等背景情况）；

（3）主体（展示数据分析的全过程：明确关心的问题是什么，说明数据蕴含的信息；根据数据分析的需要，说明如何选择合适的图表描述和表达数据）；

（4）结尾（概括对主体部分的内容，得到一般性的结论，并提出建议）．

学生视力分段标准如表3-3，需要双眼裸眼视力同时达到要求．

表3-3

视力评价		视力
正常		大于或等于5.0
不良	轻度	等于4.9
	中度	4.8～4.6
	重度	小于或等于4.5

前测分析报告见附件2．

预案：

（1）研究某个年级某个班级学生的视力情况．

（2）中学生的视力情况是否随着年龄的增长呈下降趋势？

（3）学生的视力和成绩有没有关系？

（4）研究学生左眼和右眼视力差异．

(5)研究视力正常情况.

(6)研究男生视力情况.

(7)研究女生视力情况.

【设计意图】 将统计知识应用到实践中,让学生自主设计方案,培养学生提出问题、分析问题、解决问题的能力.

分析完善研究问题的方法.

问题1 用哪些数字特征研究视力问题比较合适?

平均数:只能说明视力的平均情况,看不到正常、轻度、中度、重度等情况所占的比例不选择.

从试验结果看,选取不同的抽样方法和抽取的样本量的不同,得到样本的平均数往往是不同的.

结论:样本平均数的特点及与总体平均数的关系为可以用样本平均数估计总计平均数;但是,样本平均数具有随机性,除了个别样本,其他样本的平均数在总体平均数附近波动;增加样本量可以提高估计效果.

另外,某类个体在总体中所占的比例也是人们关心的一项总体特征,如视力正常的学生所占的比例.

众数:能够体现大多数学生的视力情况,可以选择;

中位数:能够体现处在中间位置的学生的视力情况,可以选择;

百分位数:能够算出处在不同百分比的学生的视力情况,可以选择;

方差、标准差:只能体现学生视力的差异大小,看不到正常、轻度、中度、重度各自所占的比例不选择.

可以用样本数字特征估计总体数字特征.

问题2 如何将研究成果呈现出来?

问题3 如何能够得到更准确的评价结论?

【设计意图】 引导学生分析问题、解决问题,发展学生思维,培养学生语言表达能力,发展数据分析、数据运算、逻辑推理的核心素养.

(二)提出问题,解决问题

问题4 已知张家湾中学高中二年级学生2019年、2020年两次体检的裸眼视力情况,利用Excel分析数据,研究问题.

(1)研究学生左眼和右眼视力差异.

（2）学生的视力和性别有没有关系？

（3）中学生的视力情况是否随着年龄的增长呈下降趋势？

众数（MODE），中位数（MEDIAN），百分位数（PERCENTILE）.

结论：张家湾中学2019届高中二年级学生男生视力情况要好于女生视力情况（表3-4）.

表3-4

性别	数字特征				视力情况		
	众数	中位数	第25百分位数	第75百分位数	严重近视	中轻度	正常
男生	4.4	4.4	4.2	4.7	67.4%	20.2%	12.4%
女生	4	4.3	4.1	4.6	73.2%	16.5%	10.3%

问题5 为什么中小学生男生视力要好于女生视力？

因为男生户外活动多.

2017年6月6日，"全国爱眼日"的主题是"'目'浴阳光，预防近视". 有很多研究证实，充足的户外活动可显著减少近视的发病率. 首先，室外光线强，在强光照射下瞳孔会缩小，看东西会更清晰，减少视觉疲劳的状况. 其次，在户外，眼睛可以多看远处，减少近距离观看的次数，以缓解眼睛肌肉紧张，对放松眼睛帮助很大. 并且，有研究认为户外活动和多巴胺有关.

户外活动的关键不在于是否活动，而在于一定要在户外，在户外有很强的光照，以及远距离观看的环境，能缓解眼睛疲劳，哪怕坐着不动，也对眼的健康有帮助.

结论：张家湾中学2019届高中二年级学生的视力情况是随年龄的增长呈下降趋势的（表3-5）.

表3-5

年级	数字特征				视力情况		
	众数	中位数	第25百分位数	第75百分位数	严重近视	中轻度	正常
高一	4.3	4.4	4.2	4.7	66.2%	20.4%	13.4%
高二	4	4.3	4.1	4.6	70.4%	18.5%	11.1%

> **资料链接**
>
> 《职业与健康》2019年第35期《北京市中学生视力不良空间自相关分析》：2016年9月—2017年3月，使用对数视力表对北京市全体在校中学生进行视力检查；应用全局、局部空间自相关方法对数据进行分析．调查北京市普通中学全部在校学生387634人，视力不良检出率为82.2%，以重度视力不良为主．其中男生视力不良检出率为78.7%，女生为85.8%；城市为84.2%，郊区为79.1%；初中为78.0%，普通高中为89.0%，职业高中为71.0%．视力不良检出率整体上呈现空间聚集分布，东、西城区及朝阳、海淀区呈现出高-高聚集，怀柔区及周围的区域呈现出低-低聚集．

【设计意图】结合前测结果的差异性提出问题，培养学生发现问题、提出问题、分析问题的能力，发展数据分析、数据运算的核心素养．

问题6 通过上述资料中的数据，你能得到什么结论？

结论：北京市中学生男生视力不良检出率要高于女生，城区视力不良检出率要高于郊区，普通高中学生视力不良检出率要明显高于职业高中，而且高中学生视力不良检出率明显高于初中学生，城市核心区域中学生视力不良检出率具有较高的聚集性．

我校属于北京市郊区普通高中，学生视力不良检出率低于北京市普通高中．

问题7 造成学生视力不良的原因是什么？

每天户外活动时间＜1h，不正确的读写姿势，在家做作业时使用不正确的灯光类型，放学后在家写作业时间≥1h，每天使用电子产品等视屏时间≥1h，每天睡眠时间＜8h等．

问题8 针对数据结果提出合理化的建议．

增加体育课、户外活动时间；为学生减负（小学生在校期间完成作业）；禁止手机进校园等．

问题9 如何能够更清晰地看到学生视力情况的数据分布？

绘制图表：频率分布直方图、频数分布直方图、扇形图、折线图．

【设计意图】经历用统计知识研究问题的全过程，体会统计思想，提升学生的思维能力，发展数据分析、数据运算、逻辑推理的核心素养.

（三）归纳总结，反思提升

本节课你学到了什么知识及方法？

统计研究问题方法如图 3-25 所示：

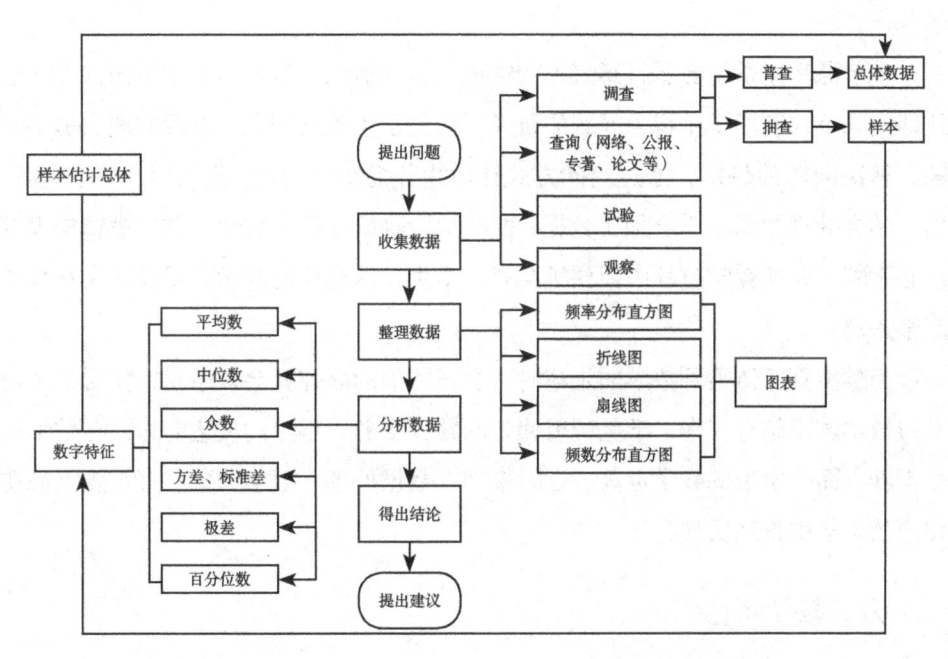

图3-25

【设计意图】形成利用统计解决问题的基本思路，发展学生数据分析的核心素养.

（四）实践应用，巩固提升

（1）利用 Excel 求上述高中二年级学生视力数据的方差、标准差；

（2）必修二 218 页统计案例：公司员工的肥胖调查分析.

【设计意图】将统计知识应用于实践，发展学生数据分析的核心素养.

五、教学反思

新课标提出：数学核心素养是具有数学基本特征、适应个人终身发展和社会发展需要的必备品格与关键能力，是数学课程目标的集中体现，是在数学学习过程中逐步形成的；数学核心素养包括数学抽象、逻辑推理、数学建模、直观想象、数学运算、数据分析六个方面，更一般地还包括学会学习、数学应用、创新意识等．我们在教学过程中要开展教会学生思考、教会学生体验、教会学生表达，以学生为主的课堂教学．基于对上述理论的思考，我想在本次教学中培养学生学会体验，学会思考，学会表达，以及有意识地培养学生的六大数学核心素养．

本节课巧用学生熟悉且感兴趣的情境，引入新课，激发学生学习的兴趣，活跃课堂气氛．利用学生视力问题的研究，激发学生观察问题、发现问题、提出问题、解决问题的热情，通过追问方式让学生体验如何思考．让学生学会观察数据，学会处理数据，学会加工数据，发展学生数据分析、数学运算、逻辑推理等核心素养．并在教学过程中抓住机会表扬学生，以这样的教学方式让学生对数学产生兴趣．

当学生真正体验到数学的乐趣时，学习数学的兴趣就会被激发，使得学生对学习数学越来越有兴趣．学生积极回答问题，培养了学生的表达能力．在数学核心素养方面，学生的数学运算、逻辑推理、数据处理、数学抽象、直观想象都在相应的教学中得到实现．

六、教学特色

本节课引导学生自主学习，充分体现了学生的主体地位，并留给学生充分操作体验的时间．从对教材的处理上看，由生活事例引导学生从具体数据逐步深入分析数据，充分体现了数学来源于生活、服务于生活的宗旨．通过不断提出疑问对概念进行深入挖掘和辨别，在探究过程中不断激发和调动学生主动学习的能力．当学生勇于上台表现的时候，给学生表现的机会，给学生营造一个愉悦的课堂氛围，让学生自然顺利地完成知识内容的学习．

把学习的主动权还给学生，让学生自主经历发现问题、研究问题、解决问题的学习过程，使我们的数学课堂生动起来．师生之间的真诚互动凸显出民主和谐，使之达到自主参与、自觉发现、自我完善、自行掌握知识的目的．学生对数学产生了亲切感，提高了探索问题的积极性，从而感受到数学的巨大魅力，培养了数学应用意识和实践能力．整堂课给了学生充分的表达和体验时间，既培养了学生的核心素养，也增强了理解、阅读、归纳等高考要求的能力．

附件 1

统计应用——高中生视力研究报告

1. 标题（研究内容）		
2. 前言（调查的基本情况：简单交代调查的目的、方法、范围等背景情况）	调查目的	
	调查方法	
	调查范围	
	其他说明	
3. 主体（展示数据分析的全过程：明确关心的问题是什么，说明数据蕴含的信息；根据数据分析的需要，说明如何选择合适的图表描述和表达数据）	数据蕴含的信息	
	用图表描述和表达数据	
4. 结尾（概括主体部分的内容，得到一般性的结论，并提出建议）	结论	
	建议	

注：具体图表和数字特征计算也可以写在背面．

附件 2　学生成果

北京市通州区张家湾中学

青少年视力现状调查及其原因分析研究报告

学校：通州区张家湾中学

班级：高二（3）班

姓名：××

时间：2021 年 4 月 5 日

统计应用——高中生视力调查分析研究报告

标题（研究内容）		青少年视力现状调查及其原因分析研究
前言（调查的基本情况：简单交代调查的目的、方法、范围等背景情况）	调查目的	通过本次调查，了解在校高中学生的近视率和产生近视的原因，以及近视矫正的方法
	调查方法	通过动态演示软件GGB或办公软件Excel绘制统计图并将调查数据进行直观的演示
	调查范围	通州区张家湾中学高中二年级的226名学生
	其他说明	近年来，近视已成为影响我国青少年儿童健康的一个非常重要的问题．于是我们选取了通州区张家湾中学高中二年级进行了调查，分析了产生近视的原因，提出了防治策略
主体（展示数据分析的全过程：明确关心的问题是什么，说明数据蕴含的信息；根据数据分析的需要，说明如何选择合适的图表描述和表达数据）	数据蕴含的信息	数据来源于张家湾中学高二2019级两年体检视力数据表，数据直观地体现出我校高二年级的视力情况
	用图表描述和表达数据	见附图
结尾（概括主体部分的内容，得到一般性的结论，并提出建议）	结论	年龄的增长导致学生近视的人数越来越多
	建议	①减少电子产品的使用率； ②养成良好的用眼习惯； ③晚上尽量不要熬夜，不要在昏暗的灯光下看书，保证眼睛的充分休息； ④多吃一些富含维生素A的食物

注：具体图表和数字特征计算也可以写在背面．

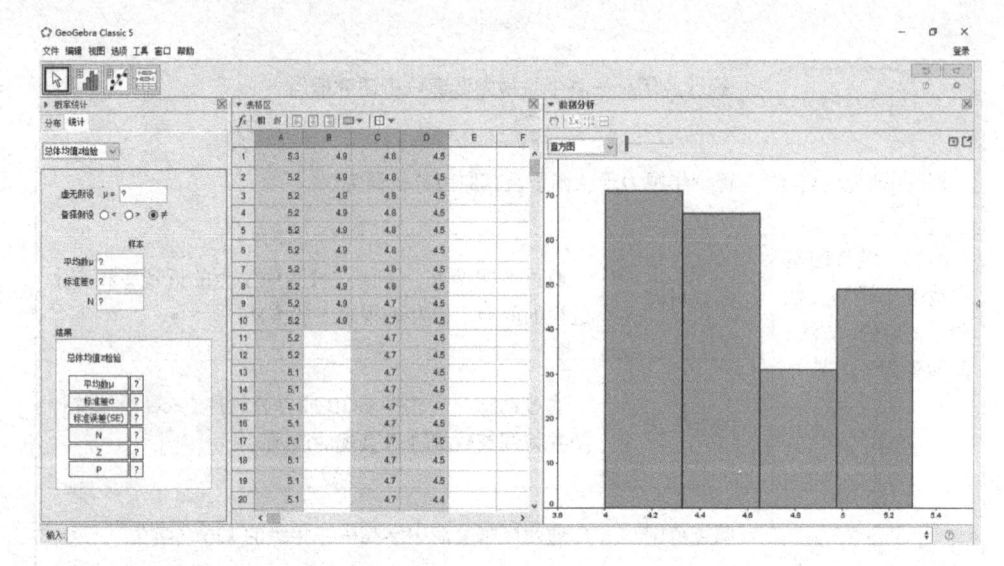

附图1

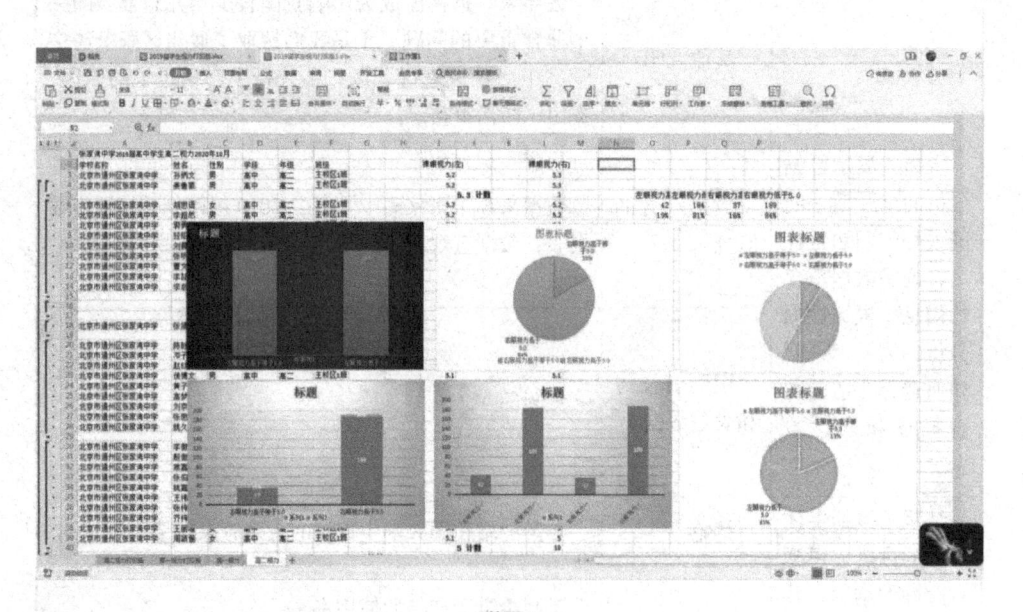

附图2

案例七

《一元线性回归模型参数的最小二乘估计》教学设计

一、教学内容分析

本节课是人教A版《普通高中教科书·数学（选择性必修第三册）》第八章《成对数据的统计分析》8.2.2节《一元线性回归模型参数的最小二乘估计》第一课时.

（一）本章内容分析

图3-26是本章的知识结构图，本章的成对数据包括两种情况：两个数值变量、两个分类变量，不同的数据类型对应不同的数据分析的方法.

本章引言对必修课程单变量数据的学习进行了回顾，并整体介绍本章所研究的内容，通过若干现实世界中两个或两个以上变量间关系的问题，帮助学生体会学习该内容的必要性.

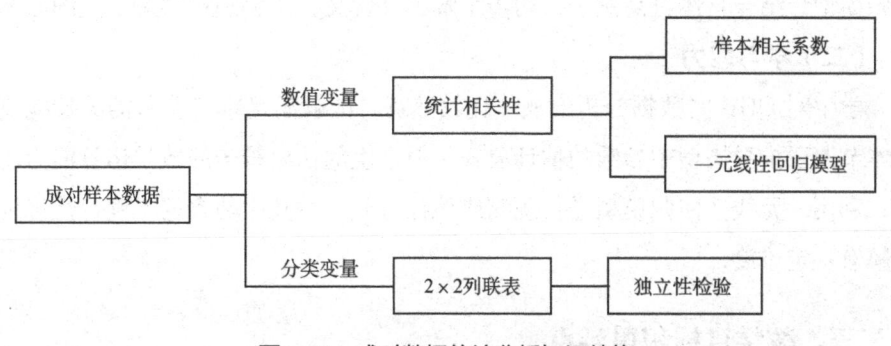

图3-26　成对数据统计分析知识结构

一元线性回归模型是描述两个随机变量之间相关关系的模型. 在对成对样本数据进行分析时，两个变量之间具有线性相关关系时，可以用相关系数定量刻画相关程度，建立一元线性回归模型来刻画两个变量间的随机关系. 在建立一元线性回归模型后，用最小二乘法估计线性回归模型中的参数，可以得到经验回归方程；通过残差分析可以对模型进行评价和改进，使模型不断完善；最后根据模型进行预测或决策.

（二）本节内容分析

一元线性回归模型是利用最小二乘法估计一元线性回归模型的参数，得到经验回归方程．首先，结合父亲身高和儿子身高的例子，利用回归方程进行预测，并能够对结果进行合理解释，理解模型中参数的统计意义；其次，教材给出了利用残差图直观判断模型刻画数据的效果；利用一元线性回归模型解决问题．教材编排了两个问题：树的胸径和树高、男子短跑100米纪录与纪录产生年份，第二个例子中突出了对模型的评价和改进．

二、学生情况分析

（一）知识基础

学生在必修课程中已经学习了单个变量的数据分析方法，包括数据的直观表示和数字特征，运用这种分析方法能够从数据中获得一定的信息，并能够根据样本数据的统计特征估计总体数据的统计特征；对于成对数据的相关性，已经学习了两个变量的相关性和用相关系数定量刻画线性相关关系，了解到相关关系不同于函数关系，能够计算相关系数；能够利用统计软件画出散点图；关于一元线性回归模型，结合具体身高例子，初步了解了其含义，了解随机误差产生的原因．

（二）学习能力

学生对GGB的数据分析的操作比较熟练，能够满足本节课所需的技能要求．本节课要推导模型中参数的估计公式，但学生的抽象符号的数学运算能力比较弱；利用一元线性回归模型进行预测或估计方面，对其中蕴含的不确定性思维的理解有一定难度．

三、教学目标和重难点

基于上述分析，本节课的教学目标及教学重难点如下．

教学目标：

（1）经历分组探究最佳直线的过程，体会确定标准的重要性，学会用数学语言表述和分析问题．

（2）通过用数学方法刻画散点与直线接近程度，了解最小二乘法的估计原理和参数估计公式的推导，培养数学运算素养．

（3）结合具体实例，理解经验回归方程，能够根据经验回归方程进行预测，理解参数的统计含义,培养数学建模素养和数据分析素养.

教学重点:理解最小二乘法的原理,利用经验回归方程进行预测.

教学难点:最小二乘原理的理解,参数估计公式的推导.

四、教学过程

(一)创设情境,提出问题

问题1 生活经验中,父母身高比较高,一般孩子的身高也比较高,身高和性别有一定的关系,为了研究父母身高和孩子身高的关系,有人调查了14名男大学生及其父亲的身高(表3-6),从统计表中能获得哪些信息?

表3-6

父亲身高/cm	174	170	173	169	182	172	180
儿子身高/cm	176	176	170	170	185	176	178
父亲身高/cm	172	168	166	182	173	164	180
儿子身高/cm	174	170	168	178	172	165	182

预设1:从表3-6中数据看,它在一定程度上可以验证我们的经验,即父亲身高比较高,对应儿子的身高一般也比较高.

预设2:父亲身高一样,儿子的身高不一定与之相同,所以这里体现的不是函数关系.

预设3:从表3-6数据看,有5位父亲的身高比儿子的身高要高.

预设4:画出散点图直观观察两组数据的关系(图3-27),从散点图可以直观看出,父亲身高比较高时,儿子身高也会比较高,并且这些点大概在一条直线附近,可得出两者正线性相关,可以进一步计算相关系数约为0.886.

预设5:如果父亲身高在175～180cm,儿子的身高是否大致在177～180cm?

小结:我们综合运用学习过的知识,获得了两组数据的很多信息,还提出了一些问题,如是否可以根据父亲的身高估计或者预测一下儿子身高呢?这就是本节课我们要研究的核心问题.

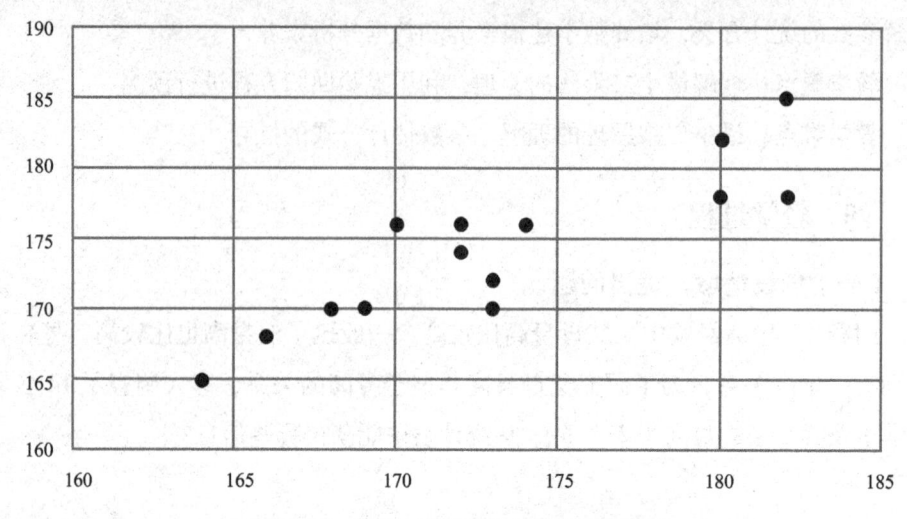

基于数学核心素养的问题情境教学

图3-27 父亲与对应儿子身高的散点图

【设计意图】通过具体问题，引导学生综合生活经验和数据获得信息，在这个过程中复习相关关系、线性相关、线性相关系数等知识，并提出新的问题，为学习本节课的新知识做准备．在本环节中，学生依据散点图判断相关性可以培养学生的直观想象素养，同时培养学生的数据分析素养．

（二）动手操作，寻找最佳直线

问题2 通过初步的分析，我们知道父亲的身高和儿子的身高呈现出正线性相关，相关程度可以用相关系数0.886定量刻画．从散点图中，观察到这些点大致在一条直线上，如果能找到一条"合适"的直线及方程对其进行定量刻画，就可以根据父亲的身高来估计或预测儿子的身高？怎么找到这样的直线呢？

学生分组探究，教师提供给学生纸质散点图，也可以利用GGB软件辅助，找到一条合适的直线．在操作过程中，思考怎样刻画"合适"，标准是什么，结果是什么，如何评价找到的直线．

预设1：直观观察，画出直线使得直线两侧点的个数相同．按照这样的标准可以有多条直线，而且可以直观看出有的直线并不理想．

预设2：选择其中两点，求出两点连线的斜率和截距，多求几对取平均值得出对应的直线．这种方法利用了平均趋中的思想，但是计算起来比较麻烦，如果不是求所有的情况再求平均值，也会存在结果不一样的情况．

预设3：求过样本中心点的直线．画的直线过样本中心点，可以保证样本点可以比较均匀地分布在直线的两侧，但也存在多条符合条件的直线．

预设4：利用GGB最佳拟合功能，画出一条直线，这条直线是由软件生成的，不清楚利用了什么标准来画这条直线．

小结：我们都在尝试给出一个"标准"，使得所有的点尽可能和直线接近，这也是统计学家解决这个问题时的想法．

【设计意图】学生分组寻找最佳直线，体会确定"合适"的直线的标准的重要性，并用数学的语言尝试进行表述和评价，发展批判性思维和有逻辑的思考能力，发展数据分析素养．

（三）运算推导，得出直线方程

问题3 目标是找到这样一条直线，使得所有的散点与直线最接近，如何用数学方法刻画呢？

预设1：所有的点和这条直线都接近，那么可以考虑"相差"的和最小．

预设2：可以先设出直线方程 $y = ax + b$，然后计算调查的每个 y 值与根据方程计算出的 y 值的差，把所有的差加起来，看看当 a 和 b 取什么值时，差值的和最小？

预设3：这些差值有正有负，可以取所有差值的绝对值再求和．

小结：事实上这就是统计学家曾经尝试过的方法，因为绝对值计算不方便，就采取了用各散点到直线的数值距离的平方和，看一下当 a 和 b 取什么值时，差值平方和最小．即

$$Q(a,b) = \sum_{i=1}^{n}(y_i - bx_i - a)^2 .$$

这个表达式表示的是数据观察值与预测值的差距，那么下一步的问题就是找到 Q 最小时的参数 a 和 b．

可知 $a = \bar{y} - b\bar{x}$，代入 $Q(a, b)$，可得

$$Q(a,b) = \sum_{i=1}^{n}\left[(y_i - \bar{y}) - b(x_i - \bar{x})\right]^2$$

$$= b^2\sum_{i=1}^{n}(x_i - \bar{x})^2 - 2b\sum_{i=1}^{n}(x_i - \bar{x})(y_i - \bar{y}) + \sum_{i=1}^{n}(y_i - \bar{y})^2 .$$

这是一个关于 b 的二次函数, 所以当

$$\begin{cases} \hat{b} = \dfrac{\sum\limits_{i=1}^{n}(x_i-\bar{x})(y_i-\bar{y})}{\sum\limits_{i=1}^{n}(x_i-\bar{x})^2} \\ \hat{a} = \bar{y} - \hat{b}\bar{x} \end{cases}$$

时, Q 达到最小.

同时, 还可以推导出

$$\begin{cases} \hat{b} = \dfrac{\sum\limits_{i=1}^{n}x_iy_i - n\bar{x}\,\bar{y}}{\sum\limits_{i=1}^{n}x_i^2 - n\bar{x}^2} \\ \hat{a} = \bar{y} - \hat{b}\bar{x} \end{cases}.$$

将 $\hat{y} = \hat{b}x + \hat{a}$ 称为 Y 关于 x 的经验回归方程, 其图形是经验回归直线, 这种求经验回归方程的方法叫作最小二乘法.

【设计意图】 在分组寻找合适直线的基础上, 体会确定标准的重要性, 用数学的方法刻画差距. 学生不容易想到差值平方和最小的方法, 这里采取在学生能想到绝对值和最小的基础上, 告知学生的方式, 重点体会合理性和数学运算的方便性. 计算得出估计值, 可以发展学生数学运算素养.

(四) 方程应用, 多角度理解

问题 4 利用 GGB 得到儿子身高与父亲身高的经验回归方程, 就是利用了最小二乘法. 回到最开始的问题, 怎么利用回归方程进行预测, 如何理解预测结果 $\hat{y} = 0.839x + 28.957$?

预设 1: 如果父亲身高是 176cm, 其儿子身高约为 177cm.

预设 2: 从直线的方程角度解释, 参数 a 表示的是父亲身高增加 1cm, 儿子身高增加 0.839cm.

预设 3: 从表格中可以看到, 父亲身高一样时, 儿子的身高不一定相同, 所以这里预测值不一定和实际相同, 大部分时候可能比较接近.

预设 4: 是否可以理解为, 如果父亲中很多人身高为 176cm, 他们儿子的平均身高为 177cm.

预设 5: 如果用这个方程进行预测, 要注意使用条件, 中学生就不合适; 预

测女儿身高也不合适.

【设计意图】利用 GGB 软件求经验回归方程，重点在对方程的理解. 回到开始课堂提出的问题，引导学生从不同角度理解回归方程的作用、参数的意义，以及利用回归方程进行预测的不确定性.

（五）课堂小结，归纳提升

问题 5 通过本节课的学习，你有哪些收获？

预设 1：一元线性回归模型的最小二乘估计，利用最小二乘法得到的参数估计公式，经验回归方程 $\hat{y} = \hat{b}x + \hat{a}$ 的应用和理解.

预设 2：找到合适的直线，要有统一的标准.

预设 3：预测结果和实际不一定相同.

问题 6 还有哪些需要进一步研究的问题？

预设 1：我们学习的是线性回归，有曲线回归吗？

预设 2：能用数学方法刻画回归方程的好坏吗？

预设 3：有哪些问题是线性相关的关系？

五、教学反思

（一）设置开放问题，引发学生思考

根据调查的 14 名男大学生及其父亲的身高，提出了开放性的问题："从统计表中能获得哪些信息？"这样的问题具有开放性，不同的学生有不同的视角，可以得到不同的结果. 这对于提高学生发现和提出问题的能力，培养学生的思维有很好的作用. 在之后的环节中依然有这样的问题，如"如果能找到一条'合适'的直线及方程进行定量刻画"儿子身高与父亲身高的关系，这个问题也是相对比较开放的，它没有给学生指明方向，而是让学生自己去探究. 这些问题对于提高学生的"四能"，锻炼学生的思维都是很有帮助的.

（二）培养统计观念，领悟统计思想

培养统计观念就要尽可能地让学生经历统计的过程，本节课我们采用了教材上的数据，在以后再讲这个内容时，我们可以把收集数据的任务交给学生来做，学生经历了收集数据和分析数据的全过程，更容易建立统计观念，对知识理解就会更透彻. 另外，通过一些活动或者问题，引导学生认识到预测值和真实值之间的区别与联系，让学生认识到建立经验回归方程的最终目的是进行预测，预测值

就是计算值，其结果具有随机性.

（三）应用技术工具，减少繁琐运算

让学生应用 GGB 软件探究线性回归模型的直线方程，摆脱实际数据带来的作图困难和烦琐运算，能够让学生更好地理解统计概念和统计思想. 另外，在最小二乘法的推导过程中，借助了直线过样本中心点的性质，简化了方程的推导过程，降低了运算量.

六、教学特色

（一）教学过程思维活跃

无论是学生与学生之间的交流互动，还是教师与学生之间的思维碰撞，都是自然生成的，都是基于深入思考的，都是基于现实情况的. 思维碰撞的过程正是学生对数学知识本质认识深化的过程，恰好反映了情境和问题的设置是能引发学生的思考的，能够调动学生积极主动性的，使学生深度参与到本节课的学习之中.

（二）信息技术工具应用给课堂带来了变化

学生必须掌握信息技术工具，才有利于统计知识的学习，如果只是学生观察老师的操作还是不够的. 学生在操作的过程中（无论课上还是课下）思维就会活跃起来，很多的想法才能付诸行动，学生主动去操作的同时，头脑也跟着动了起来，多个感官同时活跃起来，更有利于学生活动经验的积累，形成长久的记忆，提升学生的能力，发展数学素养.

案例八

《乘法公式与全概率公式》教学设计

一、教学内容分析

本节课选自人教 A 版《普通高中教科书·数学（选择性必修第三册）》第七章《随机变量及其分布》7.1《条件概率与全概率公式》第二课时.

（一）本章内容分析

本章是必修课程概率内容的延续. 通过本章的学习，可以帮助学生了解条件概率及其与独立性的关系，能进行简单计算；感悟离散型随机变量及其分布列的含义，知道可以通过随机变量更好地刻画随机现象；理解伯努利试验，掌握二项分布，了解超几何分布；感悟服从正态分布的随机变量，知道连续型随机变量；并基于随机变量及其分布解决简单的实际问题.

章引言概述了本章学习的主要内容及研究的整体思路：一是在必修课程概率学习的基础上，通过引入条件概率，建立概率的乘法公式和全概率公式，丰富概率的运算法则，为计算事件的概率提供强有力的工具；二是在样本空间的基础上进一步抽象，引入随机变量及其分布的概念，利用数学工具，以简洁、统一的形式研究随机试验的规律. 通过对几个重要的概率模型的研究，在解决实际问题的过程中体会概率模型的作用，以及运用概率思想方法分析和解决问题的特点.

章头图是射击比赛的场景，学生通过本章相关内容的学习，可以认识到射击命中目标靶的环数 X 是一个随机变量，研究 X 的概率分布及其均值和方差，可以从客观、多角度评价运动员的射击水平.

（二）本节内容分析

随机事件的条件概率是概率论的重要概念之一. 由条件概率得到两个不独立事件的概率乘法公式、全概率公式，它们是求很多复杂事件概率的有力工具. 结合古典概型，研究随机事件的条件概率，建立概率乘法公式和全概率公式，并用它们计算较复杂事件的概率是概率学习的深入和提高.

通过古典概型得到条件概率的概念及公式，对于一般随机事件的条件概率都适用，具有普遍意义. 直接计算有些随机事件 B 的概率比较困难，如果附加一个条件后就变得容易计算. 因此可以用一组两两互斥且与事件 B 有联系的事件 $A_1, A_2, \cdots, A_n$（$A_1 \cup A_2 \cup \cdots \cup A_n = W$），将事件 B 表示为 $B = A_1B \cup A_2B \cup \cdots \cup A_nB$，再利用概率的加法公式和乘法公式求得事件 B 的概率. 将这种思想一般化，构建一个公式，就得到全概率公式. 利用全概率公式求事件的概率，充分体现了化繁为简的转化思想.

二、学生情况分析

（一）知识基础

学生已经学习了有关概率的一些基础知识，对一些简单的概率模型（古典概型）已经有所了解. 上一节学习了条件概率，为本节课乘法公式和全概率公式的学习提供了有力的工具.

（二）学习能力

为北京市示范性高中普通班学生，对概率知识有一定的了解.

三、教学目标和重难点

基于上述分析，本节课的教学目标及教学重难点如下.

教学目标：

（1）能结合古典概型，利用乘法公式、全概率公式计算概率；

（2）通过实例，理解乘法公式、全概率公式的理论意义、实际意义及应用范围，并能灵活应用；

（3）能够用数学的眼光看待乘法公式和全概率公式；经历从特殊到一般的研究过程，提升学生的数学建模、数据分析、逻辑推理、数学抽象和数学运算素养.

教学重点：概率的乘法公式及其应用，全概率公式及其应用.

教学难点：乘法公式和全概率公式的理解和应用.

四、教学过程

本节课教学流程：

创设情境，激发兴趣→活动探究，形成概念→典例分析，巩固应用→活动探究，形成概念→课堂总结，引发思考→布置作业，课后反思.

教学方法：讲授法、讨论法．

教学媒体：计算机、电子白板．

（一）创设情境，激发兴趣

在某次抽奖活动中，在甲、乙两人先后抽奖前还有50张奖券，其中共有5张奖券写有"中奖"字样，假设抽完的奖券不放回，甲抽完之后乙再抽，你觉得这种抽奖方式公平吗？

【设计意图】向学生讲授数学知识不仅仅是抽象的表述，更是来源于实际生活并为其服务的过程，因而能激发学生的学习兴趣．

（二）活动探究，形成概念

问题1 在某次抽奖活动中，在甲、乙两人先后进行抽奖前，还有50张奖券，其中共有5张奖券写有"中奖"字样，假设抽完的奖券不放回，甲抽完之后乙再抽，你能算出甲中奖且乙中奖的概率吗？

【设计意图】给学生充分的时间分析问题，将实际问题抽象成相应的数学问题，将复杂事件用基本事件表示出来，进而培养学生提出问题和分析问题的能力，发展学生数学抽象核心素养．

方法一：借助排列组合进行求解．

$$(1) \frac{A_5^2}{A_{50}^2} = \frac{5 \times 4}{50 \times 49} = \frac{4}{490}.$$

$$(2) \frac{A_{45}^1 A_5^1}{A_{50}^2} = \frac{45 \times 5}{50 \times 49} = \frac{9}{98}.$$

方法二：利用条件概率进行求解．

设 A：甲中奖，B：乙中奖，则 $P(A) = \frac{5}{50} = \frac{1}{10}$，

由条件概率计算公式 $P(B|A) = \frac{P(BA)}{P(A)}$ 可知，$P(BA) = P(A)P(B|A)$.

这就是说，根据事件 A 发生的概率，以及已知在事件 A 发生的条件下事件 B 发生的概率，可以求出事件 A 与事件 B 同时发生的概率．这个结论一般称为乘法公式．

【设计意图】将概率问题转化为排列组合问题，体现了化归的数学思想，发展学生逻辑推理、数学运算的核心素养．

问题 2　在某次抽奖活动中，在甲、乙两人先后抽奖前还有 50 张奖券，其中共有 5 张奖券写有"中奖"字样，假设抽完的奖券不放回，甲抽完之后乙再抽，求甲没中奖且乙中奖的概率．

【设计意图】 巩固乘法公式，发展学生逻辑推理，数学运算核心素养．

练习 1　某人翻开电话本给自己的一位朋友打电话时，发现电话号码的最后一位数字变得模糊不清了，因此决定随机拨号进行尝试，求该人尝试两次但都拨不对电话号码的概率．

练习 2　已知某品牌的手机从 1m 高的地方掉落时，屏幕第一次未碎掉的概率为 0.5，当第一次未碎掉时第二次也未碎掉的概率为 0.3，试求手机从 1m 高的地方掉落两次后屏幕仍未碎掉的概率．

问题 3　比较练习 1 和练习 2 的解法，什么情况下利用乘法公式会有优势？

预设：非古典概型问题不能用排列组合知识解决，这时利用乘法公式更有优势．

【设计意图】 借助已有的数据信息，可以合理推断未知信息，并渗透统计学中，是解决问题的常用方法．这巩固了乘法公式，发展了学生逻辑推理、数学运算的核心素养．

问题 4　在某次抽奖活动中，在甲、乙两人先后抽奖前还有 50 张奖券，其中共有 5 张奖券写有"中奖"字样，假设抽完的奖券不放回，甲抽完之后乙再抽，求如果在乙之后丙也参加抽奖，那么三人都中奖的概率是多少？

【设计意图】 通过具体实例抽象出 $n=3$ 时的概率乘法公式，发展学生数学抽象、逻辑推理的核心素养．

归纳得出结论：$P(A_1 A_2 \cdots A_n)$．

【设计意图】 引导学生利用归纳、类比得出更一般化的结论．

问题 5　在某次抽奖活动中，在甲、乙两人先后抽奖前还有 50 张奖券，其中共有 5 张奖券写有"中奖"字样，假设抽完的奖券不放回，甲抽完之后乙再抽，求乙中奖的概率．

问题 6　你觉得这种抽奖方式公平吗？

【设计意图】 将复杂事件的概率分割成两个对立的简单事件的概率，实现化繁为简的目标，发展学生逻辑推理、数学运算的核心素养．

全概率公式：一般地，如果样本空间为 Ω，而 A、B 为事件，则 BA 与 $B\bar{A}$ 是互斥的，且 $B = B\Omega = B(A+\bar{A}) = BA + B\bar{A}$，从而，$P(B) = P(BA + B\bar{A}) = P(BA) + P(B\bar{A})$.

更进一步，当 $P(A) > 0$ 且 $P(\bar{A}) > 0$ 时，由乘法公式有
$P(BA) = P(A)P(B|A)$，$P(B\bar{A}) = P(\bar{A})P(B|\bar{A})$，
因此，$P(B) = P(A)P(B|A) + P(\bar{A})P(B|\bar{A})$.

【设计意图】对问题进行抽象，挖掘本质，得到全概率公式，能够使复杂事件的概率计算问题化繁为简，渗透从特殊到一般的研究方法，发展学生数学抽象和逻辑推理的核心素养，逐步提高学生分析问题、解决问题的能力.

（三）典例分析，巩固应用

例1 某次社会实践活动中，甲、乙两个班的同学共同在一社区进行民意调查，参加活动的甲、乙两班的人数之比为 5:3，集中甲班中女生占 45%，乙班中女生占 55%. 求该社区居民遇到一位进行民意调查的同学恰好是女生的概率.

【设计意图】巩固全概率公式，发展学生逻辑推理、数学运算的核心素养.

追问1 该社区居民遇到一位进行民意调查的同学恰好是女生的概率、恰好是甲班中女生的概率、恰好是乙班中女生的概率的大小关系如何？

追问2 该社区居民遇到一位进行民意调查的同学恰好是女生的概率更接近是甲班中女生的概率还是是乙班中女生的概率？

该社区居民遇到一位进行民意调查的同学恰好是女生的概率是恰好是甲班中女生的概率和恰好是乙班中女生的概率的加权平均数.

全概率公式是概率的加权平均数.

例2 假设某市场供应的智能手机中，市场占有率和优质率的信息如表 3-7 所示.

表3-7

品牌	甲	乙	其他
市场占有率	50%	30%	20%
优质率	95%	90%	70%

在该市场中任意买一部智能手机，求买到的是优质品的概率.

【设计意图】 此题是全概率公式当 $n=3$ 时的情形，在此题中，我们可以体会全概率公式的本质：将事件 A 分解成若干个小事件，通过求每个小事件的概率，再相加得到事件 A 的概率，同时体现数学来源于实际，又应用于实际，进一步提升学生数据分析、数学运算的核心素养。

（四）活动探究，形成概念

定理 若样本空间 Ω 中的事件 A_1，A_2，$\cdots$，A_n 满足：

（1）任意两个事件均互斥，即 $A_iA_j=\phi$，i，$j=1$，2，$\cdots$，n，$i \neq j$；

（2）$A_1+A_2+\cdots+A_n=\Omega$；

（3）$P(A_i)>0$，$i=1$，2，$\cdots$，n。

则对于 Ω 中的任意事件 B，都有 $B=BA_1+BA_2+\cdots BA_n$，且

$$P(B)=\sum_{i=1}^{n}P(BA_i)=\sum_{i=1}^{n}P(A_i)P(B|A_i).$$

上述公式也称为全概率公式。

【设计意图】 类比 $n=2$，$n=3$ 时的全概率公式，得到全概率公式的一般结论，体现从特殊到一般的研究过程。

（五）课堂总结，引发思考

本节课你都学到了哪些知识和方法？

（1）公式：乘法公式、全概率公式；

（2）用简单事件表示复杂事件；

（3）研究方法：从特殊到一般，类比的数学思想。

五、教学特色

（1）情境设计生活化，让学生产生熟悉感，有利于学生理解课程内容，数学来源于生活，又应用于生活，通过概率计算，学生能够更好地理解生活中的随机事件。

（2）用数学的语言精准表达概率相关知识，更加简洁和准确，锻炼了学生的数学素养，积累了相当的活动经验。

案例九

《函数的基本性质——奇偶性》教学设计

一、教学内容分析

本节课选自人教 A 版《普通高中教科书·数学（必修第一册）》第三章《函数的概念与性质》3.2.2《函数的基本性质——奇偶性》.

（一）本章内容分析

《函数的概念与性质》是高中阶段函数学习的正式开始，本章内容包括函数的概念及表示、函数的基本性质、幂函数、函数的应用、文献阅读与写作、小结，共 12 课时．函数的概念及表示，是在初中函数变量的基础上，通过对具体函数的归纳和抽象获得函数的对应说法；初中已经学习过函数的三种表示，高中阶段关注函数表征方法的灵活使用、相互转换，以及在三种表示方式中理解对应关系．函数的基本性质包括单调性与最大（小）值、奇偶性，初中阶段学习过函数的增减性，高中阶段侧重综合代数运算和函数图象的研究方法，使用严格的数学语言刻画函数的性质．幂函数，借助幂函数的研究，学习研究函数的内容、思路和方法．函数的应用，综合应用函数概念及蕴含的思想方法解决问题，包括函数性质的研究、简单的数学建模问题．

（二）本节内容分析

本节内容是第二节《函数的基本性质》，共有两课时内容：单调性与最大（小）值、奇偶性，本课为第二课时．

新课标相关要求：借助函数图象，会用符号语言表达函数的单调性、最大和最小值，理解它们的作用和实际意义；结合具体函数，了解奇偶性的概念和几何意义．

函数性质是变化中的不变性，又是变化中的规律性．高中阶段学习的函数性质包括单调性与最大（小）值、奇偶性、周期性、函数的零点、增长率、增长快慢等．3.2.2 研究函数单调性与最大（小）值、奇偶性两部分内容．

函数性质研究内容和方法：首先给出研究函数性质的意义和内容，通过研究函数性质更好地认识变化规律，函数性质如增减性、最大和最小值、图象特征等研究方法，可以通过画出函数图象进行观察，得到函数的一些性质．

函数的单调性与最大（小）值：以学习过的二次函数及增减性为载体，结合函数图象，将已有函数增减性的知识进一步抽象，并用数学符号语言进行表达；给出单调递增和增函数、单调递减和减函数的概念；利用单调性概念研究三个具体函数的单调性；借助二次函数的图象，抽象并给出最大值的定义，并模仿给出最小值的定义，利用函数最大（小）值解决问题．

函数的奇偶性：观察两个具体函数图象，归纳出共同特征，即函数图象关于 y 轴对称；类比函数单调性，用数学符号语言描述关于 y 轴对称的特征，归纳概括出偶函数的定义；类比研究函数图象关于原点中心对称的特征，归纳概括奇函数的定义；最后的思考问题，渗透奇偶性可以简化某些函数的研究．

在探究函数的奇偶性的概念时，注重发展学生发现问题、提出问题、解决问题的能力，关注学生用"数学语言表达世界"的训练．本节内容可以发展学生直观想象、数学抽象和逻辑推理的核心素养．

二、学生情况分析

（一）知识基础

学生在初中已经学习过图形的轴对称与中心对称，对图形的特殊对称性有一定的感性认识．在学习本节课之前，学生已经学习了函数的单调性，经历了用代数运算和函数图象研究函数的单调性、最大（小）值的函数性质，由具体到抽象、从特殊到一般的研究过程，归纳概括出用严格的数学语言精确刻画单调性的方法．了解研究函数性质的一般思路，又注意到函数性质的特殊性变化中的规律性、不变性的科学处理方法，掌握一定的研究函数性质的方法．

（二）学习能力

教师将为北京市示范性高中普通班的学生授课，班级约有三分之一的学生已经提前学习了函数的奇偶性，他们能够判断简单函数的奇偶性，并能够比较好地判断函数图象的奇偶性，但用数学符号语言进行抽象表述具有一定困难．

三、教学目标和重难点

基于上述分析，本节课的教学目标及教学重难点如下．

教学目标：

（1）结合具体函数，了解函数奇偶性的概念和几何意义，能从数和形两个角度认识函数的奇偶性；

（2）经历函数奇偶性概念的形成过程，渗透数形结合、从特殊到一般、类比的数学思想，培养学生观察、归纳、抽象的能力；

（3）通过具体情境，体会数学图形的和谐美、对称美，数学语言的简洁美，发展学生直观想象和数学的抽象素养．

教学重点： 结合具体函数，得到函数奇偶性的概念及图形特征．

教学难点： 抽象概括出函数奇偶性的概念．

四、教学过程

本节课教学流程：

创设情境→具体函数→图象特征→数量刻画→符号语言→抽象定义→奇偶性判定．

教学方法： 讲授法、讨论法．

教学媒体： 计算机、电子白板．

（一）创设情境，提出问题

问题1 观察下列图形（图3-28），可以如何分类，分类标准是什么？

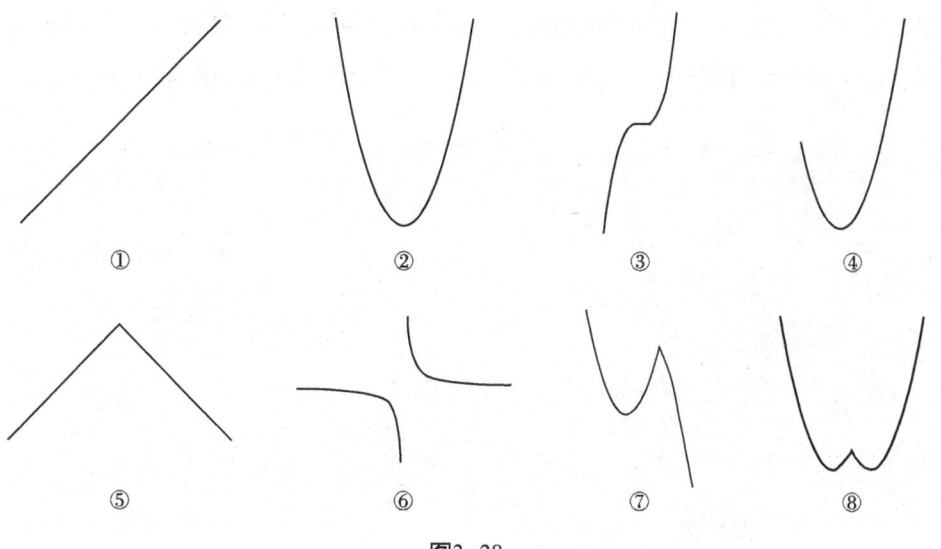

图3-28

预设1:按照曲线还是直线,可以将①和⑤归为一类,其他曲线归为一类.

预设2:学习过函数的增减性,可以按照变化趋势将其进行分类,①和③是增长趋势,⑥是减少趋势,其他是既有增又有减.

预设3:可以按照几何图形的对称性进行分类,③和⑥中心对称图形,②、⑤和⑧是轴对称图形,①是轴对称图形也是中心对称图形,其他图形没有对称性.

小结:在分类过程中,利用了图形的性质和函数增减性的图象表示.在研究函数增减性时,不仅从直观函数图象观察,同时还用数学方式去刻画函数的增减性.有些函数具有对称性,如初中学习过的一元二次函数 $y=ax^2+bx+c$,我们知道它的对称轴是 $x=-\dfrac{b}{2a}$,这是在用数学方法刻画对称性.那么我们如何用数学方式刻画一般函数所具有的对称性呢?

【设计意图】从"形"的角度体会函数图象的对称性,感受数学的对称美,锻炼学生的观察能力,培养学生由感性到理性的观察思维能力.小结使学生回忆初中二次函数学习的经验、用数学方式刻画函数增减性的经验.教师示范提出所研究的问题,同时为类比函数增减性进行研究作铺垫.这发展了学生直观想象、逻辑推理的核心素养.

(二)情境探究,抽象定义

问题2 从刚才的讨论,函数图象有可能是轴对称、中心对称、同时轴对称和中心对称的.类比函数增减性的研究,以具体函数为例,以函数 $f(x)=x^2$(图3-29)和 $g(x)=2-|x|$(图3-30)为例,探究如何从数量关系刻画函数图象的对称性.

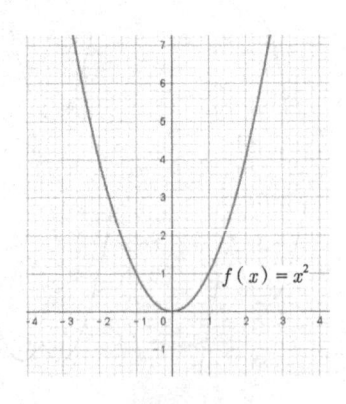

图3-29 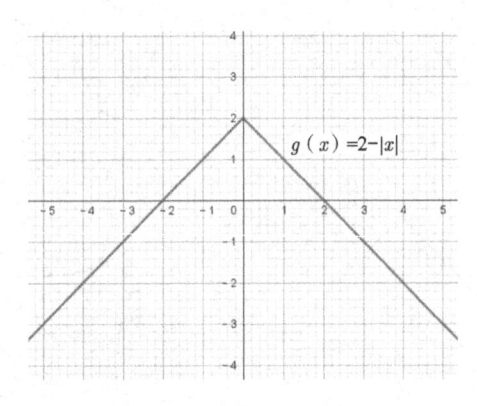　　　　　　　　　图3-30

问题 3 从函数图象上看，对称性有什么特点？

预设 1：都是轴对称图形，并且对称轴是 y 轴．

预设 2：如果函数图象的对称轴是平行于 y 轴的直线，对应函数表达式怎样变化？

预设 3：对称轴不能是 x 轴，不符合函数的定义．

问题 4 类比函数增减性的研究，可以怎样定量刻画这两个函数的轴对称性？

预设 1：从函数图象和解析式，都可以看出当 x 取一对相反数时，对应的函数值相等．如当 $x=1$ 和 $x=-1$ 时，$f(x)=1$；当 $x=2$ 和 $x=-2$ 时，$f(x)=4$……

预设 2：可以列成表格，如表 3-8、表 3-9 所示，多取几组点．

表3-8

x	…	-3	-2	-1	0	1	2	3	…
$f(x)=x^2$									

表3-9

x	…	-3	-2	-1	0	1	2	3	…
$g(x)=2-\|x\|$									

预设 3：这个结论可以一般化，用数学符号语言可以表述为，$\forall x \in \mathbf{R}$，点 $P(x, f(x))$ 与点 $P'(-x, f(-x))$ 关于 y 轴对称，此时 y 轴是线段 PP' 的垂直平分线，根据坐标的意义即得 $f(-x)=f(x)$；反之也一样．

小结：具有这种特征的函数，定义为偶函数，即一般地，设函数 $f(x)$ 的定义域为 I，如果 $\forall x \in I$，都有 $-x \in I$，且 $f(-x)=f(x)$，那么函数 $f(x)$ 就叫作偶函数．

追问：你能尝试写出一个偶函数的解析式吗？

预设 1：$f(x)=x^2+2$，只要当 x 取任何一对相反数时，函数值相等就可以．

预设 2：类似 $f(x)=x^2$，任何偶次幂函数都可以，如 $f(x)=x^4$．

预设3：$f(x)=x^2$ 和 $g(x)=2-|x|$ 都是偶函数，如果将它们加在一起得到 $h(x)=x^2+2-|x|$，根据偶函数定义，$h(x)$ 也是偶函数，那么图象是什么样？偶函数和偶函数加、减后仍然是偶函数吗？相乘或相除呢？

【设计意图】函数对称性如何探究？可以引导学生使用有序思考、具体化和类比等研究方法. 具体到偶函数的研究，从函数图象的直观观察、定量刻画关于 y 轴的对称性两个方面，综合数和形认识偶函数的特征，获得偶函数的定义. 让学生根据偶函数的定义尝试写出一个偶函数的解析式，深入理解偶函数的定义，如果学生有困难，教师可以以提出问题的方式引导学生思考，鼓励学生提出问题. 发展学生直观想象、数学抽象的核心素养. 同时，感受数学的对称美.

（三）小组活动，类比探究

问题5 类比偶函数的研究思路和方法，以函数 $f(x)=x^3$（图3-31）和 $g(x)=\dfrac{1}{x}$（图3-32）为例，分组探究，尝试从数量关系上分析和刻画函数图象关于原点对称.

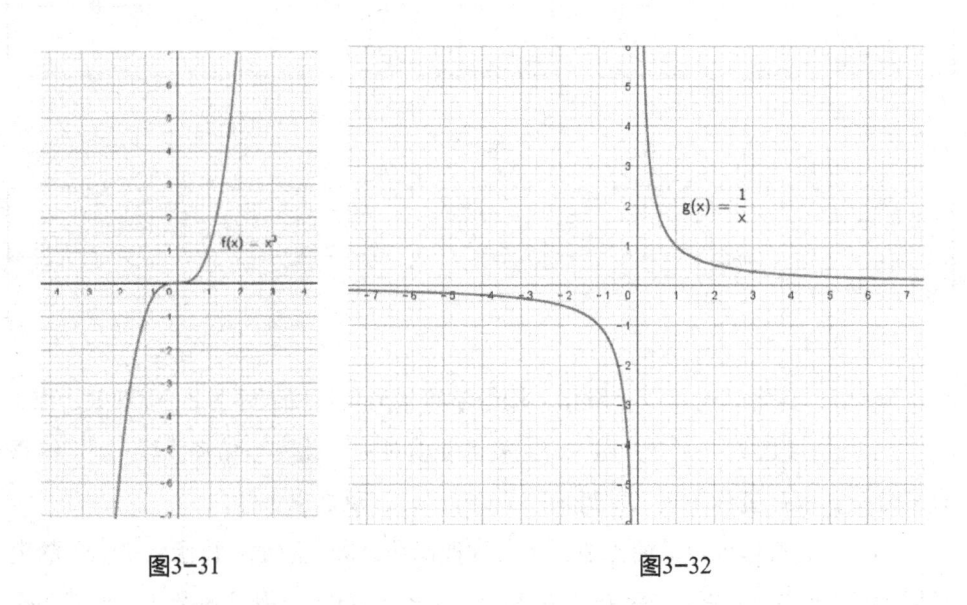

图3-31　　　　　　　图3-32

学生分组探究并进行交流.

预设1：从函数图象和函数解析式，发现当 x 取一对相反数时，对应的函数值也是相反数. 将这一发现制成下面的表格（表3-10、表3-11）.

表3-10

x	...	-3	-2	-1	0	1	2	3	...
$f(x)=x^3$									

表3-11

x	...	-3	-2	-1	0	1	2	3	...
$g(x)=\dfrac{1}{x}$									

预设2：用数学符号语言可以表述为，$\forall x \in \mathbf{R}$，点 $P(x,f(x))$ 与点 $P'(-x,f(-x))$ 关于原点对称，此时原点是线段 PP' 的中点，根据坐标的意义即得 $f(-x)=-f(x)$；反之也对．

预设3：这个结论也可以表示为 $f(-x)+f(x)=0$．

预设4：通过阅读教材，我们知道具有这种性质的函数叫作奇函数．一般地，设函数 $f(x)$ 的定义域为 I，如果 $\forall x \in I$，都有 $-x \in I$，且 $f(-x)=-f(x)$，那么函数 $f(x)$ 就叫作奇函数．

预设5：我们发现，指数是奇数的幂函数，都是奇函数．

预设6：我们发现将这两个奇函数相加得到的函数，仍然是奇函数．

【设计意图】在师生共同探究偶函数的基础上，学生分组探究奇函数的性质，将偶函数的研究思路和方法迁移到奇函数的研究上，发展学生分析问题和研究问题的能力，教师根据学生分组汇报的情况进行指导．这发展学生直观想象、数学抽象、逻辑推理的核心素养．同时，感受数学的对称美．

(四) 对比新知，深化理解

问题6 回顾偶函数和奇函数的研究过程，对比偶函数和奇函数的定义，有哪些共同点和不同点？

预设1：从函数要素考虑，定义域都是关于原点对称的．

预设2：与函数增减性对比，偶函数、奇函数都是函数的整体性质，增减性是函数的局部性质．

预设3：偶函数和奇函数都是具有对称性的函数，所以考虑自变量取一对相反数时，偶函数是函数值相等，奇函数是函数值互为相反数.

预设4：研究过程中，都借助具体的函数，从函数图象和解析式两个方面进行研究.

预设5：从具体的函数发现，偶函数+偶函数=偶函数，奇函数+奇函数=奇函数，这个结论是否一定成立呢？

【设计意图】 从研究过程、奇函数、偶函数的定义等角度进行对比，深化对奇偶函数的理解.

（五）典例讲解，巩固应用

问题7 已知函数 $f(x)=x+x^3$，判断函数 $f(x)=x+x^3$ 的奇偶性.

如果图3-33是函数 $f(x)=x+x^3$ 图象的一部分，你能根据 $f(x)$ 的奇偶性画出它在 y 轴左边的图象吗？

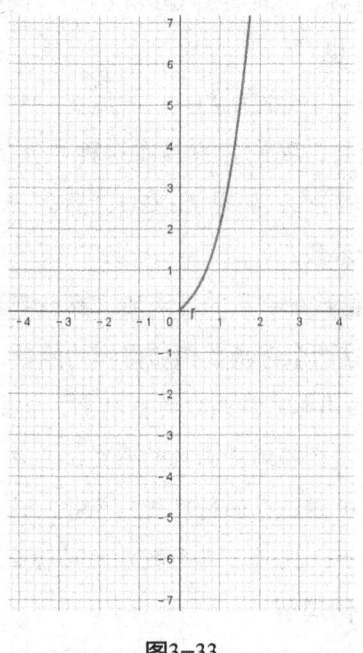

图3-33

追问：从这个例子中，你能体会研究函数奇偶性的作用吗？

【设计意图】 通过具体函数奇偶性的判断，以及根据奇偶性画函数图象，初步体会研究函数性质的意义. 这发展了学生直观想象、数学抽象、逻辑推理的核心素养.

（六）回顾归纳，总结提升

通过奇函数、偶函数概念的形成过程，你学习到了什么？

如何判断函数的奇偶性（图3-34）？

课上还有哪些问题没有解决？

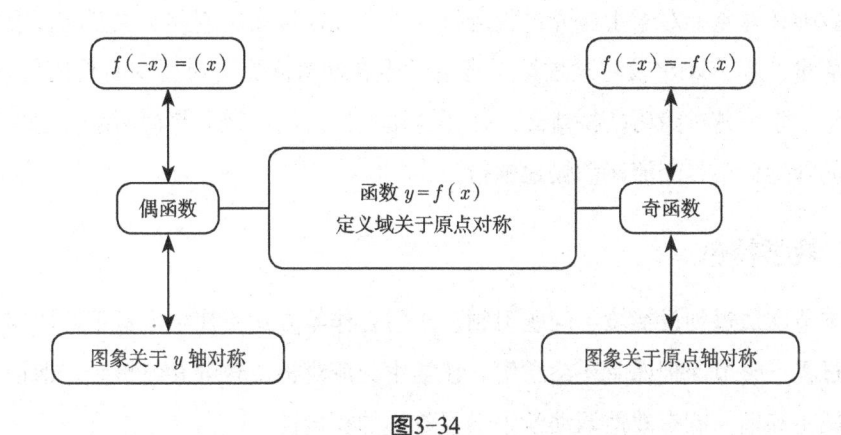

图3-34

【设计意图】 从研究过程和获得的知识进行总结，将知识系统化，明确本节知识结构，体会具体化、数形结合、类比、一般化等研究方法；回应课上提出但没有解决的问题，让学生课下进行自主学习．

（七）课后作业，巩固新知

人教A版《普通高中教科书·数学（必修第一册）》85页，练习1～3题，86页第11题．

【设计意图】 巩固基础知识，发展数学运算核心素养．

五、教学反思

（一）创设问题情境，注重概念教学

数学概念是"过程"和"对象"的统一体，概念的学习是一个有层次的数学活动过程．在本节课中，通过设置一系列的数学情境、问题串，使学生经历形成概念、理解概念的过程，积累对概念的认知经验，逐步达到对概念本质的理解．

（二）学生合作交流，发展学生思维

在教学中，引导学生亲历知识发生、发展的过程，关注学生的思维发展，引导学生用已学的知识、方法解决问题，并获得知识体系的更新与拓展，学生经历

了"观察—概括—归纳—应用"环节.逐步培养学生发现问题、分析问题、解决问题和创造性思维的能力,充分发挥学生的主体作用,有助于发展学生数学抽象、直观想象、逻辑推理等数学核心素养.

(三)关注学生学习,积极鼓励学生

教师在课堂上对学生探究过程进行评价,往往直接影响到学生参与探究的热情与质量.本节课比较注意挖掘与肯定学生在回答问题的过程中有价值的地方,适当地为学生越过障碍搭桥垫砖,使得课堂氛围活而不散,热而不乱,也保证了课堂的师生对话、交流能顺畅地进行.

六、教学特色

本节课通过创设情境、问题引领、小组合作等方式,使学生真正经历定义的形成过程.整节课把课堂还给学生,让学生交流辨析,教师参与指导,保证课堂氛围民主和谐,能有效地调动学生学习数学的积极性.

(一)信息技术辅助,高效形象直观

本节课利用 GGB 绘制函数图象,将信息技术与课堂教学恰当整合,直观准确,增大了课堂容量,提高了课堂效率,充分调动了学生学习的积极性,使信息技术真正起到了辅助教学的作用.

(二)利用数形结合,感受数学之美

通过数学符号语言及数学图形语言,感受数学的简洁美、对称美、和谐美.并在此基础上探究函数的性质,发展学生数学抽象、直观想象等数学核心素养,培养学生的探索精神,帮助学生逐步形成良好的个性品质.

案例十

《对数》教学设计

一、教学内容分析

本节课选自人教 A 版《普通高中教科书·数学（必修第一册）》第四章《指数函数与对数函数》4.3.1《对数》第一课时.

（一）本章内容分析

指数函数与对数函数是两类重要的、应用广泛的基本初等函数. 指数函数与对数函数具有紧密的联系，它们互为反函数. 本章在研究指数幂和对数的基础上，以研究函数概念与性质的一般方法为指导，借鉴研究幂函数的过程与方法，学习指数函数和对数函数，帮助学生学会用函数图象和代数运算的方法研究它们的性质，理解这两类函数中蕴含的变化规律；运用函数思想和方法，探索用二分法求方程的近似解；通过建立指数函数模型、对数函数模型解决简单的实际问题，体会指数函数、对数函数在解决实际问题中的作用，从而进一步理解函数模型是描述客观世界中变量关系和规律的重要数学语言和工具，提升数学抽象、数学建模、数学运算、直观想象和逻辑推理等数学核心素养.

（二）本节内容分析

对数的概念及其运算是对数函数的学习基础. 在数学发展历史上，先有对数，然后才有指数幂. 对数的建立先于指数，堪称历史上的珍闻. 作为 17 世纪三大数学成就之一，对数在数学、物理等领域具有广泛的应用. 后来，随着数学公理化体系的逐步建立，一般安排先学习指数幂，再学习对数，在指数幂概念及运算的基础上，引入对数的概念及其运算，这符合学生的认知规律，也比较自然. 然而在教学实践中，不少教师只注重对数的应用，造成学生被动地学习对数，而对对数产生的必要性缺乏正确的认识. 事实上，通过对对数概念形成过程的揭示，体现了数学的发现与创造，同时体现数学发生发展的客观要求. 本节课的学习具有丰富的教育价值，有利于培养学生对立统一、相互联系、相互转化的思想，从而进一步培养学生的逻辑思维能力，有利于帮助学生真正体验到数学概念的产生源自外部的动力和数学自身发展完善的需要，形成正确的数学观.

教科书是从对数是指数幂中指数的一种等价表示形式的角度来引入对数的.节引言通过一个问题引导学生思考：已知底数和幂，如何求指数？显然指数与指数幂的值及底数的值紧密关联.

通过本节课的学习，可以让学生理解对数的概念，从而进一步深化对对数模型的认识与理解，为学习对数函数做好准备.同时，通过对对数概念的学习，培养学生对立统一、相互联系、相互转化的思想，从而进一步培养学生的逻辑思维能力，发展学生数学抽象、数学运算的核心素养.

二、学生情况分析

（一）知识基础

高一学生已经学习了函数的概念、函数的表示方法与函数的一般性质，对函数有了初步的认识.学生已经完成了分数指数幂和指数函数的学习，了解了研究函数的一般方法，经历过从特殊到一般、从具体到抽象的研究过程.

（二）学习能力

教师将为北京市普通高中的学生授课，这里的学生整体数学水平较弱，阅读能力、分析问题、发现问题的能力有限，接受新知识比较慢.而对数的概念对学生来说是全新的、抽象的，学生学起来比较困难.因此，在教学过程中，力求通过简单的实例让学生体会到引入对数的必要性，逐步引导学生体会运用从特殊到一般、类比等数学方法来理解对数式与指数式之间的内在联系，将对数这一新知纳入已有的知识结构中.

三、教学目标和重难点

基于上述分析，本节课的教学目标及教学重难点如下.

教学目标：

（1）理解对数的概念和运算性质，知道对数运算和指数运算的关系并能互相转化.

（2）通过具体情境体会引入对数的必要性；体会相互转化的思想.

（3）培养学生的类比、分析、归纳能力，发展学生数学抽象、逻辑推理的核心素养.

教学重点： 对数的概念，对数的运算性质.

教学难点：对数运算性质的得出.

四、教学过程

本节课教学流程：

创设情境，引入新课→讲授新课，形成概念→分析典例，巩固概念→总结知识，梳理方法→布置作业，巩固知识→调查问卷，了解情况.

教学方法：讲授法、讨论法.

教学媒体：计算机、电子白板.

（一）创设情境，引入新课

光在某种介质中传播，每经过 1cm 的厚度，光的强度就减弱为原来的一半，假设最初光的强度是 1，写出光的强度 y 关于介质厚度 x 的函数关系式.

（1）经过 2cm 的厚度后，光的强度是多少？

（2）经过多少厘米的厚度后，光的强度变为原来的 $\frac{1}{8}$？

（3）经过多少厘米的厚度后，光的强度变为原来的 $\frac{1}{32}$？

（4）经过多少厘米的厚度后，光的强度变为原来的 $\frac{1}{6}$？

（5）经过多少厘米的厚度后，光的强度变为原来的 $\frac{1}{9}$？

【设计意图】培养学生的数据分析和数学建模素养，激发学生学习数学的兴趣，以及探究问题的意识，让学生感受到"求指数"这样的问题是客观存在的，是源于生活实际的，同时感受探索新知的迫切性、必要性.

问题 1 你还能继续出题吗？

预设：经过多少厘米的厚度后，光的强度变为原来的 $\frac{1}{10}$？

问题 2 这些解不出来的指数方程有没有解？请说出原因.

预设：有解，因为指数函数定义及图象.

问题 3 你还能举出其他的类似于这样的解方程的例子吗？

预设：$\left(\dfrac{1}{4}\right)^x = 32$，$\left(\dfrac{\sqrt{3}}{2}\right)^x = \dfrac{9}{4}$，$2^x = 4$，$2^x = 6$.

问题 4 这些方程有什么共性？

预设：都是指数形式方程求指数.

【设计意图】 创设数学情境问题，通过指数方程实例，让学生感受在数学学习中，"求指数"这样的问题也是存在的，有必要研究这类问题，并体会数学知识的产生和发展也源于自身发展完善的需要.

问题5 你能用符号语言描述它们的共性吗？

预设：$a^x = b$，求 $x = ?$

【设计意图】 从特殊到一般，引导学生归纳概括问题的共同特征，发展学生数学抽象的核心素养.

微视频：对数的引入.

16、17世纪之交，天文、航海、工程、贸易，以及军事快速发展，对大数的运算提出了更高的要求，改进数字计算方法、提高计算速度和准确度成了当务之急. 苏格兰数学家纳皮尔（J.Napier, 1550—1617）在研究天文学的过程中，经过对运算体系的多年研究，最终找到了简化大数运算的有效工具，并于1614年出版了《奇妙的对数定律说明书》，这标志着对数的诞生. 在这本书中，纳皮尔借助运动学，用几何术语阐述了对数的使用方法.

从对数的发明过程我们可以发现，纳皮尔在讨论对数的概念时，并没有使用指数与对数的互逆关系，造成这种状况的主要原因是当时还没有明确的指数概念，就连指数符号也是在20多年后的1637年才由法国数学家笛卡儿（R.Descartes, 1596—1650）开始使用. 直到18世纪，瑞士数学家欧拉发现了指数与对数的互逆关系. 在1770年出版的一部著作中，欧拉首先使用 $y = a^x$（$a > 0$，且 $a \neq 1$）来定义 $x = \log_a y$（$a > 0$，且 $a \neq 1$），他指出："对数源于指数". 对数的发明先于指数，成为数学史上的珍闻.

对数的发明是数学史上的重大事件，天文学界更是以近乎狂喜的心情迎接这一发明. 恩格斯曾经把对数的发明和解析几何的创始、微积分的建立称为17世纪数学的三大成就，伽利略也说过："给我空间、时间及对数，我就可以创造一个宇宙."

从对数的发明过程可以看到，社会生产、科学技术的需要是数学发展的主要动力. 建立对数与指数之间的联系的过程表明，使用较好的符号体系对于数学的发展是至关重要的. 实际上，好的数学符号能够大大节省人的思维负担. 数学家们对数学符号体系的发展与完善作出了长期而艰苦的努力.

【设计意图】 体会数学知识的产生和发展也源于实际需要，因此要明白研究对数的必要性，经历数学运算的发展历程，感受数学文化．

（二）讲授新课，形成概念

1. 对数概念

一般地，如果 $a^x = N$（$a > 0$，且 $a \neq 1$），那么数 x 叫作以 a 为底 N 的对数（logarithm），记作 $\log_a N = x$，其中 a 叫作对数的底数，N 叫作真数．

说明："log" 是拉丁文 logarithm（对数）的缩写，只是一个表达符号（如 $\sqrt{\ }$）．

【设计意图】 通过对对数的发展史的学习，自然地呈现了对数的概念，通过类比旧知来感悟新知，把学生的已有经验作为知识的生长点，引导学生在具体问题中体验用对数符号表示指数的过程，发展学生数学抽象的核心素养．

问题 6 引例中的 x 可以求解吗？如何表示？

问题 7 是不是所有的实数都有对数？为什么？

预设：

（1）是，但是举出实例出现矛盾．

（2）不是，用指数函数的定义域和值域可以说明对数式中的 N 和 x 的取值范围．

结论：

（1）对数式和指数式是同一关系的两种表示形式；a,b,N 的关系和范围不变；

（2）负数和 0 没有对数．

【设计意图】 明确对数式与指数式形式的区别与联系，体现用函数思想分析问题的数学思想．

2. 两个特殊的对数

常用对数：以 10 为底的对数，$\log_{10} N$，简记为 $\lg N$．

自然对数：以 $e = 2.71828\cdots$ 为底的对数，$\log_e N$，简记为 $\ln N$．

微视频：常用对数和自然对数之发展．

将对数加以改造使之广泛流传的是纳皮尔的朋友布里格斯（H.Briggs，1561—1631），他通过研究《奇妙的对数定律说明书》，感到其中的对数用起来很不方便，于是与纳皮尔商定，使 1 的对数为 0，10 的对数为 1，这样就得到了现在所用的以 10 为底的常用对数．由于我们的数系是十进制，因此它在数值计算上具有优越性．1624 年，布里格斯出版了《对数算术》，公布了以 10 为底、包含 1～20000

及 90000～100000 的 14 位常用对数表．另外，在科学技术中常使用以无理数 $e=2.71828\cdots$ 为底数的对数，它与借贷复利计算有很大关系，在放射性元素的衰变公式、牛顿的冷却定律等数学模型中都包含 e，在物理、化学和建筑学等自然科学中也经常会出现，故引入以 $e=2.71828\cdots$ 为底的对数，成为自然对数．

根据对数运算原理，人们还发明了对数计算尺．300 多年来，对数计算尺一直是科学工作者，特别是工程技术人员必备的计算工具，直到 20 世纪 70 年代才让位给电子计算器．尽管作为一种计算工具，对数计算尺、对数表都不再重要了，但是对数的思想方法却仍然具有生命力．

【设计意图】让学生欣赏对数的发展，进一步体会对数在实际生活中的应用之广泛，感知常用对数和自然对数的名称和底数数值是"事出有因"的，通过常用对数表帮助学生更好地突破对数就是一个数这一难点，同时感受数学文化和科技的进步．

3. 对数的性质

探究：对数的性质．

（1）根据对数的概念求出下列各式的值．

① $\log_2 1$ ② $\lg 1$ ③ $\log_{\frac{1}{3}} 1$ ④ $\ln 1$

问题 8　你有什么发现？

（2）根据对数的概念求出下列各式的值．

① $\log_2 2$ ② $\lg 10$ ③ $\log_{\frac{1}{3}} \frac{1}{3}$ ④ $\ln e$

问题 9　你有什么发现？

对数的性质：$\log_a 1=0$，$\log_a a=1\,(a>0, a\neq 1)$．

【设计意图】从特殊到一般，培养学生观察问题、发现问题的意识，发展学生数学抽象的核心素养．

（三）分析典例，巩固概念

例　求下列各式中的 x 的值．

① $\log_4 x=-3$　② $\log_x 16=4$　③ $\lg 100=x$　④ $\ln e^2=x$

【设计意图】巩固对数的概念、两个常用对数及对数的性质．

（四）总结知识，梳理方法

本节课你学到了什么知识及方法？我们是怎么做的？

新知识的产生过程：实际需要—发明对数—特殊对数（实际需要）—对数性质．

数学思想：等价转化，特殊到一般，类比．

【设计意图】回忆对数概念的形成过程，加深对对数概念的理解，体会研究问题的方法．

（五）布置作业，巩固知识

人教A版《普通高中教科书·数学（必修第一册）》教材123页练习题1，2，3．

【设计意图】巩固本节课知识，发展数学运算的核心素养．

（六）调查问卷，了解情况

课后对上课班级发放调查问卷（见附件），共收到36份有效问卷，调查结果如表3-12所示：

表3-12 课后调查结果

1题	个数	比例	2题	个数	比例	3题	个数	比例	4题	个数	比例
A	30	83.3%	A	30	83.3%	A	4	11.1%	A	19	52.8%
B	5	13.9%	B	5	13.9%	B	7	19.4%	B	15	41.7%
C	1	2.8%	C	1	2.8%	C	10	27.8%	C	1	2.8%
D			D			D	15	41.7%	D	1	2.8%

通过调查问卷发现，97.2%的学生认为本节课上创设的问题情境能够引起学习的兴趣并对学习对数的概念有很大帮助，69.5%的学生喜欢老师以数学情境或者现实情境引入新课，52.8%的学生希望老师每节课都创设问题情境，还有41.7%的学生希望老师大多数课都创设问题情境．从数据上看，学生很喜欢这样的课堂，这样的课生动、有趣、环环相扣，既学到了数学知识，又增加了见识．从上课情况看，学生的学习积极性非常高，整节课轻松愉快，真正体会到了学习数学的乐趣；从课后作业情况看，在概念理解、指对互化运算上都明显好于其他班级．

五、教学反思

情境引入是数学教学活动设计中一个很重要的环节，好的情境引入不仅能激发学生的学习兴趣和探索欲望，让学生更积极主动地关注学习内容，给学生提供广泛地数学活动的机会，还可以将知识置身于我们祖先所经历的历程中，在大的历史背景或者数学现实情境中寻求概念之源，并在此基础上提出核心问题，促进概念的生成，并进行合理迁移，进而获得对概念的深度理解．

（一）情境贴近学生，揭示概念本质

数学概念是"过程"和"对象"的统一体，概念的学习是一个有层次的数学活动过程．在本节课中，通过设置一系列的现实情境、数学情境、问题串，使学生经历形成概念、理解概念的过程，积累对概念的认知经验，逐步达到对概念本质的理解．学习数学中新知识的发展过程，学会研究问题的过程，同时发展学生数学抽象的核心素养．

（二）问题层层递进，激活学生思维

本节课设置的问题层层递进，引导学生参与到实质性的思维活动中．但是，在从具体的情境到抽象的概念的形成过程中，没有给学生发挥的空间，而是教师直接给出对数定义，因此可以尝试让学生去发明，会更加发散学生思维，提高学生学习的热情，增加学生研究新知的愿望．

六、教学特色

（一）注重概念教学，发展学生思维

学生学习数学是从学习"数学概念"开始的，"数学概念"是学生认识数学、了解数学、应用数学的前提．对于高中数学教学来说，概念是重要的教学内容之一．概念是思维的源泉，只有全面了解数学概念，才能在做题的过程中灵活运用各种数学思维．对数学概念的理解与掌握是正确思维的前提，也是提高数学解题能力的必要条件．基于此，在进行概念教学时，一定要突破原有的思维教学模式，与时俱进，站在概念形成的"制高点"，审视整个教学过程．

（二）渗透数学文化，体现文化育人

充分研读对数的相关历史，对对数史资源进行有效选择、整合，结合现代多媒体技术，将其恰当地融入课堂，大大提高课堂效率，使学生乐于学习，同时感受数学文化与科技的进步，学习新知识的同时起到很好的育人作用．

附件　调查问卷

亲爱的同学，您好！

下面是关于对高中数学教学中创设有效问题情境的现状的问卷调查．非常感谢您能参加此次调查，提供你的看法与意见．本问卷实行匿名制，你的回答仅作研究之用，不会和你们在校的学习成绩有任何联系，请你放心填写．题目选项无对错之分，请你按自己的实际情况填写．谢谢！

选出符合你学习情况的选项，填在括号里．（问题情境是指本节课开始的实例）

1. 老师在本节课上创设的问题情境能引起你的兴趣（　　）

　A.非常符合　　　　B.比较符合　　　　C.不符合

2 老师在本节课上创设的问题情境，对你学习对数的概念有很大帮助（　　）

　A.非常符合　　　　B.比较符合　　　　C.不符合

3. 你喜欢老师在课堂的开始以哪种方式上课？（　　）

　A.直接讲新课　　　　　　　　B.先复习旧知识

　C.以解决数学问题来引入新课　　D.呈现一些生活情境

4. 你最希望老师在课上创设问题情境的频率是？（　　）

　A.每节课都创设　　　　　　　B.大多数课创设

　C.少部分课创设　　　　　　　D.最好不创设

案例十一

《用交轨法绘制椭圆、双曲线和抛物线》教学设计

一、教学内容分析

本节课选自人教 A 版《普通高中教科书·数学（选择性必修第一册）》第三章《圆锥曲线与方程》的章末复习课.

（一）本章内容分析

圆锥曲线是高中解析几何课程的重要内容. 在研究圆锥曲线的过程中，数形结合思想和坐标法统领全局，并始终强调"先用几何眼光观察与思考，再用坐标法解决的策略". 一方面，应从几何角度关注图形，认识图形的几何特征；另一方面，要建立代数方程，用代数工具研究几何的性质. 所以，在学习圆锥曲线时，要让学生充分认识图形，尽可能充分地感受并发现几何特征，进而体会解析几何数形结合、几何与代数并重的特点.

在 1951 年版《解析几何》教材中，椭圆、双曲线、抛物线的教学内容都有几何作法和机械作法. 在人教 A 版 2007 年版的教材中只涉及椭圆、双曲线和抛物线的机械作图，在人教 A 版 2019 年版的教材中有涉及关于椭圆、抛物线的机械作图，椭圆和双曲线的几何作图探究活动，而且是采用轨迹交点法作出图形.

（二）本节内容分析

在北京师范大学教授文库《几何作图方法》傅种孙卷中有涉及"驭作图题之方法"，如拼合法、造因法、三角形奠基法、轨迹交点法、迁移法、放大法、反映法、代数分析法等. 其中轨迹交点法在作图题之应用甚广.

轨迹交点法：一作图题之解决，往往有赖于一点之决定；而一点之决定，类需用二条件 C_1，C_2. 故若能将合于条件 C_1 之点之轨迹 l_1 及合于条件 C_2 之点之轨迹 l_2 并皆求出，则 l_1 与 l_2 之交点自能兼合 C_1 及 C_2 二条件. 是为轨迹交点法.

考虑到椭圆、双曲线、抛物线的定义的形成过程比较抽象，学生记忆不够深刻，在后续的学习中对圆锥曲线的图形特征应用不够灵活，故设计一节圆锥曲线实验作图课，能够帮助学生更好地巩固圆锥曲线的定义及其性质，同时对图形的几何特征有更深刻的认识和理解.

从教学过程的角度看，本节课不只是为了让学生去"做"，还是为了让学生去"思考"．学生处在一种"数学研究"的位置上，通过观察、探究、操作，把感知、理解、体验融合为一体．在已有经验的基础上，完成更为复杂思维的加工过程，从而对数学学习内容进行深度加工，促进学生对数学概念、数学规律的深度理解，从而发展学生逻辑推理、直观想象的核心素养．

二、学生情况分析

（一）知识基础

初中时学习过一些简单的轨迹问题，具备一定的作图能力，高中在讲授椭圆、双曲线、抛物线时，利用绳、拉链、三角板等工具通过机械作图方式绘制过它们的图形。另外，教材中有关于椭圆和双曲线作图的探究活动，已经提前布置给学生进行探究．

（二）学习能力

教师将为北京市通州区普通高中学生授课，这里学生数学基础一般，数学运算能力比较薄弱，对圆锥曲线的定义及圆锥曲线中的代数与图形关系的转化理解不到位．另外，学生对使用GGB进行学习有很高的兴趣和积极性，而且已经初步了解几何绘图软件GGB，能根据需要进行简单操作．

三、教学目标和重难点

基于上述分析，本节课的教学目标及教学重难点如下．

教学目标：

（1）通过复习几种初中学习的点的轨迹的过程，体会图形的基本特征和性质；

（2）通过利用交轨法绘制圆锥曲线，巩固圆锥曲线的定义及图形的基本特征，感受圆锥曲线的美及定义的统一性，同时渗透从特殊到一般的数学思想；

（3）通过合作学习、展示交流等活动，学会独立思考，提升语言表达能力，培养发现和提出问题、分析问题和解决问题的能力，发展直观想象、数学抽象及逻辑推理的核心素养，同时感受探究数学的快乐．

教学重点：利用交轨法绘制椭圆、双曲线、抛物线．

教学难点：如何把圆锥曲线的定义中的代数条件利用几何关系表达出来．

四、教学过程

本节课教学流程：

课前预习，深入思考→创设情境，开阔思维→合作探究，交流展示→交流总结，感悟收获→课后反思，提升思维 .

教学方法：小组合作法、实验教学 .

教学媒体：计算机 、电子白板、平板电脑 .

（一）课前预习，深入思考

课前探究：利用直尺、圆规等工具通过几何作图方式尝试在纸上画出椭圆、双曲线. 可参考教材 118 页中双曲线一节的作图探究活动（图 3-35），也可以尝试寻找其他作图方法.

探究

如图 3. 2-1，在直线 l 上取两个定点 A，B，P 是直线 l 上的动点. 在平面内，取定点 F_1，F_2，以点 F_1 为圆心、线段 PA 为半径作圆，再以 F_2 为圆心、线段 PB 为半径作圆.

我们知道，当点 P 在线段 AB 上运动时，如果 $|F_1F_2|<|AB|$，那么两圆相交，其交点 M 的轨迹是椭圆；如果 $|F_1F_2|>|AB|$，两圆不相交，不存在交点轨迹.

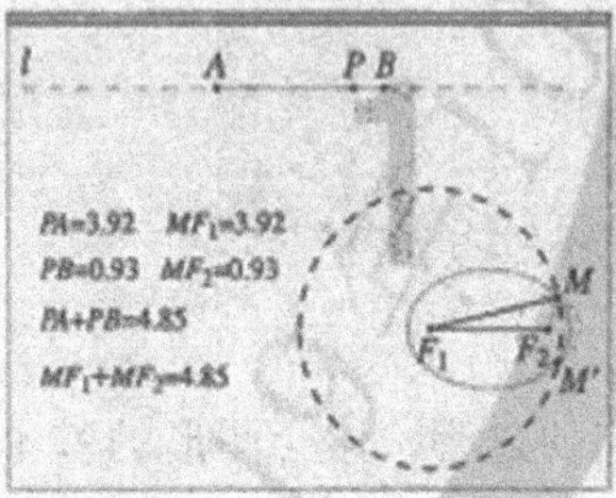
l A P B
PA=3.92 MF1=3.92
PB=0.93 MF2=0.93
PA+PB=4.85
MF1+MF2=4.85
M
F1 F2
M'

图 3. 2-1

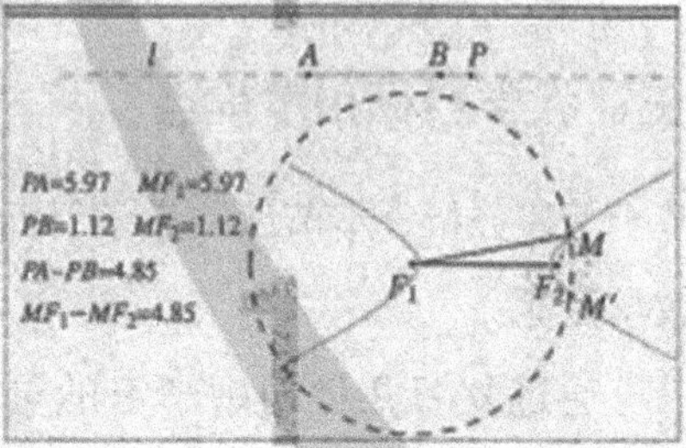
l A B P
PA=5.97 MF1=5.97
PB=1.12 MF2=1.12
PA-PB=4.85
MF1-MF2=4.85
M
F1 F2
M'

图 3. 2-2

如图 3. 2-2，在 $|F_1F_2|>|AB|$ 的条件下，让点 P 在线段 AB 外运动，这时动点 M 满足什么几何条件？两圆的交点 M 的轨迹是什么形状？

图3–35

部分学生成果展示如图 3-36 所示：

【设计意图】采用此种教学方法让学生有更充裕的时间进行思考，尝试不同的方法，开阔思维，学生之间经过交流研究之后，能有学生画出图形或者对利用这种方法画椭圆、双曲线有些思路．并发展学生直观想象、逻辑推理的核心素养．

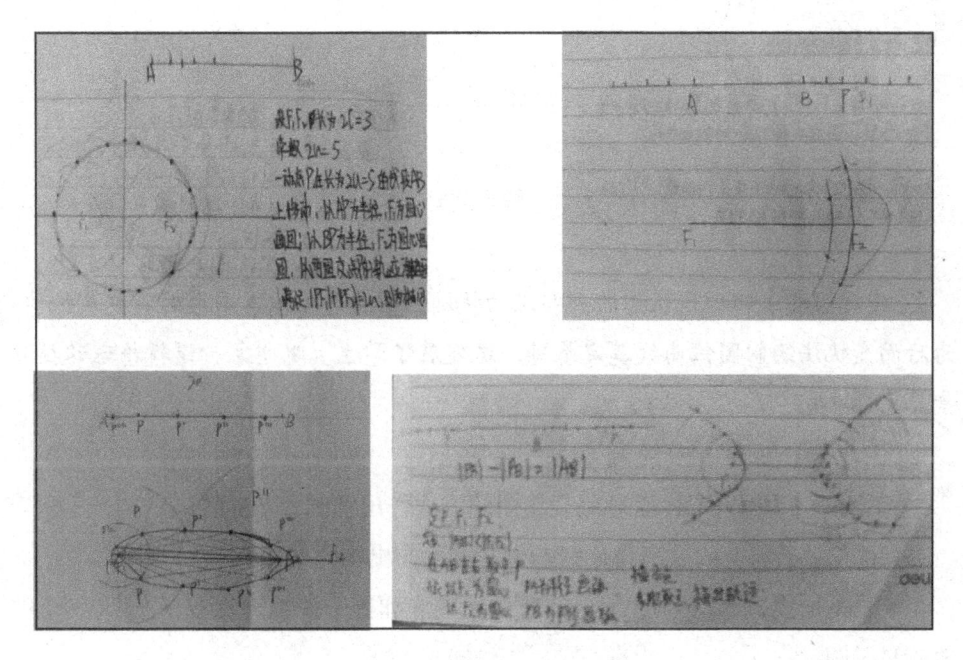

图3-36

（二）创设情境，开阔思维

问题 1 回顾下列点的轨迹：

（1）平面内，到一个定点的距离等于定长的点的轨迹是什么？

答：以定点为圆心，定长为半径的圆，如图 3-37 所示．

（2）平面内，到一条定直线的距离等于定长的点的轨迹是什么？

答：平行于这条直线，并和已知直线距离为定长的两条直线，如图 3-38 所示．

（3）平面内，到两个定点距离相等的点的轨迹是什么？

答：两个定点连线的垂直平分线．

（4）初中是如何做出线段 AB 的垂直平分线的？

答：以大于二分之一 AB 长为半径，以 A 点为圆心作圆，以 B 点为圆心，同样长为半径作圆，两个圆的交点连线即为线段 AB 的垂直平分线，如图 3-39 所示．

图3-37　　　　　　　　图3-38　　　　　　　　图3-39

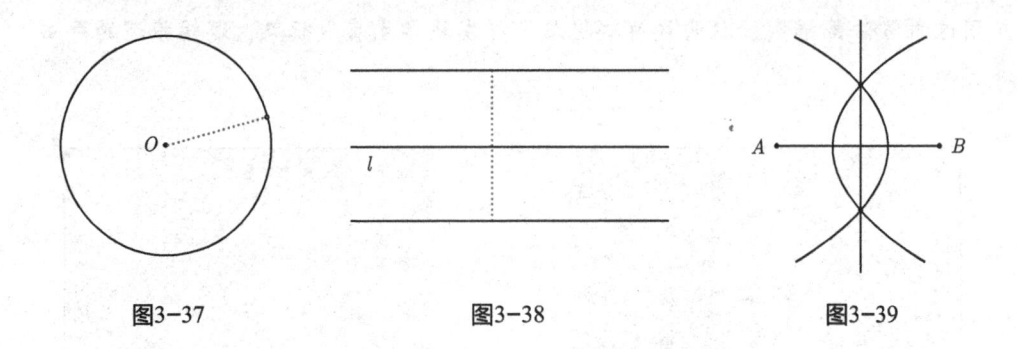

【设计意图】回顾已认识的一些点的轨迹，明确这些基本图形的特征及性质，为后面交轨法绘制圆锥曲线奠定基础。这发展了学生直观想象、逻辑推理的核心素养。

（三）合作探究，交流展示

【活动一】利用GGB通过尺规作图的方式作出椭圆、双曲线。

问题2　椭圆上的点满足什么条件？如何作出椭圆？

答：平面内，与两个定点 F_1、F_2 的距离之和等于常数（大于 $|F_1F_2|$）的点的轨迹是椭圆。

预案：利用圆与圆的交点作图（图3-40）。

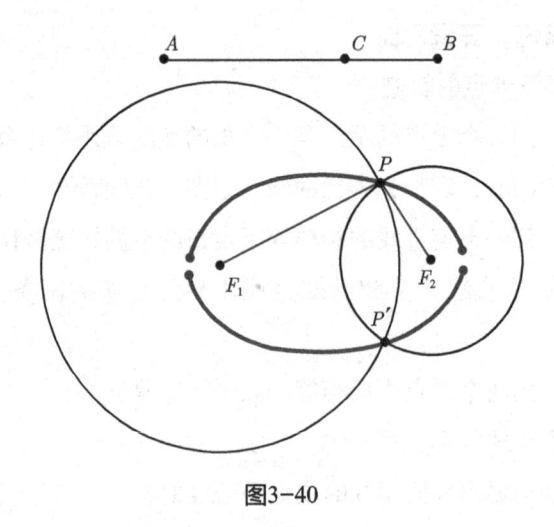

图3-40

步骤：

（1）定点 F_1、F_2，定线段 AB（$|AB| > |F_1F_2|$）；

（2）在线段 AB 上任取一点 C，分别以 F_1、F_2 为圆心，以 AC、BC 的长为半径作圆，两圆相交与点 P、P'；

（3）启动动画点 C，追踪点 P、P' 的位置变化，得到轨迹.

【设计意图】 巩固椭圆定义及定义中 $|PF_1|+|PF_2|>|F_1F_2|$（$2a>2c$）的条件，使学生直观地体会到数学的严谨性，同时感受合作探究的快乐，并发展学生直观想象、逻辑推理的核心素养.

问题 3 双曲线上的点满足什么条件？如何作出双曲线？

答：平面内，与两个定点 F_1、F_2 的距离之差的绝对值等于非零常数（小于 $|F_1F_2|$）的点的轨迹是双曲线.

预案 1：利用圆与圆的交点作图（图 3-41）.

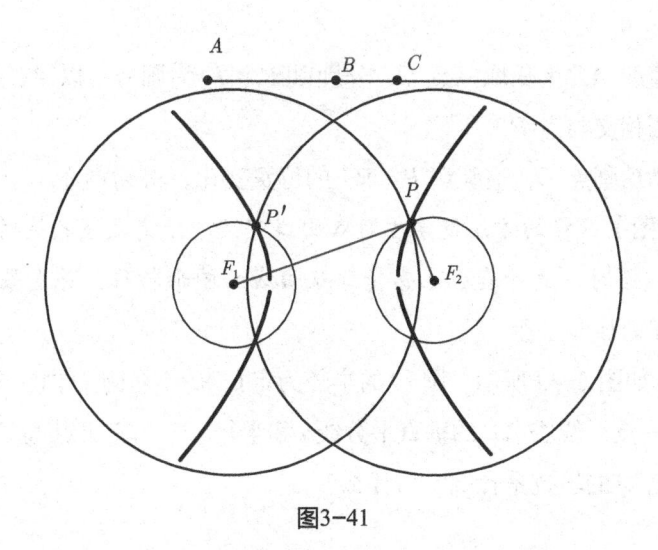

图 3-41

步骤：

（1）定点 F_1、F_2，定线段 AB（$|AB|<|F_1F_2|$）；

（2）在射线 AB 上任取一点 C，分别以 F_1、F_2 为圆心，以 AC、BC 长为半径作圆，再分别以 F_1、F_2 为圆心，交换半径作圆，两圆相交与点 P、P'；

（3）启动动画点 C，追踪点 P、P' 的位置变化，得到轨迹.

预案 2：利用圆与圆的交点作图（图 3-42）.

步骤：

（1）定点 F_1、F_2，定线段 AB（$|AB|<|F_1F_2|$）；

图3-42

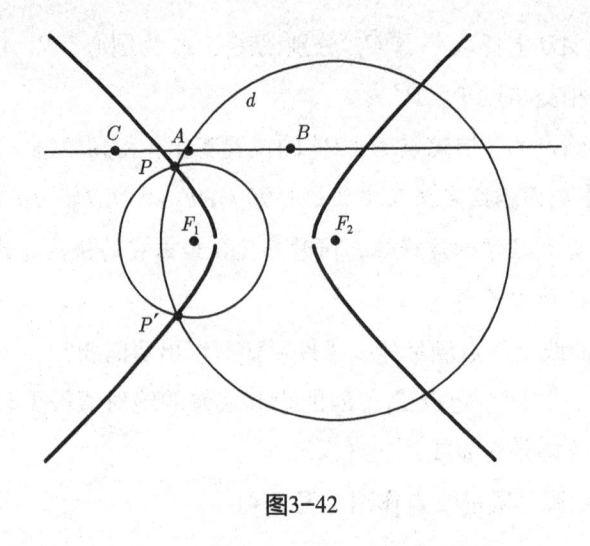

（2）在直线 AB 上任取一点 C，分别以 F_1、F_2 为圆心，以 AC、BC 长为半径作圆，两圆相交与点 P、P′；

（3）启动动画点 C，追踪点 P、P′ 的位置变化，得到轨迹.

【设计意图】这样的方法使学生对双曲线定义中距离之差的绝对值有了更加深刻的理解．同时，更加直观地感受到双曲线的图形特征，并发展学生直观想象、逻辑推理的核心素养．

问题 4 如图 3-43 所示，圆 O 的半径为定长 r，A 是圆 O 内一个定点，P 是圆 O 上任意一点．线段 AP 的垂直平分线 l 和半径 OP 相交于点 Q，当点 P 在圆上运动时，点 Q 的轨迹是什么？为什么？

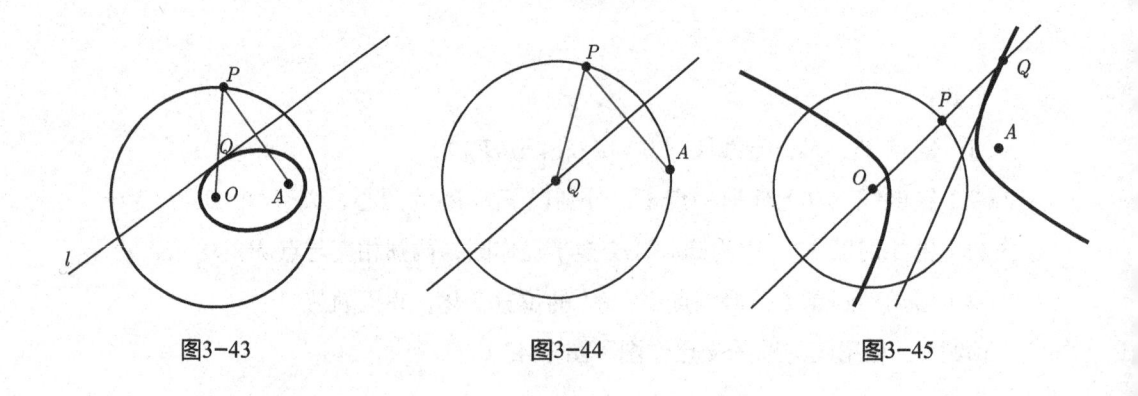

图3-43 图3-44 图3-45

变式（1） 如图 3-44 所示，A 是圆 O 上一个定点，当点 P 在圆上运动时，

点 Q 的轨迹是什么？为什么？

变式（2） 如图3-45所示，A 是圆 O 外一个定点，当点 P 在圆上运动时，点 Q 的轨迹是什么？为什么？

【设计意图】这样的问题一方面得到如何利用交轨法绘制椭圆、双曲线的其他方法，再一次巩固椭圆、双曲线的定义，为利用中垂线绘制抛物线奠定基础．还可以发散学生思维，提高学生直观想象能力和逻辑推理能力．另一方面，通过变式（2）的设置，体现数学思维的完整性和严谨性．

【活动二】利用GGB通过尺规绘图的方式绘制抛物线．

问题5 抛物线上的点满足什么条件？如何作出抛物线？

平面内，与一个定点 F 和一条定直线 l（l 不经过 F）的距离相等的点的轨迹是抛物线．

预案1：利用中垂线与垂线的交点作图（图3-46）．

步骤：

（1）在定直线 l 上任取一点 A，过点 A 作定直线的垂线 m；

（2）连接 AF，作 AF 的中垂线交 m 于点 P，连接 PF；

（3）启动动画点 A，追踪点 P 的位置变化，得到轨迹．

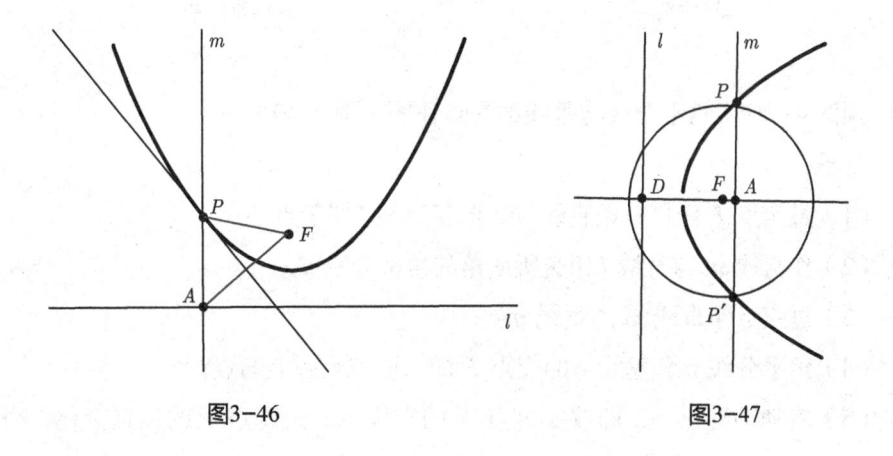

图3-46   图3-47

预案2：利用圆与平行线的交点作图（图3-47）．

步骤：

（1）过定点 F 作定直线 l 的垂线 DF；

（2）在直线 DF 上任取一点 A，过点 A 作定直线的平行线 m；

（3）以点 F 为圆心，DA 长为半径作圆，与直线 m 的交点分别为 P、P'；

（4）启动动画点 A，追踪点 P、P' 的位置变化，得到轨迹．

预案3：利用圆与平行线的交点作图（图3-48）．

步骤：

（1）作与定直线 l 平行，且距离为 r 的两条直线 m、n；

（2）作以定点 F 为圆心，以 r 为半径的圆；

（3）平行线 m 或 n 与圆的交点 P、P' 就是所求轨迹上的点；

（4）改变 r 的值，追踪交点 P、P' 的位置变化，得到轨迹．

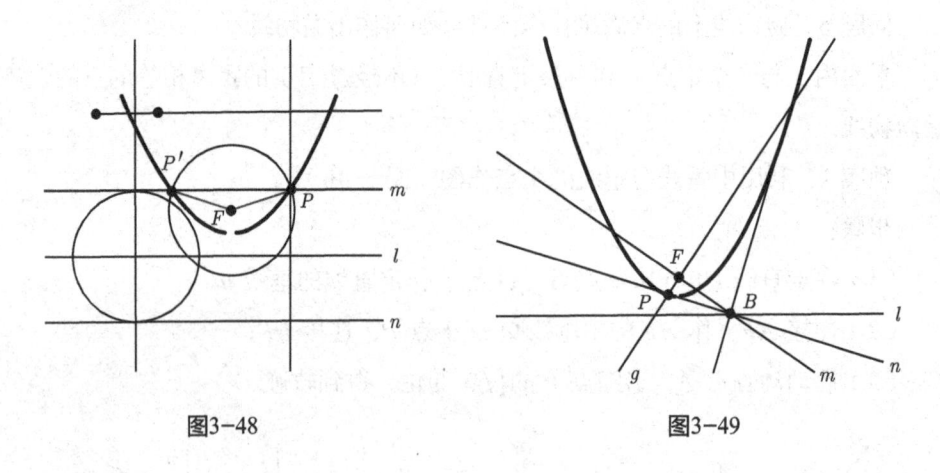

图3-48   图3-49

预案4：利用角平分线与垂线的交点作图（图3-49）．

步骤：

（1）过定点 F 任作一条直线 m，与定直线 l 交于点 B；

（2）作直线 m 与直线 l 相交所成角的角平分线 n；

（3）过定点作直线 m 的垂线 g；

（4）角平分线 n 和垂线 g 的交点 P 即为所求轨迹上的点；

（5）启动动画点 B，即改变过点 F 的直线 m，追踪点 P 的位置变化，得到轨迹．

【设计意图】通过学生小组的合作探究，在GGB上绘制图形，并分享得到轨迹的过程．因有机械作图的经历，多数学生会选择方法一，但因为有课前探究、课上复习初中的几种点的轨迹和前面利用圆的性质作图的经历，也有学生能够想到方法二．展示学生做出的两种方法，体会转化的数学思想，提高学生的语言表达能力，为活动四绘制到定点的距离和到定直线的距离不相等的点的轨迹提供思路和方法．给学生足够的时间探究交流，发散学生思维，发展学生直观想象、逻辑推理的核心素养．

【活动三】利用GGB通过尺规作图的方式绘制到定点F和定直线l的距离之比为$k(k>0)$的点的轨迹．

问题6 如何利用GGB通过尺规作图的方式绘制到定点F和定直线l的距离之比为$1:2$的点的轨迹？

预案：利用圆与平行线的交点作图（图3-50）．

（1）过定点F作定直线l的垂线AF；

（2）在直线AF上任取一点C，过点C作定直线l的平行线m；

（3）以点F为圆心，$\dfrac{1}{2}AC$长为半径作圆，与直线m的交点分别为P、P'；

（4）启动动画点C，追踪点P、P'的位置变化，得到轨迹．

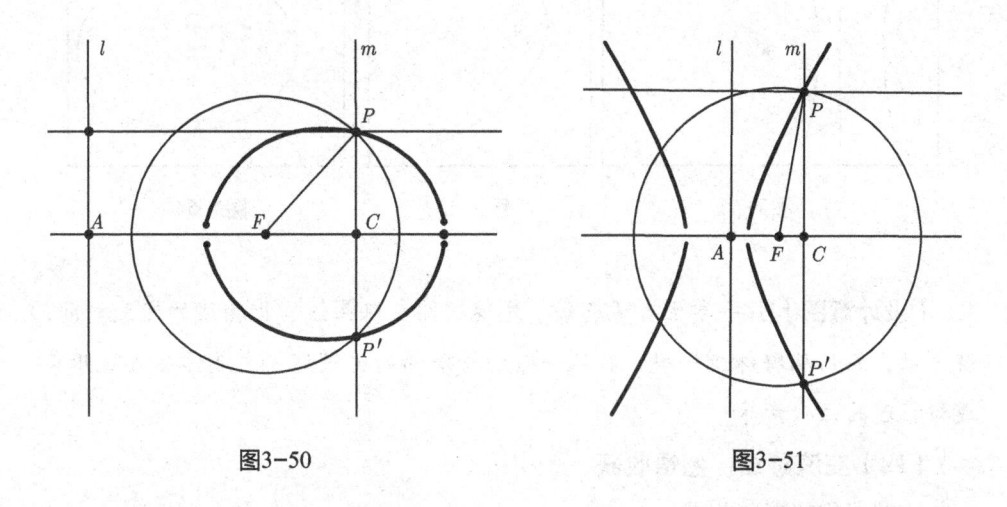

图3-50　　　　　　　图3-51

问题7 如何利用GGB通过尺规作图的方式绘制到定点F和定直线l的距离之比为$2:1$的点的轨迹？

预案：利用圆与平行线的交点作图（图3-51）．

（1）过定点F作定直线l的垂线AF；

（2）在直线AF上任取一点C，过点C作直线AF的垂线m；

（3）以点F为圆心，$2AC$长为半径作圆，与直线m的交点分别为P、P'；

（4）启动动画点C，追踪点P、P'的位置变化，得到轨迹．

问题 8 猜想到定点 F 和定直线 l 的距离之比为 k($k>0$) 的点的轨迹是什么图形?

步骤:

(1) 定点 F, 定直线 l: $Ax+By+C=0$, 动点 $P[x(P), y(P)]$;

(2) 输入 sqrt(($x(P)-x(F))^2+(y(P)-y(F))^2$)/($abs(A*x(P)+B*y(P)+C)$/sqrt($A^2+B^2$))=$k$;

(3) 创建滑动条 k;

(4) 拖动 k 变化, 观察 $k>1$(图 3-52), $k=1$(图 3-53), $0<k<1$(图 3-54) 时轨迹的变化.

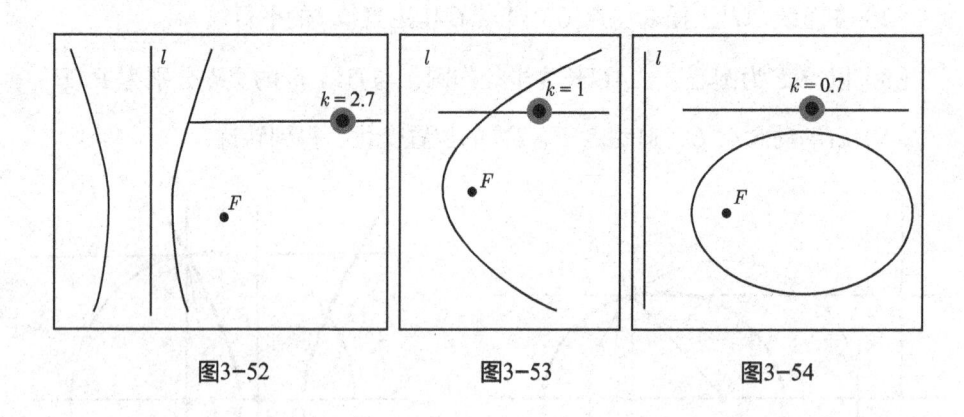

图 3-52　　　　　　图 3-53　　　　　　图 3-54

【设计意图】引导学生直观感知、发现椭圆、双曲线、抛物线的定义之间的统一性, 经历从特殊到一般, 再从一般到特殊的研究过程, 发展学生直观想象、逻辑推理的核心素养.

(四) 交流总结, 感悟收获

本节课你有哪些收获?

知识: 椭圆、双曲线、抛物线的定义及圆锥曲线的统一性.

方法: 轨迹交点法.

当知道轨迹上的点满足的两个条件时, 可以采用这样的方法得到轨迹:

第一步, 作出满足一个条件的点的轨迹;

第二步, 作出满足另一个条件的点的轨迹;

第三步, 作出两个轨迹的交点, 即满足条件的点;

第四步, 改变相关的变量, 追踪交点的位置变化, 得到轨迹.

【设计意图】对本节课的研究过程和学到的知识进行梳理，形成小的体系，便于记忆和应用.

(五) 课后作业，提升认识

(1) 是否还有其他利用 GGB，用交轨法绘制出椭圆、双曲线、抛物线的轨迹的方法？

(2) 借助我们绘制出的椭圆、双曲线、抛物线的轨迹及作图的过程，你能发现哪些和图形有关的问题？

【设计意图】延续学生的探究热情，帮助学生更好地发现圆锥曲线图形中的美，将圆锥曲线性质和图形更好地结合起来，同时培养学生发现问题、提出问题、分析问题、解决问题的能力（图 3-55）.

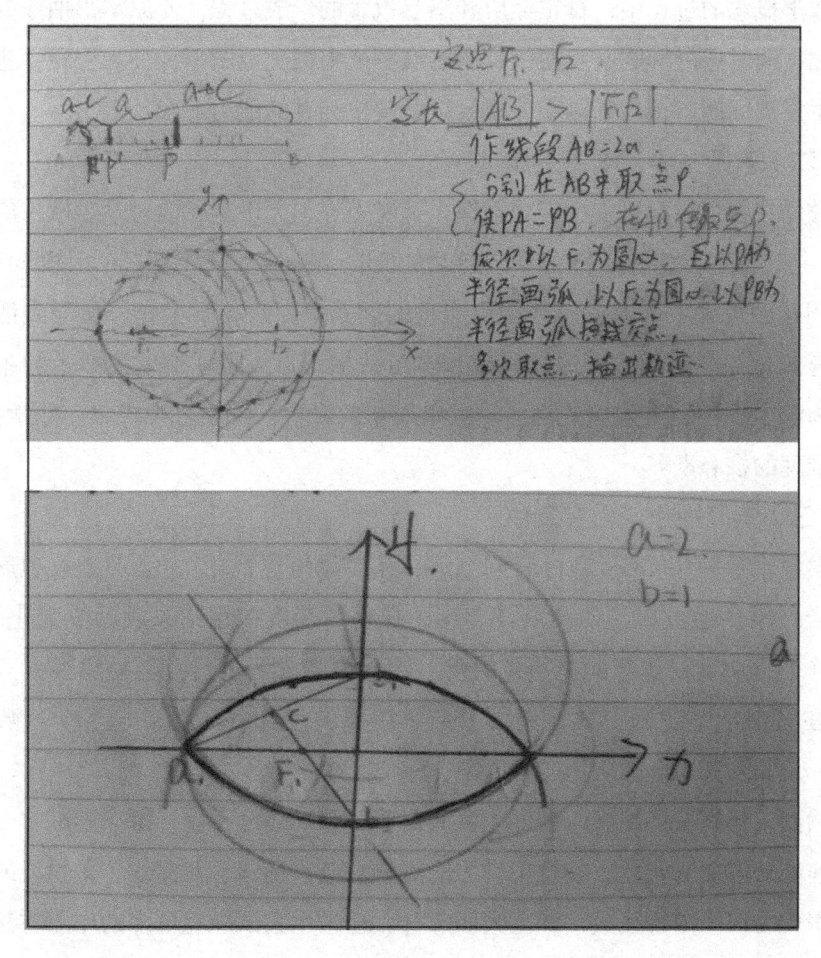

图 3-55

五、教学反思

本节课是一次数学实验教学的探索和尝试，在对本节教学内容进行设计之前，本人搜集查阅了一些关于椭圆、双曲线、抛物线的机械作图和几何作图方法及轨迹交点法．借助教材中关于椭圆、双曲线的几何作图方法探究图形问题，为本节课做好课前探究准备．结合所要讲授的内容，设计问题情境，并在教学中做到了：

（一）实验教学，深化概念

本节课将数学实验引入课堂，组织、引领学生充分利用 GGB 软件的作图功能，在数学实验中巩固概念，在操作中明晰概念，在探究中深化概念．让学生在学习数学概念的过程中，真正经历和感受概念的形成过程，使原本很抽象的概念直观化，同时感受椭圆、双曲线、抛物线图形中的美及图形特征和性质，进而提高学生发现问题、提出问题、分析问题、解决问题的能力．

（二）教师主导，学生主体

教师在整个教学过程中宏观把握，适时引导，无论是课前对学生软件应用的培训，还是课上的组织、评价，乃至课后的反馈追踪，都体现着教师的引领作用．在探究问题的过程中，通过设计层层递进的问题串，引导学生充分参与到活动中来，有效地提高了学生学习的兴趣和学习效果．最大限度地发挥学生的主体作用，为学生提供思维碰撞的机会、成果展示的舞台，发展直观想象、数学抽象、逻辑推理的核心素养．

（三）实际操作，乐在其中

学生亲手利用 GGB 软件绘制图形，使"思维可视化"，实现了数和形的完美结合．学生通过自己动脑设计、动手操作，深度挖掘结果成因及变化规律，讲述作图理由，使思维能力得到锻炼，而且学生学习的过程轻松愉悦，真正实现了在做中学、在玩中学，克服了数学抽象的乏味，提高了学生学习数学的兴趣．

然而，还有一些缺憾，如课上时间略显紧张，高度不够，可以尝试将一些学生课前能够解决的问题，如初中学习的点的轨迹、椭圆、双曲线、抛物线的定义等知识作为前测内容完成．课上大胆放开，让学生尝试探究更多的作图方法，或者尝试利用网络等功能，给学生更大的发挥空间．随着教育改革的深化，教学理念、教学模式、教学内容等教学因素都在不断更新,作为数学教师要更新教学观念,从学生的全面发展设计课堂教学,关注学生个性和潜能的发展,发展学生的数学核心素养.

六、教学特色

在数学课堂教学中,对概念教学必须给予足够的重视,因为学生只有正确理解、掌握概念,才能分析、解决问题,并在此过程中训练数学思维、提高核心素养.但我们的数学教学中却存在着"重解题、轻概念"的现象,对数学概念的教学停留在解释定义的层面.这些现象在实际中表现为在概念教学中常常是教师对定义进行解释,并提示要注意的内容,讲解例题后让学生做练习.这样使得许多学生对数学概念的理解存在误区,误将概念等同于定义,认为学习数学概念就是记住定义.出现上述问题,原因是多方面的,但有两点是无法回避的:一是数学概念本身具有抽象性;二是没有关注数学概念的形成过程,教师很少让学生经历和感受概念的形成过程.

这节课把数学实验引入课堂,组织、引领学生充分利用GGB软件的作图功能,在数学实验中形成概念,在观察中归纳概念,在操作中明晰概念,在探究中深化概念.让学生在学习数学概念的过程中,真正经历和感受概念的形成过程,更好地理解和运用数学概念,进而提高学生分析、解决数学问题的能力.

（一）教师的主导作用充分体现

（1）对教学内容的处理上,将此内容作为培养学生数学核心素养的一个载体,而不仅仅是学习知识.

（2）教师在整个教学过程中宏观把握,适时引导,无论是课前对学生软件应用的培训,还是课上的组织、评价,乃至课后的反馈追踪,都体现着教师的引领作用.

（3）在探究问题的过程中,通过设计层层递进的问题串,引导学生充分参与到活动中来,有效地提高了学生学习的兴趣和学习的效果.

（二）学生的主体地位充分保证

（1）学生是课堂的真正主体.小组活动有章法,从作图方法的设计,再到操作流程的执行,以及作图结果的分析,最大限度地发挥了学生的主体作用,为学生提供思维碰撞的机会、成果展示的舞台.

（2）关注学生可持续学习能力的培养，引导学生发现提出问题、分析和解决问题，渗透从特殊到一般的研究方法，发展直观想象、逻辑推理的核心素养.

（3）放手让学生自己动脑设计，动手操作，深度挖掘结果成因及变化规律，是本节课的最大亮点. 学生亲手利用GGB软件绘制图形，使"思维可视化"，实现了数和形的完美结合. 而且学生学习的过程轻松愉悦，思维能力得到增强，真正实现了在做中学、在玩中学，克服了数学抽象的乏味，提高了学生学习数学的乐趣.

案例十二

《等差数列前 n 项和的最值》教学设计

一、教学内容分析

本节课是人教 A 版《普通高中课程标准实验教科书·数学（5）》第二章《数列》2.3.2《等差数列前 n 项和的最值》.

（一）本章内容分析

数列是一类特殊的函数，是数学中重要的研究对象，是研究其他函数的基本工具，在日常生活中也有着广泛的应用．本章通过对具体例子的分析，抽象出了数列的概念，通过数学运算、逻辑推理等研究了两类特殊的数列——等差数列和等比数列的取值规律，并运用它们解决了一些问题．因为数列是一类特殊的函数，所以本章注重函数思想和方法的应用．此外，数学归纳法也是本章的学习内容，这是一种证明与正整数有关的数学命题的特殊方法．通过本章的学习，学生的数学抽象、数学运算、逻辑推理和数学建模素养都将得到进一步提升．

（二）本节内容分析

等差数列在现实生活中比较常见，因此等差数列前 n 项和及其最值就成为我们在实际生活中经常遇到的一类问题，同时，求最值更是高中数学研究的基本问题．通过对等差数列首项和公差进行分类来探索等差数列前 n 项和的最值情况，可以让学生进一步掌握从特殊到一般的研究方法；然后通过探究求等差数列前 n 项和的最值的方法，完成对《等差数列前 n 项和的最值》的学习．

二、学生情况分析

在本节课之前学生已经学习了等差数列的通项公式及基本性质；同时学习了如何利用数列前 n 项和的定义，以及等差数列前 n 项和公式求等差数列的前 n 项和．如何解决最值问题，以及如何利用数列与函数之间的联系与区别来解决数列问题，是学生学习的障碍．

三、教学目标和重难点

教学目标：

（1）理解等差数列前 n 项和的最值的两种情况；掌握求等差数列的前 n 项和的最值的两种方法．

（2）通过对等差数列前 n 项和的最值的探索，体验从特殊到一般的研究方法，培养学生观察、归纳、反思的能力；通过探究求等差数列前 n 项和的最值的方法，体验二次函数和等差数列前 n 项和之间的联系，培养学生分析问题、解决问题的能力．

（3）通过本节课的学习，使学生获得研究数列的一些规律和方法；培养学生主动学习、合作交流的意识．

教学重点： 求等差数列前 n 项和的最值的方法．

教学难点： 二次函数和等差数列前 n 项和之间的联系与区别．

四、教学过程

（一）复习回顾

等差数列的通项公式：$a_n = a_1 + (n-1)d$．

数列的前 n 项和定义：$S_n = a_1 + a_2 + a_3 + \cdots + a_n$．

等差数列的前 n 项和公式：$S_n = \dfrac{n(a_1 + a_n)}{2}$ 及 $S_n = na_1 + \dfrac{n(n-1)}{2}d$．

本节课我们将在已有知识的基础上来研究等差数列前 n 项和的最值．

（二）探究新知

1. 探索等差数列前 n 项和最值的情况

（公差为零的情况没有研究的价值，我们只讨论公差不为零的情况．）

问题 1 已知数列 $\{a_n\}$ 是等差数列，S_n 是数列 $\{a_n\}$ 的前 n 项和．请在下列条件下探索 S_n 的最值．

（1）首项 $a_1 = 9$，公差 $d = -2$．

分析：由 $S_n = a_1 + a_2 + a_3 + \cdots + a_n$，可知 $S_n = S_{n-1} + a_n$．

如果 $a_n > 0$，那么 $S_n > S_{n-1}$；如果 $a_n < 0$，那么 $S_n < S_{n-1}$．

本题数列为 9，7，5，3，1，-1，-3，$\cdots$，$-2n+11$．

观察可知，数列前 5 项是正数，从第 6 项开始各项均为负数.

也就是说，S_1，S_2，S_3，S_4，S_5 是递增的；S_5，S_6，S_7，$\cdots$，S_n 是递减的.

（2）首项 $a_1 = -9$，公差 $d = -2$.

分析：由首项和公差可知，本题数列为 -9，-11，-13，$\cdots$，$-2n-7$.

数列各项均为负数，S_1，S_2，S_3，$\cdots$，S_n 是递减的.

在第（1）种情况下，$a_1 = 9$，$d = -2$，从 a_1 开始将所有的正项相加，可得 S_n 的最大值；在第（2）种情况下，$a_1 = -9$，$d = -2$，a_1 是 S_n 的最大值.

归纳结论：公差 $d < 0$ 时，S_n 有最大值，无最小值.

（3）首项 $a_1 = 9$，公差 $d = 2$.

分析：类似于第（2）种情况.

本题数列为 9，11，13，$\cdots$，$2n+7$. 数列各项均为正数，所以 S_1，S_2，S_3，$\cdots$，S_n 是递增的.

（4）首项 $a_1 = -9$，公差 $d = 2$.

分析：类似于第（1）种情况.

本题数列为 -9，-7，-5，-3，-1，1，3，$\cdots$，$2n-11$. 数列前 5 项是负数，从第 6 项开始各项均为正数.

所以，S_1，S_2，S_3，S_4，S_5 是递减的；S_5，S_6，S_7，$\cdots$，S_n 是递增的.

在第（3）种情况下，$a_1 = 9$，$d = 2$，a_1 是 S_n 的最小值；在第（4）种情况下，$a_1 = -9$，$d = 2$，从 a_1 开始将所有的负项相加，可得 S_n 的最小值.

归纳结论：公差 $d > 0$ 时，S_n 有最小值，无最大值.

练习 1　已知等差数列 $\{a_n\}$ 的首项 $a_1 = -98$，公差 $d = 2$，S_n 是数列 $\{a_n\}$ 的前 n 项和，求 S_n 的最值.

分析：由条件可知，该数列是首项为负，公差为正的等差数列. 所以，数列的所有负项相加可得前 n 项和的最小值，S_n 不存在最大值.

由 $a_1 = -98$，$d = 2$，可得 $a_n = 2n-100$.

由 $a_n \geq 0$，可得 $n \leq 50$.

所以，该数列的前 49 或前 50 项的和最小，最小值为 $S_{49} = S_{50} = -2450$，S_n 不存在最大值.

分析 a_n 何时为正，a_n 何时为负是关键，当存在 $a_n = 0$ 的情况时，n 的取值有两个.

2. 求等差数列前 n 项和的最值

问题 2　等差数列 $\{a_n\}$ 的前 n 项和是 S_n，已知 $a_1 = -11$，$S_3 = S_9$，问数列前多少项和最小，并求出最小值.

分析：首先要从条件 $S_3 = S_9$ 入手，求出公差 d，然后继续求解.

由 $S_3 = S_9$ 可得，$3a_1 + 3d = 9a_1 + 36d$.

将 $a_1 = -11$ 代入上述两个方程，可得 $d = 2$.

（继续分析）

思路（1）求出 $a_n = -11 + (n-1) \cdot 2 = 2n - 13$，由 $a_n \leqslant 0$，可得 $n \leqslant \dfrac{13}{2}$.

所以，该数列前 6 项和最小，最小值为 $S_6 = -36$.

思路（2）由 $S_3 = S_9$，可得 $a_4 + a_5 + a_6 + a_7 + a_8 + a_9 = 0$.

由等差数列的性质可知，$a_6 + a_7 = a_5 + a_8 = a_4 + a_9 = 0$，所以 $a_6 + a_7 = 0$.

因为 $a_1 = -11$，所以 $a_6 < 0$，$a_7 > 0$.

所以，该数列前 6 项和最小，最小值为 $S_6 = -36$.

思路（3）由 $a_1 = -11$，$d = 2$，可得 $S_n = n^2 - 12n$（$n \in \mathbf{N}^*$）.

所以，S_n 是以 n 为自变量的"二次函数".

$f(x) = x^2 - 12x$ 的图像是过原点的开口向上的抛物线.

S_n 及 $f(x)$ 的图象如图 3-56 所示：

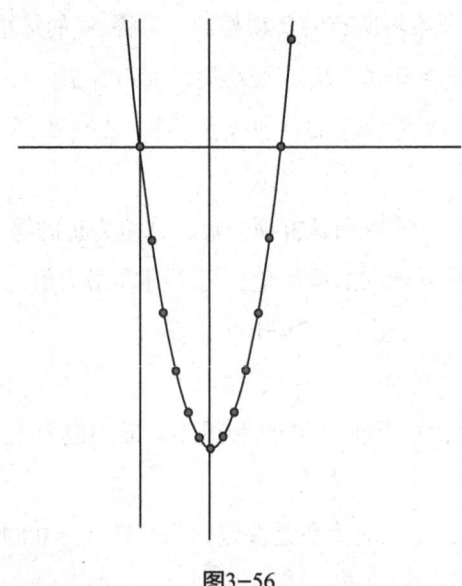

图 3-56

所以，当 $n=6$ 时，S_n 最小，最小值为 $S_6=-36$．

练习 2　等差数列 $\{a_n\}$ 满足 $a_7+a_8+a_9>0$，$a_7+a_{10}<0$，求 n 取何值时，$\{a_n\}$ 的前 n 项和最大．

分析：由条件我们可知此数列的项有正有负，所以，当数列的所有正项相加时，可得数列前 n 项和的最大值．

由等差数列的性质可知，$a_7+a_8+a_9=3a_8>0$，所以 $a_8>0$．

又因为 $a_7+a_{10}=a_8+a_9<0$，所以 $a_9<0$．

所以，此数列是首项为正，公差为负的递减数列．

所以，$n=8$ 时，数列 $\{a_n\}$ 的前 n 项和最大．

练习 3　等差数列 $\{a_n\}$ 的前 n 项和是 S_n，$S_8>0$，$S_9<0$，探究等差数列前 n 项和最值的情况．

分析：我们如何去推导等差数列的哪些项为正，哪些项为负呢？应该从 $S_8>0$，$S_9<0$ 入手去研究．

因为 $S_8=\dfrac{8(a_1+a_8)}{2}>0$，所以 $a_1+a_8>0$．

又因为 $S_9=\dfrac{8(a_1+a_9)}{2}<0$，所以 $a_1+a_9=2a_5<0$，即 $a_5<0$．

又因为 $a_1+a_8=a_4+a_5>0$，所以 $a_4>0$．

所以，等差数列的前 4 项和最大，等差数列前 n 项和没有最小值．

(三) 课堂小结

1. 等差数列前 n 项和最值的两种情况

（1）当公差 $d>0$ 时，S_n 有最小值；

（2）当公差 $d<0$ 时，S_n 有最大值．

分析 a_n 何时为正，a_n 何时为负是关键．

2. 等差数列前 n 项和最值问题的两个解题思路

（1）利用等差数列的单调性，通过等差数列的通项公式来研究等差数列前 n 项和的最值，关键是分析数列哪些项是正数，哪些项是负数．

（2）利用二次函数的图像和性质来研究等差数列前 n 项和的最值，要注意 n 应取距离二次函数图像对称轴最近的正整数．

五、教学反思

（1）本节课是《等差数列前 n 项和的最值》的第二课时，改变了以往直接让学生通过例题和练习来学习求等差数列前 n 项和的最值的方法，而是通过几个特殊的数列，让学生从首项和公差的角度，对等差数列的前 n 项和的最值进行分类讨论，通过观察数列前几项的方法，得出两个结论．之后，自然得到第一种求等差数列前 n 项和的最值的方法．然后换位思考，从函数的角度去研究等差数列前 n 项和的最值．

（2）教学中应注重训练学生的观察能力、总结能力，以及借助函数图象解决问题的能力，可以很容易地化解教学难点、突破教学重点、提高课堂效率．

（3）在教学中采用了以问题驱动的教学方法，设计的两个问题体现了分析、解决问题的一般思路，即从特殊问题的解决中提炼方法，再试图运用这一方法解决一般问题．在教学过程中，通过教师的层层引导、学生的合作学习与自主探究，尤其是借助图形的直观性，学生解题思路的获得就水到渠成了．

（4）问题 1 的探索"等差数列前 n 项和的最值"的四种情况略显重复，学生的注意力容易分散．

六、教学特色

本节课在教学过程中很重视学生的认知水平和认识过程．通过创设情境、问题引领等方式，使学生真正经历知识的形成过程．把课堂还给学生，让学生大胆地交流想法，教师参与指导，可以使师生关系平等和谐，课堂氛围民主和谐，有效地调动了学生学习数学的积极性．

（一）善于提炼数学思想和方法

数学思想方法是数学知识的精髓，是知识转化为能力的桥梁．在这节课中，通过引导学生参与探究活动，较好地帮助学生提炼和应用了数学知识本身隐含的数学思想．在等差数列前 n 项和最值的形成过程中，体现了从特殊到一般的数学思想．

（二）探究过程中，给学生得当、适度的评价

教师在课堂上对学生探究过程进行评价，往往直接影响到学生参与探究的热情与质量．本节课比较注意挖掘与肯定学生在回答问题的过程中有价值的地方，

适当地为学生越过障碍搭桥垫砖，使课堂氛围活而不散，热而不乱，也保证了课堂的师生对话、交流能顺畅地进行.

（三）适度运用信息技术

将信息技术与课堂教学恰当整合，对课堂教学质量的提高将会起到十分积极的作用. 本节课通过多媒体演示，呈现问题形象直观；学生投影讲解增大了课堂容量，提高了课堂效率，使信息技术真正起到了辅助教学的作用.

案例十三

《平面与平面平行的判定》教学设计

一、教学内容分析

本节课选自人教 A 版《普通高中教科书·数学（必修第二册）》第八章《立体几何初步》8.5《空间直线、平面的平行》第三课时.

（一）本章内容分析

在本章，教科书遵循从整体到局部、从具体到抽象的原则，帮助学生认识空间几何体的结构特征，掌握在平面上表示空间图形的方法和技能，了解一些简单几何体的表面积和体积的计算方法．以长方体为载体，帮助学生认识和理解空间点、直线和平面的位置关系，重点研究直线、平面之间的平行和垂直关系，并证明其中一些命题，帮助学生运用直观感知、操作确认、推理论证、度量计算等方法，认识和探索空间图形的性质，建立空间观念，提升直观想象、逻辑推理和数学运算素养．

本章内容主要包括两部分，第一部分是基本立体图形，主要是对空间几何体的认识．教科书从对空间几何体的整体观察入手，通过认识柱、锥、台、球等基本立体图形的组成元素及其相互关系，帮助学生认识这些图形的几何结构特征，学习它们在平面上的直观图表示，以及它们的表面积和体积的计算．第二部分是基本图形位置关系，主要是对组成立体图形的几何元素之间的位置关系的认识．教科书从组成立体图形的基本元素——点、直线、平面出发，研究平面基本性质，认识空间点、直线、平面的位置关系，重点研究直线、平面的平行和垂直这两种特殊的位置关系．

（二）本节内容分析

平面与平面平行的判定定理内容非常抽象，只利用黑板或者课件很难表述清楚，也很难理解其本质．表 3-13 是各版本教材的处理方法及评析．

表3-13

教材版本	问题情境	定理处理
苏教版	怎样使用水平仪来检测桌面是否水平？工人师傅将水平仪在桌面上交叉放置两次，如果水平仪的气泡两次都在中央，就能判断桌面是水平的	归纳定理，没有证明
北师大版	在长方体模型中，两条平行棱与长方体的一个对角面平行，但是两条平行的棱所在的平面与这个长方体的对角面不平行．长方体的上底面上两条相邻的边与下底面平行，上底面与下底面平行	归纳定理，没有证明
湘教版	使用气泡水平仪检测桌面是否平行，如果水平仪的气泡两次都在中央，就能判断桌面是水平的，现在用水准仪代替，然后利用长方体模型说明	归纳定理，并用反证法证明
人教A版	平面b内有一条直线与平面a平行，a、b平行吗？平面b内有两条直线与平面a平行，平行面a、b平行吗？然后在长方体模型中进行体会	归纳定理，没有证明
人教B版	假设平面内两条相交直线l与直线m都在平面a内，将直线l与直线m同时平移出平面a，确定一个平面b，直观观察两平面平行	归纳定理，并用反证法证明
新人教A版	过两条平行直线或两条相交直线，有且只有一个平面．由此可以想到，如果一个平面内有两条平行或相交直线都与另一个平面平行，是否就能使这两个平面平行？然后借助矩形硬纸板两条对边和三角尺相邻两边分别于课桌面平行，判断两平面是否平行，得出判定定理，然后用长方体模型验证	归纳定理，没有证明
新人教B版	基本与人教B版相同．不同点是在证明时，新人教B版使用了数学符号，过程更详细一些	归纳定理，并用反证法证明

从几套教材的处理来看，苏教版、湘教版和北师大版选取的背景直观性比较强，学生理解比较容易，注重了发展学生直观想象的素养；湘教版在得出判定定理后，用反证法进行了证明，兼顾了逻辑推理．而人教A版和人教B版，背景问题相对来说比较抽象，要求学生有一定的空间想象能力，所以人教A版在问题提出以后，用长方体模型让学生进一步归纳定理，新人教A版在问题提出以后选取硬纸板和三角尺与桌面的平行的关系让学生探究，借助了学生更加熟悉的模型，

注重通过学生的直观感知和操作确认来发展学生直观想象的素养；人教B版则是用反证法进行了证明，比较注意发展学生逻辑推理的素养.

根据人教A版的安排，本节课是在学习了平面与平面的定义、直线与平面的判定及性质的基础上，探究平面与平面的平行的判定定理，平面与平面的平行关系是空间图形的基本位置关系，由平面与平面的平行可进一步掌握直线与平面平行、直线与直线平行. 平面与平面平行的判定定理，反映了两个平面在具备什么条件下它们互相平行的问题，这一定理与平面的组成要素有关，由于两条相交直线可以确定一个平面，因此如果一个平面内两条相交直线与另一个平面平行，那么这个平面上所有直线都和另一个平面平行，从而这两个平面平行. 在综合以上几种教材处理方法的基础上，本节课设计了利用三棱柱模型研究平面与平面平行的判定定理的方案. 这样既可以复习前面所学的线线平行和线面平行知识，为本节课作铺垫，又可以帮助学生降低由于定理的抽象带来的理解上的困难. 如果学生的基础比较弱，还可以借助实物模型帮助学生理解面面平行判定定理. 平面与平面平行判定定理的发现体现了直观感知、操作确认、思辨论证的立体几何研究的基本方法，有利于学生直观想象、数学抽象、逻辑推理素养的培养.

二、学生情况分析

（1）知识基础：空间线面位置关系，直线与平面平行的判定；

（2）学习经验：将直线与平面平行关系转化为直线与直线的平行关系进行研究；

（3）存在的困难：学生直观想象能力不足.

三、教学目标和重难点

基于上述分析，本节课的教学目标及教学重难点如下.

教学目标：

（1）通过本节课的学习，理解并掌握平面与平面平行的判定定理；

（2）能准确使用文字、图形和符号三种语言表述平面与平面平行的判定定理，会通过"类比"的方法研究新问题，体会"从特殊到一般"思想的运用；

（3）通过本节课学习，培养发现和提出问题、分析和解决问题的能力，发展直观想象、数学抽象、逻辑推理素养.

教学重点：平面与平面平行判定定理的得出及其正确表述.

教学难点：平面与平面平行判定定理的得出过程.

四、教学过程

（一）直观感知，复习回顾

师：我手中有个三棱柱模型（同时 PPT 展示图 3-57），在这个三棱柱中，有哪些直线与直线的平行关系？

生 1：三棱柱的侧棱互相平行，即 $AA' \mathbin{/\mkern-2mu/} BB' \mathbin{/\mkern-2mu/} CC'$.

师：原因是什么呢？

生 1：根据棱柱的定义可知.

图 3-57

师：还有其他的直线与直线平行关系吗？

生 2：每个侧面与上下两个底面的交线互相平行，即 $AB \mathbin{/\mkern-2mu/} A'B'$；$AC \mathbin{/\mkern-2mu/} A'C'$；$BC \mathbin{/\mkern-2mu/} B'C'$；因为棱柱的侧面都是平行四边形.

师（追问）：为什么棱柱的侧面是平行四边形呢？

生 2：这是根据平面与平面平行的定义和直线与直线平行的定义来确定的. 具体来说，就是平面 $ABB'A'$ 中的直线 AB 和直线 $A'B'$ 分别是三棱柱上下底面中的直线，所以没有公共点，且三棱柱的三条棱相等，可得出四边形 $ABB'A$ 是平行四边形，所以 $AB \mathbin{/\mkern-2mu/} A'B'$，同理可知另外两组直线平行.

师：说得非常好，把我们直观感觉的直线与直线平行说出了"道理". 我们接着看，在这个三棱柱中有哪些直线与平面平行呢？

生 3：底面中的任何一条直线都平行于另外一个底面，比如 $A'B' \mathbin{/\mkern-2mu/}$ 平面 ABC. 因为上下两个底面平行.

生 4：直线与平面平行关系还有 $AA' \mathbin{/\mkern-2mu/}$ 平面 $BB'C'C$；$BB' \mathbin{/\mkern-2mu/}$ 平面 $AA'C'C$；$CC' \mathbin{/\mkern-2mu/}$ 平面 $AA'B'B$. 由直线与平面平行的判定定理我们很容易得到这些直线与平面的平行关系.

师：生 3 和生 4 刚才把这个三棱柱中的直线与平面平行的关系找了出来，分别运用了直线与平面平行的定义和直线与平面平行的判定定理来进行"说理"，说得都非常好. 通过刚才的活动，我们已经把前面学习过的直线与直线平行和直线与平面平行的问题进行了回顾，在这些知识的基础上，我们接下来应该继续探究什么知识呢?

生：我们应该来学习面面平行的关系了.

师：同学们说得非常好. 我们之前已经学习了平面与平面平行的定义，今天这节课我们来探究平面与平面平行的判定定理.

【设计意图】给出三棱柱模型这样一个数学情境，复习前面学过的直线与直线平行和直线与平面平行的相关知识，培养学生几何直观能力. 再通过教师的不断追问，让学生"说理"，培养学生的逻辑推理素养，为学生类比直线与平面平行的判定定理探究平面与平面平行的判定定理做准备.

(二)操作确认，探究新知

师：如果我们将三棱柱模型从侧棱 CC' 处打开（图3-58），让平面 $AA'C'C$ 绕棱 AA' 转动，转到什么位置时，能让平面 $AA'D'D$ 与平面 $BB'C'C$ 平行呢？下面请同学们分组探究，思考老师刚才提出的问题.

生5：当直线 DD' 与直线 CC' 平行时.

生6：不对. 由基本事实4可知，直线 DD' 与直线 CC' 总是平行的.

师：请同学们思考，到底有没有可能出现两个面平行的情况？

生7：有平行的情况.

师：会出现几种平行的情况呢？

生8：平行的情况有两种，第一种情况是在同侧且当 $\angle DAB$ 与 $\angle CBA$ 互补时，第二种情况是把平面 $AA'D'D$ 转到第一种情况的反方向.

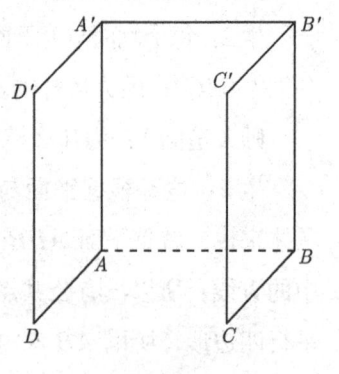

图3-58

生9：这两种情况，其实就是当直线 AD 与直线 BC 平行时.

【设计意图】通过操作三棱柱模型，确认平面与平面平行的情况，培养学生动手能力和直观想象素养，使学生在思考、质疑、交流、合作的过程中，初步"看"出了平面与平面平行的情况，为平面与平面平行判定定理的准确表述作准备.

(三)思辨论证，得出定理

师：谁能用自己的语言表述一下，我们如何来判定平面与平面平行呢？

生10：如果两个平面里有互相平行的一对直线，那么这两个平面就平行.

比如当直线 AD 与直线 BC 平行时，我们就能得到平面 $AA'D'D$ 与平面 $BB'C'C$ 平行.

生 11：不对，除了直线 AD 与直线 BC 平行外，还隐藏着其他的直线与直线的平行关系，直线 AA' 与直线 BB' 也是平行的.

师：根据刚才生 11 的补充，我们是不是可以这样说：如果平面 $AA'D'D$ 中有两条直线与平面 $BB'C'C$ 中的两条直线分别平行，那么这两个平面平行？

生 12：这样还是不对，因为 $AA' \parallel BB'$，$DD' \parallel CC'$ 在任何时候都是成立的，只有当直线 AD 与直线 BC 平行，直线 AA' 与直线 BB' 也平行时才行，也就是说，平面 $AA'D'D$ 中有两条相交直线与平面 $BB'C'C$ 中的两条直线分别平行时，这两个平面才是平行的.

师：大家的交流非常精彩，碰撞出了智慧的火花. 脱离这个模型，我们怎么来准确表达平面与平面平行的判定定理呢？

生 13：如果一个平面内的两条相交直线与另一个平面中的两条直线分别平行，那么这两个平面平行.

师：类比直线与平面平行的判定定理是由直线与直线平行推导直线与平面平行，我们能不能用直线与平面平行来推导平面与平面平行呢？

生 14：如果一个平面内的两条相交直线与另一个平面平行，那么这两个平面平行.

师：上面我们探究得到的就是平面与平面平行的判定定理，下面我们用图形语言和符号语言来表示.

生 15：$a \subset \beta$，$b \subset \beta$，$a \cap b = P$，$a \parallel \alpha$，$b \parallel \alpha \Longrightarrow \beta \parallel \alpha$.

（图形语言略）

【设计意图】通过思辨论证，逐渐得出平面与平面平行的判定定理，使学生对定理的理解从图形语言形式抽象成自然语言形式和符号语言形式，培养学生空间想象能力和逻辑推理能力，发展学生直观想象的数学核心素养.

最后，引导学生用反证法证明面面平行的判定定理，进一步对掌握定理进行巩固和完善.

五、教学反思

直观想象是发现和提出问题、分析和解决问题的重要手段，是探索和形成论证思路、进行数学推理、构建抽象结构的思维基础❶. 史宁中教授也指出,"数学知识的形成依赖于直观,数学知识的确定依赖于推理,也就是说,在大多数情况下,数学的结果是'看'出来的而不是'证'出来的,所谓'看'是一种直觉判断,这种直觉判断建立在长期的有效的观察和思考的基础上……"❷ 形象化的立体几何模型对抽象的几何概念和定理的学习、对直观想象素养的培养有着举足轻重的作用. 因此,在立体几何教学过程中,教师要根据学生实际、结合教材具体内容,采取适当的教学手段,借助立体几何模型,以学生为中心,认真分析学生的认知水平和能力,以问题探究为线索,设计逻辑上层层递进的、能激发学生探究欲望的问题❸,帮助学生理解数学内容的本质. 这样的教学设计,使学生对立体几何知识的认识经历"直观感知—操作确认—思辨论证"的过程,从而发展学生的直观想象核心素养.

六、教学特色

(1)"直观想象"是"几何直观"和"空间想象"的发展和融合."几何直观"是对事物的直接感知和认识,是"空间想象"的基础;"空间想象"是对感知事物的深度想象和思考,是"几何直观"的延伸. 在立体几何命题教学中,教师要创设有利于学生直观想象核心素养发展的教学情境,通过问题链设计,启发学生思考,引导学生把握数学内容的本质.

(2)高中立体几何教学中有大量的命题教学,同时立体几何是发展学生直观想象核心素养的重要知识载体,在以往的立体几何命题教学中存在重结论轻过程的现象,这样的教学忽视了命题的探究发现过程,直接影响了学生对命题的完整认知和深度理解. 我们要通过立体几何命题教学帮助学生完成从日常实物的位置关系到数学中线面的逻辑关系的抽象过程,并在此过程中发展学生的直观想象核心素养,为完善学生的认知结构奠定基础.

---

❶ 中华人民共和国教育部. 普通高中数学课程标准:2017年版[M]. 北京:人民教育出版社,2018.

❷ 史宁中. 数学的抽象[J]. 东北师大学报(哲学社会科学版),2008(5):169-180.

❸ 任燕巧. 数学命题教学中的问题链设计——以"平面与平面平行的判定定理"为例[J]. 教育研究与评论(中学教育教学),2021(1):16-19.

案例十四

《平面与平面垂直的判定》教学设计

一、教学内容分析

本节课内容是人教 A 版《普通高中教科书·数学（必修第二册）》第八章《立体几何初步》8.6.3《平面与平面垂直》的第二课时.

（一）本章内容分析

本章内容包括三部分：基本立体图形、基本图形位置关系、几何学的发展.

基本立体图形，主要是对空间几何体的认识，借助对空间几何体的整体观察，认识柱、锥、台、球等基本立体图形的组成元素及其相互关系，帮助学生认识这些图形的几何结构特征；学习它们在平面上的直观图表示，以及它们的表面积和体积的计算.

基本图形位置关系，主要是对组成立体图形的几何元素之间的位置关系的认识. 从组成立体图形的基本元素——点、直线、平面出发，研究平面的基本性质，认识空间点、直线、平面的位置关系，重点研究直线、平面的平行和垂直这两种特殊的位置关系.

几何学的发展，教材在不同节安排了三个阅读材料：画法几何与蒙日、祖暅原理与体积、欧几里得《原本》与公理化方法，最后安排了文献阅读和写作，这些安排让学生搜集和阅读欧氏几何的发展，撰写小论文，了解几何学对数学及人类文明的贡献.

（二）本节内容分析

1. 课标要求分析

借助长方体，通过直观感知，了解空间中平面与平面垂直的关系，归纳出性质定理"两个平面垂直，如果一个平面内有一条直线垂直于这两个平面的交线，那么这条直线与另一个平面垂直"，并加以证明；归纳出判定定理：如果一个平面过另一个平面的垂线，那么这两个平面垂直.

教学提示中也提出，通过对图形的观察和操作，引导学生发现和提出描述基本图形垂直关系的命题，逐步学会用准确的数学语言表达命题，直观解释命题的含义和表述证明思路，并证明其中一些命题；对判定定理只要求直观感知和操作确认.

从内容要求可以看出，本节课重点发展直观想象、逻辑推理的核心素养，在直观想象和操作确认得到的命题的基础上，要特别关注学生用数学语言表达.

2. 教材编排分析

8.6《空间直线、平面的垂直》是本章的最后一节，教材开始就提出类比 8.5《空间直线、平面的平行》的研究过程研究直线、平面的垂直关系，包括三小节内容：直线与直线垂直、直线与平面垂直、平面与平面垂直. 平面与平面的垂直分为三部分：面面垂直的定义、面面垂直的判定定理、面面垂直的性质定理，本课时为面面垂直的判定定理.

本课时教材可以分为四个活动：①教材提出在两个平面互相垂直定义的基础上，研究两个平面垂直的判定和性质，有意识地渗透几何研究的思路. ②从数学角度分析具体例子，教材选用的铅锤检测所砌的墙面与地面是否垂直的例子，归纳出墙面经过地面的垂线可以说明墙面和地面垂直；也可以借助长方体这个直观模型理解. ③归纳得出两个平面相互垂直的判定定理，并用符号语言表述. ④应用判定定理解决两个问题，均是证明两个平面相互垂直，两个例题都重视对证明思路的分析.

（三）对教学的思考

通过本节课的学习，使学生会用数学的眼光观察世界，能把现实世界中的面面垂直抽象成几何中的面面垂直；会用数学的思维思考世界，能够利用已经学过的一些概念和定理，类比面面平行的判定定理得出面面垂直的判定定理；会用数学的语言表达世界，能运用图形语言和符号语言表达面面垂直的判定定理，并利用定理进行简单的证明.

为了更贴近学生的生活，我将教科书中例子换为书本与桌面的位置关系、利用直角三角板构造与桌面的垂直关系，增加构造过程中利用面面垂直的定义进行说理，抽象出三条相互垂直的直线，借助长方体的直观模型归纳出面面垂直的判定定理.

本课时重点发展学生数学抽象、逻辑推理和直观想象等数学核心素养.

二、学生情况分析

（一）学生认知水平

学生学习几何的过程分为直觉阶段、分析阶段和综合阶段三个阶段．这三个阶段是学生学习几何的必经阶段，并且从第一阶段到第三阶段是逐步提高的，三个阶段的发展是不连续的，中间存在着跳跃．学生从低阶段到高阶段的发展，教学起关键作用．直觉阶段，男女生之间不存在明显的差异，如在教室中寻找异面直线、举出两平面平行或垂直的例子、举出线面垂直的例子等，男女生都能正确迅速地给出答案．但在第二、第三阶段，男女生之间存在明显的差异，对基本的定理或较复杂概念的掌握，女生往往对概念、定理背得很熟，男生往往是知道意思，但表述不准确．

（二）知识经验基础

在平行关系学习中，学生的直观想象能力得到了一定的培养和锻炼，从实物模型到几何命题，学生的抽象能力也得到一定的锻炼．学生对日常生活中的平面与平面垂直有比较好的认知基础，对平面与平面平行的判定定理、直线与平面垂直的判定定理，以及空间问题转化为平面问题的思想理解得比较好．学生具有一定的识图能力和逻辑推理能力，具有一定的观察、分析、解决问题的能力，但在探究问题的内部联系和内在发展上还有所欠缺.

（三）学生学前调研

班级所有学生都能够举出生活中面面垂直的例子，有四分之三的学生可以复述平面与平面平行的判定定理和直线与平面垂直的判定定理等已经学过的相关的知识，但是对于线线平行、线面平行与面面平行之间的关系，有将近一半的学生并不能够准确复述，这说明学生对学过的这些定理之间的内在联系并不是很清楚．

三、教学目标和重难点

教学目标：

（1）通过直观操作理解面面垂直的判定定理，并能够用数学语言和符号语言准确表述判定定理，能够利用判定定理证明简单的面面垂直问题；

（2）通过自主学习、合作交流的探究活动，经历面面垂直判定定理的发现过程，积累基本活动经验；

（3）在探究面面垂直的判定定理过程中，发展数学抽象、逻辑推理和直观想象等数学核心素养．

教学重点：平面与平面垂直的判定定理及其简单应用．

教学难点：发现、探究和归纳面面垂直的判定定理；如何将面面垂直转化为线面垂直．

四、教学过程

本节课主要分为五个教学活动．

（1）复习回顾，提出主题．通过提出问题，回顾面面垂直的相关知识和研究方法，引出学习主题．

（2）合作交流，探究问题．利用二面角定义说明数学书与桌面垂直，在此基础上探究需要构造二面角的问题情境，重点发展学生数学抽象和逻辑推理的核心素养．

（3）归纳总结，得出定理．反思面面垂直的构造和说理过程，抽象出三条相互垂直的直线，结合线面垂直的判定定理和长方体直观图形，归纳的出面面垂直的判定定理，并用数学语言进行表达．

（4）定理应用，解决问题．巩固二面角的概念和构造，发展对图形的直观想象能力，并能够利用面面垂直的定义或判定定理进行说明；巩固线面垂直、面面垂直的相关知识．

（5）课堂小结，归纳提升．从知识和过程两个方面总结，引导学生思考进一步学习什么，发展数学思考能力．

（一）复习回顾，提出主题

问题1 通过面面垂直，我们学习到了什么？

预设1：什么是面面垂直，怎么用数学符号表示面面垂直．

预设2：如何用图形表示两个互相垂直的平面．

预设3：类比直线和平面的垂直，给出了二面角的概念，如果两个平面所成的角是直二面角，那么两个平面是垂直的．

追问：在我们生活中，有哪些面面垂直的例子呢？请举例．

预设：墙面所在的平面和地面所在的平面，门所在的平面和地面所在的平面等．

小结：从二面角的定义和面面垂直的定义，我们知道二面角是面与面相交的一种特殊情况，可以用数学符号和直观图形表示．类比面面平行的学习思路，本节课继续学习面面垂直的判定和性质．

【设计意图】 通过复习提问的方式创设相关数学情境，系统回顾面面垂直的相关知识和研究过程；举出生活中面面垂直的实例，并类比提出本节课的学习内容．

（二）合作交流，探究问题

问题2 把桌面上的数学书的封面慢慢打开，在打开的过程中，书的封面所在的平面何时与桌面所在的平面垂直？是根据什么判断的？

预设：书的封面下端所在直线与封底下端所在直线成直角时，书的封面所在的平面与桌面所在的平面垂直．判断的依据是面面垂直的定义．

问题3 定义是判断面面垂直的一种方法，是否还有其他判断方法呢？类比所学习的面面平行的判定（通过线面平行证明面面平行），两人一组，利用三角板，探究满足什么条件时三角板所在平面和桌面所在平面垂直？并尝试用学习过的知识进行说明．

预设1：三角板斜边在桌面内，相交线是斜边所在直线，想办法构造二面角，作斜边的高线 CD，然后在桌面内过 D 点作斜边 AB 的垂线 DE，当 DE 和 DC 垂直时，根据面面垂直的定义，两个平面垂直．

预设2：三角形的一条直角边 AC 在桌面内，当三角板的另一直角边 BC 所在直线与桌面垂直时，两个平面垂直．因为只要过三角板的直角顶点 C，在桌面所在的平面内作 $CD \perp AC$，就能构造出二面角的平面角 $\angle BCD$，然后就能够根据面面垂直的定义进行说明．

小结：利用面面垂直的定义进行判断时，往往需要构造二面角，构造二面角时要根据图形的特征来构造．

【设计意图】 将二面角的两个半平面分别换成了桌面所在的平面和三角板所在的平面，实际上是把二面角的平面角"隐藏"了起来，如何把这个"隐藏"的平面角构造出来，是整个过程的关键，教师通过问题，让学生在直观感知和操作确认的基础上，把实际问题抽象成数学问题，利用学习过的数学知识进行说明．这个环节培养了学生直观想象的素养．

（三）归纳总结，得出定理

问题 4 回顾构造二面角的过程，证明两个平面垂直时，或者说当二面角为直角时，构造了哪些特殊的线？这些线之间有什么关系？能得出哪些结论？

预设 1：有三条垂直的线．

预设 2：得出线面垂直的结论，依据是"如果一条直线与一个平面内两条相交直线垂直，那么该直线与此平面垂直"，如 BC 所在的直线垂直于桌面所在的平面，CD 所在的直线垂直于桌面所在的平面（图 3-59、图 3-60）．

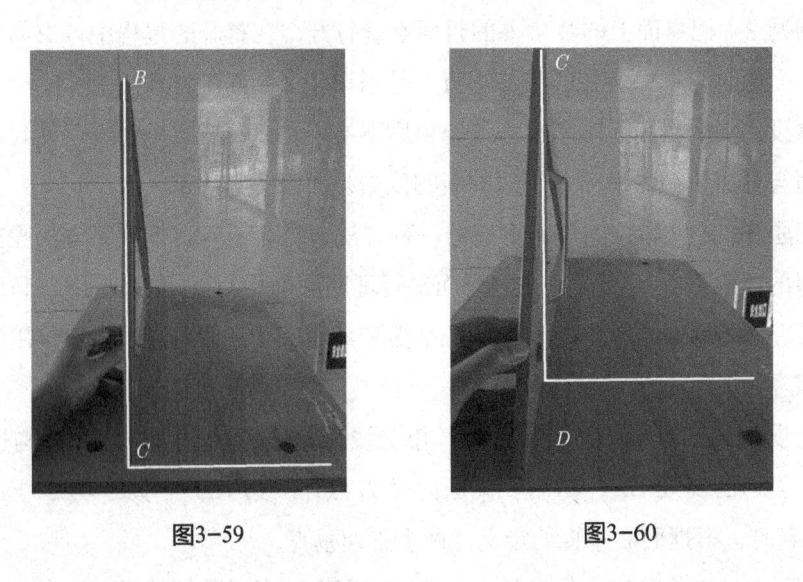

图3-59　　　　　　　图3-60

预设 3：三条互相垂直的线，能联想到立方体同一顶点出发的三条棱（教师出示图形，见图 3-61）．

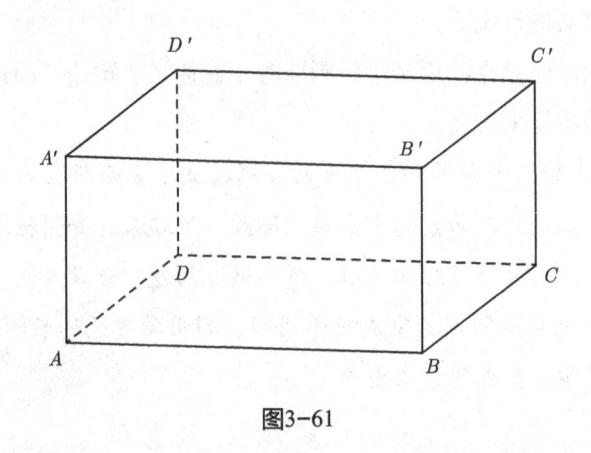

图3-61

小结： 大家能从三角板和桌面中抽象出三条相互垂直的线，并能根据学习过的知识证明线面垂直联想到长方体这个重要的直观模型，这些都是几何学习中的重要方法．

问题 5 刚才我们的讨论，蕴含着面面垂直的判定方法，也就是可以根据线面垂直来判定面面垂直，这种转化与面面平行的判定定理一样，我们怎样用数学语言来表述？

预设 1：当平面内的一条线与另外一个平面垂直时，这两个平面垂直．

预设 2：如果一个平面过另外一个平面的垂线，则这两个平面垂直．

预设 3：用数学符号表示，$a \subset \alpha, a \perp \beta \Longrightarrow \alpha \perp \beta$．

小结： 类似于面面平行的判定定理，可以由直线与平面垂直证明平面与平面垂直．

【设计意图】 反思三角板构造面面垂直的过程，抽象出三条相互垂直的直线，结合线面垂直的判定定理和长方体直观图形，归纳出面面垂直的判定定理，并用数学语言进行表达．此环节培养学生数学抽象素养．

（四）定理应用，解决问题

例 1 正方体 $ABCD\text{-}A'B'C'D'$ 中，平面 $ABC'D'$ 与正方体的各个面所成二面角的大小分别是多少？尝试在正方体中构造一个平面与平面 $ABC'D'$ 垂直（图 3-62）．

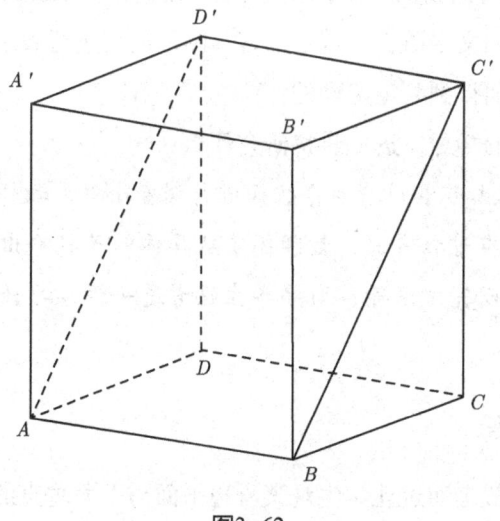

图 3-62

例2 如图3-63所示,已知 $AB \perp$ 平面 BCD,$BC \perp CD$.

(1)四个面分别是什么形状?

(2)有哪些线面垂直?

(3)有哪些平面互相垂直?

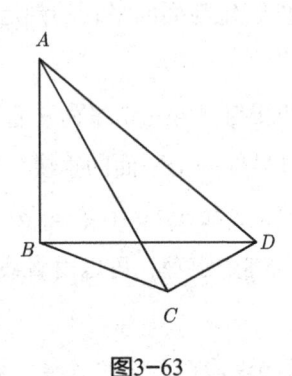

图3-63

【设计意图】例1巩固二面角的概念和构造,构造与平面 $ABC'D'$ 垂直的平面可以发展对图形的直观想象能力,并能够利用面面垂直的定义或判定定理进行说明. 例2的图形也是立体几何中的经典图形,对例2的问题进行解决,可以进一步巩固线面垂直、面面垂直的相关知识. 此环节培养学生逻辑推理的素养.

(五)课堂小结,归纳提升

知识方面:如何判断两个平面垂直?可以用定义和面面垂直的判定定理判定,并将判定定理用文字语言、符号语言、图形语言进行表示.

过程方面:如何得到判定定理的?

类比面面平行的学习,进一步将研究什么?

【设计意图】从知识和过程两个方面进行课堂小结,教师在学生发言的基础上进行提炼梳理;在过程方面,教师侧重从具体例子抽象出数学对象、图形的直观表示、类比的研究方法等;引导学生思考进一步学习什么,发展数学思考能力.

五、教学反思

以往教学,一般是通过让学生观察身边平面与平面垂直的例子,如门在打开的过程中门所在的平面与地面所在的平面始终垂直,书脊与桌面垂直时,书的每一页所在的平面与桌面所在的平面垂直,从而得出定理.应用定理解决问题时,发现对于难度稍大的面面垂直的证明,学生不会将问题转化为线面垂直,不会找那条垂线.反思这样的教学,是教师带着学生直接验证得到结论,没有经历判定定理的探究过程,导致学生理解不深刻.因此在本节课设计中,主要考虑以下三个方面.

(一)通过创设情境,引导学生探究

通过打开数学书这样一个学生非常熟悉的日常动作,思考如何判定面面垂直,激发学生通过二面角判断的兴趣;借助数学课上经常用到的三角板,通过探究三角板何时与桌面垂直,引导学生动手操作,从中可直接看出二面角到构造二面角的过程,即经历找到隐藏垂线的过程,逐步积累数学活动经验,提升直观想象、逻辑推理和数学抽象等核心素养.

(二)注重前后知识的联系,渗透解决问题的一般思路

类比面面平行的判定定理的探究过程,即转化为线面平行的问题,探究面面垂直的判定定理,建立知识之间的联系,形成体系,构建知识脉络,这样更利于学生对知识的理解,也有利于学生分析和解决问题能力的提升.

(三)三种语言表征及转换,丰富判定定理的表征

文字语言、符号语言和图形语言的不同表述具有各自独特的思维价值:图形语言直观,符号语言抽象严谨,文字语言更能体现知识的本质.在立体几何学习过程中,让学生用三种语言去表述相关定理,学生对定理的理解将更加深刻.

六、教学特色

(一)经历知识的形成过程,积累数学活动经验

该案例平面与平面垂直判定定理得出,安排了两个不同深度的活动.一是通过平放的数学书封面打开过程中与桌面的垂直情形,借助可以"看"到二面角进行判断;二是学生操作三角板与桌面的垂直,并借助数学书的经验,通过构造二面角说明三角板与桌面何时平行.在此基础上借助长方体这个模型,抽象出三条相互垂直的线,类比面面平行的判定定理给出面面垂直的判定定理,并用文字语言、符号语言和图形语言表述.

在面面垂直判定定理的探究过程中,帮助学生建立三条相互垂直的直线、直线与平面垂直、平面与平面垂直的图形表征,这种表征是具有过程性的,可以为学生应用判定定理解决问题积累经验.

(二)注重几何研究方法的指导,发展数学思考能力

类比的研究方法.引入部分即提出可以类比面面平行的判定研究.通过数学书、三角板、长方体模型抽象出三条互相垂直的线,再次提到类比的研究方法,但是更为具体:将平面和平面的关系转化为直线和平面的关系.课堂小结,再次提出类比面面平行的研究,引导学生思考进一步将研究什么问题.

关注知识间联系.回归定义判断两个平面垂直,利用数学书、三角板判断两个平面垂直时,引导学生回归面面垂直的定义和二面角的定义,通过看得见的二面角或构造二面角判断两个平面的垂直关系.

案例十五

《双曲线的切线与渐近线所围成的三角形面积的探究》教学设计

一、教学内容分析

解析几何是用坐标法研究几何图形的一门学科，解析几何沟通了代数和几何两大学科之间的联系．圆锥曲线是高中解析几何的重要内容，在笛卡尔坐标平面上两个互为倒数的变量的图象是双曲线，双曲线的图像无限接近渐近线，但永不相交．

导数是微积分的核心内容之一，是现代数学的基本概念，蕴含着微积分的基本思想；导数定量地刻画了函数的局部变化，是研究函数性质的基本方法．导数是瞬时变化率的数学表达，其几何意义是曲线在某点处切线的斜率，是解决曲线切线问题的有力工具．通过导数的学习，学生的数学抽象、数学运算、直观想象和逻辑推理素养将得到进一步提升．

解析几何是数学发展过程中的标志性成果，是微积分创立的基础；同时，利用微积分研究曲线的长度、曲率、切线及面积等问题，又使解析几何的研究更加精致、更加深入、更加入微．

本节课将通过"先用几何眼光观察与思考，再用坐标法解决"的策略，借助信息技术工具GGB探究双曲线的切线与渐近线所围成的三角形面积（面积定值）的问题．

二、学生情况分析

学生对利用导数求函数的切线、求三角形的面积等问题掌握得比较好，部分学生分析和解决问题的能力不强，运算能力不强，对多参数的计算问题把握得不太好．最主要的问题是学生发现和提出问题的能力比较弱．

三、教学目标和重难点

教学目标：

（1）会利用导数求切线方程，利用解析法求曲线的交点等；

（2）通过自主学习、合作交流的探究活动让学生经历双曲线的一个面积结论的发现过程，积累基本活动经验；

（3）提高发现问题和提出问题、分析问题和解决问题的能力；培养直观想象、数学运算和逻辑推理等数学核心素养；培养严谨的态度和理性的精神.

教学重点： 求双曲线在任意一点处的切线方程，利用解析法求双曲线切线与渐近线的交点坐标.

教学难点： 发现并证明双曲线切线与其渐近线所围成的面积为定值.

四、教学过程

探究1 反比例函数 $y=\dfrac{k}{x}(k>0)$ 的切线与坐标轴围成的面积.

学生活动：通过纸笔作图，猜测反比例函数的切线与坐标轴围成的面积为定值，并通过运算进行验证.

生1：由反比例函数的定义（解析式），我们易知矩形 $OCPD$ 的面积为 k. 猜测切点 P 是切线与坐标轴交点 A 与 B 的中点，然后可以猜测切线与坐标轴围成的面积为定值 $2k$（图3-64）.

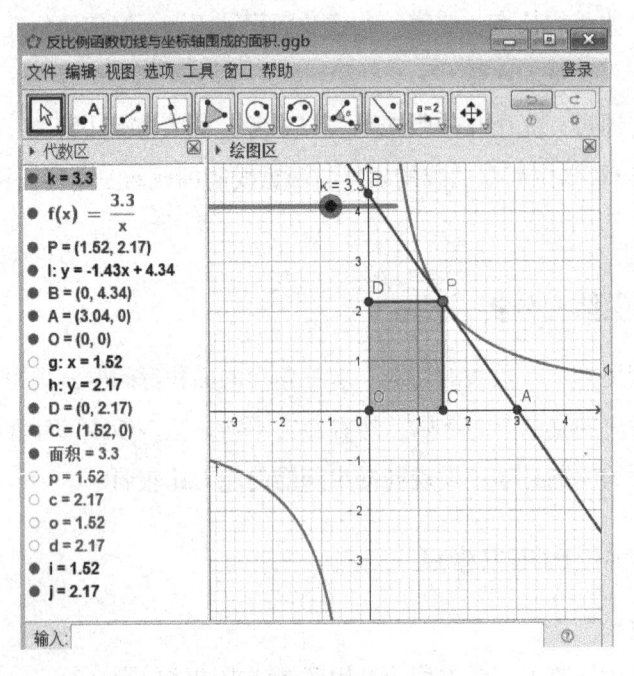

图3-64

生2：因为 $f'(x)=-\dfrac{k}{x^2}$，所以 $k=-\dfrac{k}{x_0^2}$，

所以，直线 l 的方程为 $y-\dfrac{k}{x_0}=-\dfrac{k}{x_0^2}(x-x_0)$，

令 $y=0$，得 $x_A=2x_0$，令 $x=0$，得 $y_B=\dfrac{2k}{x_0}$，

所以，$S_{\triangle OAB}=\dfrac{1}{2}|x_A \cdot y_B|=2k$.

师：下面是利用 GGB 探究的结果（面积为定值 $2k$）(图 3-65).

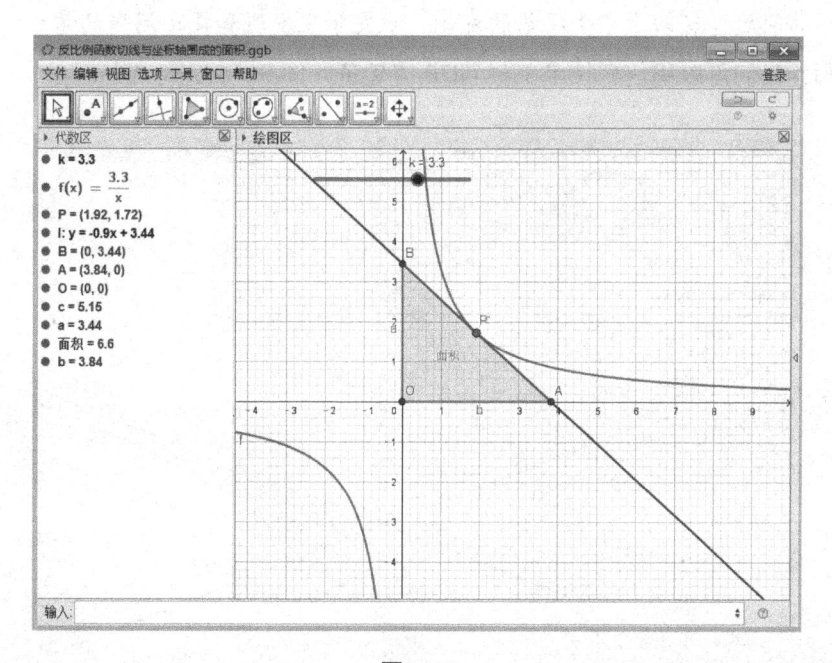

图3-65

【**设计意图**】数学是研究数量和图形的学科，数和形是很多数学知识的不同表达方式，数的优点是精确，而形的长处是直观. 以一个简单的问题为例，从形上猜测结论，然后用数去验证或证明，能够引导学生理解数学问题的探究过程和探究方法.

师：反比例函数实际上是等轴双曲线，x、y 轴是其渐近线，如果我们把反比例函数图象顺时针旋转 45° 或者将坐标轴逆时针旋转 45°，就可以得到高中学习

的焦点在 x 轴的双曲线. 也就是说, 等轴双曲线上一点处的切线与坐标轴围成的三角形的面积为定值.

探究 2 一般的双曲线是否也有同样的性质?

师: 根据以上探究, 你还能想到一个什么样的问题来探究?

生: 猜测任意双曲线上一点处的切线与双曲线渐近线围成的三角形的面积为定值. 但是需要验证或证明.

【设计意图】 爱因斯坦曾说, 发现一个问题往往比解决一个问题更重要, 而发现和提出问题一直是我国学生数学学习的薄弱环节. 新课标中也提到, 通过高中课程的学习, 学生要树立敢于质疑、善于思考的精神, 提升创新意识. 教师设计这样的问题, 有助于学生思维的发散, 激发学生发现和提出问题的意识.

师: 我们可以用信息技术工具 GGB 来验证 (图 3-66).

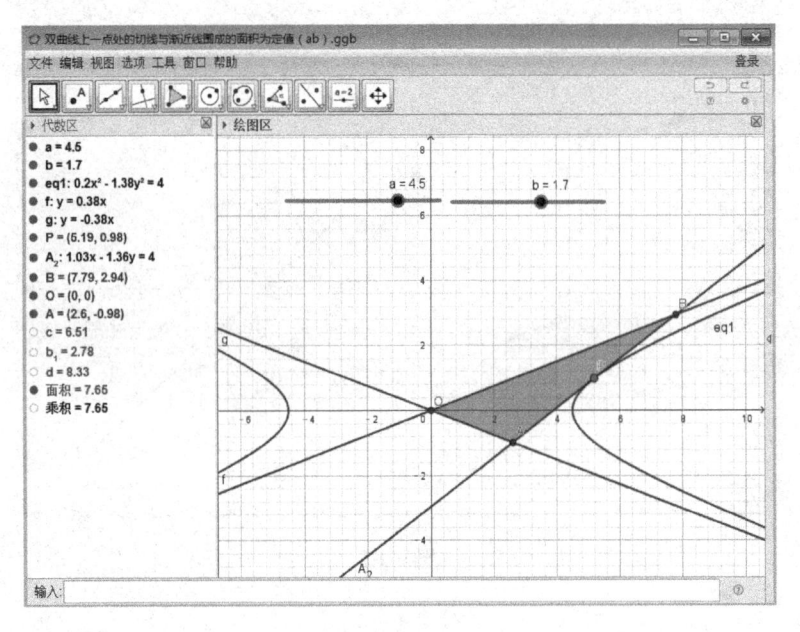

图 3-66

我们发现, 任意双曲线上一点处的切线与双曲线渐近线围成的三角形的面积为定值.

师: 大家观察, 这个定值与方程中的参数有什么关系呢? 能不能试着来表示?

生：发现这个定值是 a 与 b 的乘积．

【设计意图】 事物之间的联系是普遍存在的，让学生发现事物之间的联系，有助于学生发现问题的本质．

师：能不能尝试解释这个结论的合理性？

生：这与等轴双曲线时的情形是一致的，因为任意双曲线 $\dfrac{x^2}{a^2}-\dfrac{y^2}{b^2}=1$ 可以由等轴双曲线 $\dfrac{x^2}{a^2}-\dfrac{y^2}{a^2}=1$ 通过伸缩变换（横坐标不变，纵坐标变为原来的 $\dfrac{b}{a}$）得到．所以通过纵轴方向的伸缩变换后，其围成的面积也会变为原来的 $\dfrac{b}{a}$．

师：下面我们用解析几何的方法来证明．

首先来求证双曲线 $\dfrac{x^2}{a^2}-\dfrac{y^2}{b^2}=1$ 在点 $P(x_0, y_0)$ 处的切线方程为 $\dfrac{x \cdot x_0}{a^2}-\dfrac{y \cdot y_0}{b^2}=1$．

生：假设切点在第一象限 $\left(\dfrac{x^2}{a^2}-\dfrac{y^2}{b^2}=1(x>0 \ y>0)\right)$，

$$y=\sqrt{b^2\left(\dfrac{x^2}{a^2}-1\right)}，求导可得 y'=\dfrac{2\dfrac{b^2}{a^2}x}{2\sqrt{b^2\left(\dfrac{x^2}{a^2}-1\right)}}，$$

所以，斜率 $k=y'\big|_{x=x_0}=\dfrac{b^2 x_0}{a^2 y_0}$，

所以，切线方程为 $y-y_0=\dfrac{b^2 x_0}{a^2 y_0}(x-x_0)$，

化简整理得 $\dfrac{x \cdot x_0}{a^2}-\dfrac{y \cdot y_0}{b^2}=1$．

而双曲线的两条渐近线方程我们可以用 $y=\pm\dfrac{b}{a}x$ 来表示，设切线与两条渐近线的交点分别为 $A(x_1, y_1)$，$B(x_2, y_2)$，

由 $\begin{cases}\dfrac{x \cdot x_0}{a^2}-\dfrac{y \cdot y_0}{b^2}=1 \\ y=-\dfrac{b}{a}x\end{cases}$，可得 $x_1=\dfrac{1}{\dfrac{x_0}{a^2}+\dfrac{y_0}{ab}}$，同理，$x_2=\dfrac{1}{\dfrac{x_0}{a^2}-\dfrac{y_0}{ab}}$，

又因 $\sin\angle AOB = \dfrac{2ab}{c^2}$，所以三角形 OAB 的面积为 $S = \dfrac{1}{2}OA \cdot OB \cdot \sin\angle AOB$，再将 $\dfrac{x_0^2}{a^2} - \dfrac{y_0^2}{b^2} = 1$ 代入，$S = ab$，证毕.

【设计意图】 问题是数学的心脏，而证明是数学的灵魂. 数学运算和数学证明能够使学生感悟数学的本质，培养学生严谨求实的理性精神.

五、教学反思

反思整个探究过程，我们有以下几方面认识. 一是本问题的探究过程融合了几何性质和代数运算，数学是研究数量关系和空间形式的学科，数和形是相互促进融合发展的；二是本问题的探究过程是由特殊到一般、由具体到抽象的过程，我们总是希望对世界的认识、对事物的认识更具一般性，因为越是一般的东西，其应用就越广泛，价值就越大；三是本问题的探究过程由直观猜想到信息技术工具验证，最后再到严格推理，正好印证了合情推理或者猜想是提出和发现问题的主要方法，运算和逻辑推理是分析和解决问题的必然工具.

案例十六

《直线与圆锥曲线的位置关系（第三课时）》教学设计

一、教学内容分析

本主题将学习平面解析几何，用代数方法研究它们的几何性质，体现形与数的结合．本主题的学习可以帮助学生运用代数方法进一步认识圆锥曲线的性质，以及它们的位置关系，运用平面解析几何方法解决简单的数学问题和实际问题，感悟平面解析几何中蕴含的数学思想，使学生能够掌握利用平面解析几何解决问题的基本过程：根据具体问题情境的特点，建立平面直角坐标系；根据几何问题和图形的特点，用代数语言把几何问题转化成为代数问题；根据对几何问题（图形）的分析，探索解决问题的思路，运用代数方法得到结论，给出代数结论的合理几何解释，解决几何问题．

直线与圆锥曲线的综合问题是每年高考的热点，也是重点；这类问题综合性强，能力要求高，要求学生具有较高的分析问题、解决问题的能力，在充分分析几何条件的基础上，将几何问题代数化，通过代数计算得出结果，最后再将代数结果转化为几何结论．在高三二轮重点复习的过程中，仍然需要解决以下几个问题：①分析已知和所求，搞清楚它们之间的逻辑关系，获取解题路径；②分析已知和所求的几何表达，将几何条件用合理简洁的代数方法表示；③理解运算对象，探究运算思路，合理选择运算方法．

本教学单元可分为三课时，第一课时分析已知和所求，搞清楚它们之间的逻辑关系，获取解题路径；第二课时分析已知和所求的几何表达，将几何条件用合理简洁的代数方法表示；第三课时理解运算对象，探究运算思路，合理选择运算方法（图3-67）．

二、学生情况分析

（1）部分学生对平面解析几何的兴趣不高，惰性强，有畏难情绪，平时在练习时见到一些稍难的题就浅尝辄止，没有迎难而上；

```
                    ┌─────────────────────────────────────────────────────────┐
              ┌────→│ 厘清已知和所求之间的关系，合理设置参数，获得解题路径.      │
              │     └─────────────────────────────────────────────────────────┘
 ┌──────┐     │     ┌─────────────────────────────────────────────────────────┐
 │利用代数│────┼────→│ 分析已知和结论中的几何条件，并将其代数化（用坐标或方程表示）.│
 │方法解决│    │     └─────────────────────────────────────────────────────────┘
 │几何问题│    │     ┌─────────────────────────────────────────────────────────┐
 └──────┘     └────→│ （结合几何条件）理解运算对象，探究运算思路，合理选择运算方法.│
     ↑              └─────────────────────────────────────────────────────────┘
     └──────────────────────────────────────────────────────────────────────────
```

图3-67

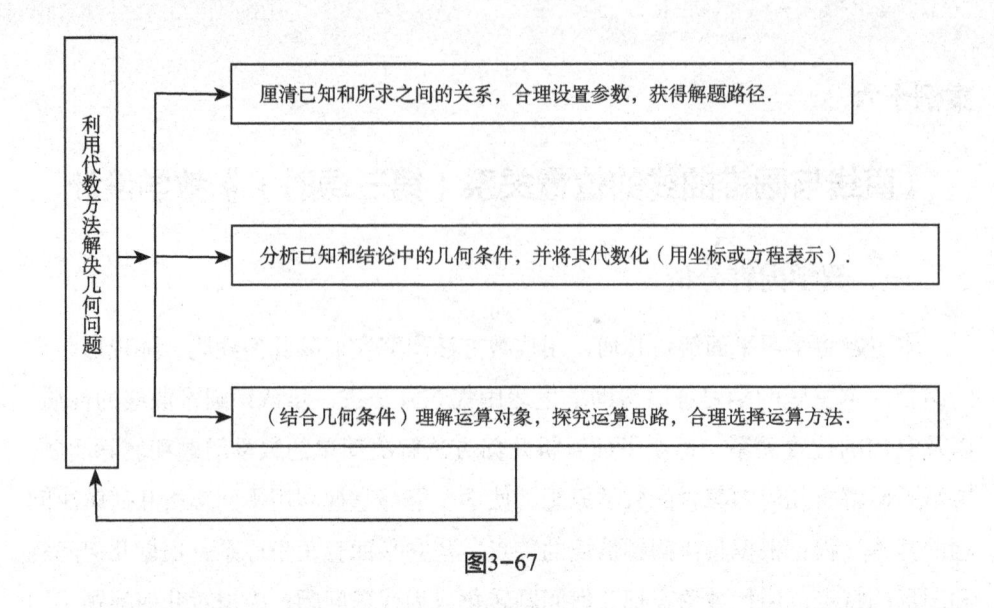

（2）很多学生不能把几何问题和代数运算进行转化，不注重数形结合的思维方式的运用，粗略审题以后就是按部就班地进行代数运算，缺乏整体把握和分析；

（3）多数学生运算能力不强，而平面解析几何知识却要求较强的运算能力，所以很多学生可能花费了很多时间，但最后依然没有得出结果，影响学习的积极性；

（4）高考试卷中这道题目比较靠后，难度较大，很多学生做到这道题目时时间已经很紧张了，学生的心理受到影响，影响这道题目的顺利解答.

三、教学目标和重难点

教学目标：

（1）会用代数方法表示基本几何量，如长度（距离）、面积等；

（2）能在分析运算对象的基础上，探究运算思路，合理选择的运算方法，求得运算结果；

（3）运用几何直观和空间想象思考问题的意识发现和提出问题，探索和形成分析问题、解决问题的思路，优化运算，得到结果；

（4）在问题解决过程中，发展直观想象和数学运算的核心素养.

教学重点：会用代数方法表示三角形的面积，合理选择运算方法并将其化简.

教学难点：系数不对称问题的处理方法及如何发现几何关系优化代数运算.

四、教学过程

（一）分析数据，发现问题

已知椭圆 $M: \dfrac{x^2}{a^2}+\dfrac{y^2}{b^2}=1$ 的焦点为 $F(2,0)$，长轴长与短轴长的比值为 $\sqrt{2}$.

（1）求椭圆 M 的方程；

（2）过点 F 的直线 l 与椭圆 M 交于 A，B 两点，$BC\perp x$ 轴于点 C，$AD\perp x$ 轴于点 D，直线 BD 交直线 $x=4$ 于点 E，求 $\triangle ECD$ 与 $\triangle EAB$ 的面积之比.

表3-14

分数（15）/分	13	12	11	10	9	8	7	6	5	4
人数（36）/人	1	3	2	4	1	8	7	5	2	3
累计 /%	2.8	11.1	16.7	27.8	30.6	52.8	72.2	86.1	91.7	100

学生活动：观察班级整体得分数据（表3-14）（对比自己的解答情况）.

【设计意图】让学生了解自己本题的得分情况及可提升的空间. 在复习课的课堂上，创设这样一个比较直接的数学情境，同样有利于学生集中精力，快速进入课堂中.

（二）分析对象，选择算法

解：（1）由题设，$\dfrac{b}{a}=\sqrt{2}$，所以 $a^2=2b^2$.

又因为 $c=2$，$a^2=b^2+c^2$，所以 $2b^2=b^2+4$.

解得 $b^2=4$，$a^2=8$.

所以椭圆 M 的方程为 $\dfrac{x^2}{8}+\dfrac{y^2}{4}=1$.

（2）由题意可知，直线 l 的斜率存在，设直线 l 的方程为 $y=k(x-2)$.

由 $\begin{cases} y=k(x-2) \\ x^2+2y^2=8 \end{cases}$ 得，

$(1+2k^2)x^2 - 8k^2 x + (8k^2 - 8) = 0$.

设 $A(x_1, y_1)$、$B(x_2, y_2)$，则

$$x_1 + x_2 = \frac{8k^2}{1+2k^2},\ x_1 x_2 = \frac{8k^2 - 8}{1+2k^2}.$$

因为 $AD \perp x$ 轴，所以 $D(x_1, 0)$.

直线 BD 方程为 $y = \frac{y_2}{x_2 - x_1}(x - x_1)$，

所以 $E\left(4, \dfrac{y_2(4 - x_1)}{x_2 - x_1}\right)$.

问题

（1）如何用坐标表示 $\triangle ECD$ 的面积？

观察图片（图 3-68）上某位同学对 $\triangle ECD$ 的面积的表示，大家认为有什么问题吗？

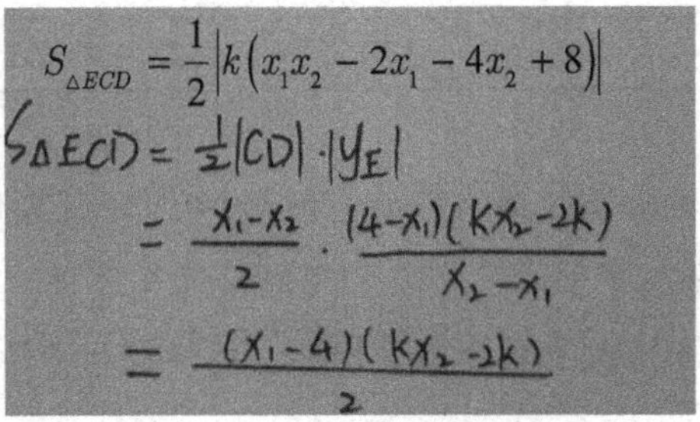

$$S_{\triangle ECD} = \frac{1}{2}\left|k(x_1 x_2 - 2x_1 - 4x_2 + 8)\right|$$

$S_{\triangle ECD} = \frac{1}{2}|CD| \cdot |y_E|$

$= \dfrac{x_1 - x_2}{2} \cdot \dfrac{(4 - x_1)(kx_2 - 2k)}{x_2 - x_1}$

$= \dfrac{(x_1 - 4)(kx_2 - 2k)}{2}$

图 3-68

（2）如何用坐标表示 $\triangle EAB$ 的面积？

$$|AB| = \sqrt{(x_1 - x_2)^2 + (y_1 - y_2)^2}$$
$$= \sqrt{1+k^2}\,|x_1 - x_2|$$
$$= \sqrt{1+k^2} \cdot \sqrt{(x_1 + x_2)^2 - 4x_1 x_2}$$

点 $E\left(4, \dfrac{y_2(4-x_1)}{x_2 - x_1}\right)$ 到直线 $AB: kx - y - 2k = 0$ 的距离为

$$d = \frac{\left|4k - \dfrac{y_2(4-x_1)}{x_2-x_1} - 2k\right|}{\sqrt{1+k^2}}$$

化简，可得

$$S_{\triangle EAB} = \frac{1}{2}|k(x_1x_2 - 4x_1 - 2x_2 + 8)|.$$

学生活动：以边 AB 为底，点 E 到直线 AB 的距离是三角形的高.

思考：如何表示 $\triangle EAB$ 的面积，即如何表示 $|AB|$，使 $\triangle EAB$ 的面积能够化简成比较简单的形式.

【设计意图】 上述过程让学生明白，在运算时，要分析运算对象，关注整体的情况，这样才能选择合理的运算方法.

（3）当 x_1 与 x_2 的系数不相等时，该如何处理？

$$\frac{S_{\triangle ECD}}{S_{\triangle EAB}} = \frac{|x_1x_2 - 2x_1 - 4x_2 + 8|}{|x_1x_2 - 4x_1 - 2x_2 + 8|}$$

追问1：化简以后的式子中除了 k 外，还有 x_1 和 x_2，得不到比值，该怎么办？

追问2：k 与 x_1、x_2 有没有关系？如果有的话，能不能根据它们之间的关系消参？

追问3：还没有其他办法达到减少参数的目的？

可以这样处理：

$$\frac{S_{\triangle ECD}}{S_{\triangle EAB}} = \frac{|x_1x_2 - 2(x_1+x_2) - 2x_2 + 8|}{|x_1x_2 - 4(x_1+x_2) + 2x_2 + 8|}$$

学生活动：先整理

$$\frac{S_{\triangle ECD}}{S_{\triangle EAB}} = \frac{|x_1x_2 - 2(x_1+x_2) - 2x_2 + 8|}{|x_1x_2 - 2(x_1+x_2) - 2x_1 + 8|}$$

然后将 x_1x_2 与 x_1+x_2 用含 k 的式子表示.

利用 $x_1 + x_2 = \dfrac{8k^2}{1+2k^2}$ 消去 x_2，然后化简，可得结果，比值为 1.

学生思考，对比理解 x_1 与 x_2 系数不对称问题的处理方法.

【设计意图】学生按照常规方法进行运算. 遇到运算困难，通过师生交流、生生交流，突破运算难题. 学生在此过程中经历认知冲突到问题解决的过程，积累了运算经验，能力得到了提升.

（三）分析图形，优化运算

（1）大家有没有猜测一下，两个三角形面积之比的结果是多少，这个比值对运算是不是有帮助呢？

追问：还可以如何处理运算的问题？

$$(x_1x_2 - 2x_1 - 4x_2 + 8) + (x_1x_2 - 4x_1 - 2x_2 + 8)$$
$$= 2[x_1x_2 - 3(x_1 + x_2) + 8]$$
$$= 2\left[\frac{8k^2 - 8}{1 + 2k^2} - \frac{24k^2}{1 + 2k^2} + \frac{8(1 + 2k^2)}{1 + 2k^2}\right]$$
$$= 0$$

如果我们能够猜测出结果，相当于我们知道了自己的目标，这样的话，对于运算方法的选择是有帮助的.

（2）通过看这个同学的证明（图3-69），谈谈你的看法.

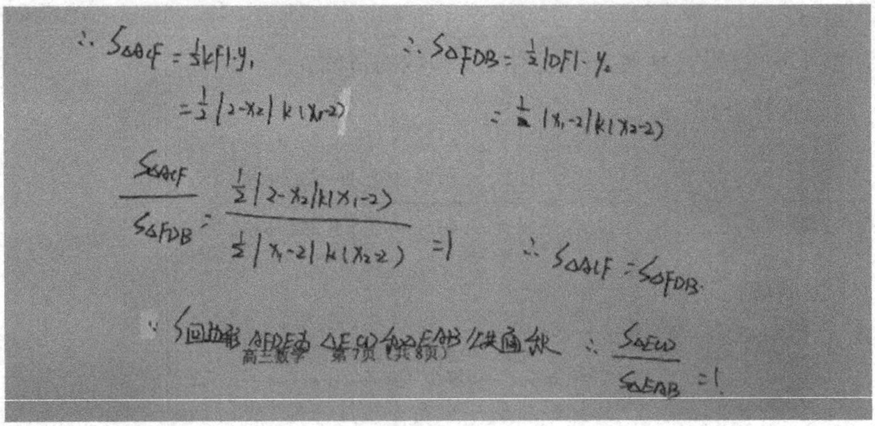

图3-69

答案其实给的是个思路，大家可以欣赏一下，如果我们对几何条件处理得比较好，分析得比较透彻，确实对于我们的代数运算是有很大的帮助的.

学生活动：可以通过图形的大小猜测两个三角形面积的比值，或者找一条斜率为某一个值（比如斜率为1）的直线，具体算一下两个三角形的面积．

分析可知：绝对值里的两个式子是相反的，利用其和为0，运算会比较简单．

上述同学的证明利用了点 A、C、E 三点共线，但实际上三点不一定共线，而且图形还有其他的画法，这个解法是存在漏洞的．

【设计意图】启发思维好的学生，站在高处遥望一下目标，其实并不是难事，这样能给问题的解决带来帮助，知道目标以后可以少走弯路．

启发思维较好的学生，他们能够明白，解析几何首先是个几何问题，只不过是采用代数方法来解决问题，一定离不开对几何条件的分析和研究．

（四）课堂小结

如何根据运算对象合理选择运算方法，达到化简或求值的目的？

（1）根据题目的条件，在预判运算量大小的基础上，合理设置参数．

（2）清楚所设置参数的个数，以及其之间的关系，合理选择消参顺序和消参时机．

（3）几何条件代数化时要考虑到后续的运算．

（4）数形结合或者预判结果有时对运算方法的选择有帮助．

（五）课后作业

（1）用流程图的形式展示上课例题的解答过程和需要注意的方面．

（2）（北京卷2020年第20题）已知椭圆 $C: \dfrac{x^2}{a^2}+\dfrac{y^2}{b^2}=1$ 过点 $A(-2,-1)$，且 $a=2b$．

①求椭圆 C 的方程；

②过点 $A(-4,-0)$ 的直线 l 交椭圆 C 于点 M，N，直线 MA、NA 分别交直线 $x=-4$ 于点 P、Q．求 $\dfrac{|PB|}{|BQ|}$ 的值．

【设计意图】这道题在问题和运算上与课堂题目相似度都非常高，可以很好地检验学生的学习效果．

五、教学反思

（一）教学目标基本达成

（1）课堂反馈．无论是课堂上学生对于教师所提问题的回答和解答情况，还是从课堂小结学生的总结来看，通过本节课的学习，学生对于直线与圆锥曲线综合题的运算能力有了一些新的感悟．

（2）访谈情况．听课教师和学生一致认为，通过本节课的学习，对于本题目的有了更深刻的认识．

（3）作业反馈．学生的作业作答情况非常好（当然，这与作业题和课上所讲题目相似度比较高有一定关系）．

（二）课堂交流比较充分

由于本节课是测验题的讲评课，所以教师对于学生在这道题目上出现的问题了如指掌，设计了针对性的问题，从课堂反馈来看，学生对于教师所提问题积极思考，探讨解决，师生和生生交流都比较充分．课堂气氛也比较融洽，效果较好．

（三）学优生获得感更强

直线与圆锥曲线位置关系的问题本身综合性比较强，对于学困生来说永远都是个难题．但是对于学优生来说就不一样，经过高三上学期的训练，他们已经掌握了基本问题的解决方法，但是面对较复杂的问题（几何条件代数化、消参运算等）还需要总结方法，进行点拨．通过本节课的学习，学优生普遍反映收获比较大．

（四）一节课时间太短，影响效果

之所以这样说，一是学生动手机会不多，导致部分学生对上课讲授的知识的印象不太深刻；二是不能够把诸如此类的运算问题讲全讲透，导致学生遇到别的运算问题可能又不会了．如果能两节联排上大课，效果可能会更好．

（五）对于学困生来说，难度有点偏大

这部分学生可能只能停留在听懂的层面，遇到类似的问题，可能仍然不知道怎么解决，因此本节课没有解决好分层教学，学困生在本节课收获较少．

六、教学特色

根据对学情的分析，了解到学生对于直线与圆锥曲线中的基本问题的解决已经掌握得较好．所以高三二轮复习在一轮复习的基础上，将几个存在问题比较多的方面作为一个连贯的主题来讲授，分成三个课时：第一课时分析已知和所求，搞清楚它们之间的逻辑关系，获取解题路径；第二课时分析已知和所求的几何表达，将几何条件用合理简洁的代数方法表示；第三课时理解运算对象，探究运算思路，合理选择运算方法．三个问题分三个课时依次进行，而且每个问题的解决都是为下一个问题奠定基础，而且相互之间有逻辑关系．另外，在例题、练习和作业的选取上，一是考虑练习和作业与课堂上例题的一致性，二是选取高考题或者模拟题，这样在难度和方向上符合高考备考的要求．最后，在作业方面，一是让学生用流程图的形式展示上课例题的解答过程和需要注意的方面，让学生整理上课的思路；二是选取的作业既可以检验当堂课所学内容，又可以为下节课作铺垫．

案例十七

《古典概型》教学设计

一、教学内容分析

本节课选自人教 A 版《普通高中教科书·数学（必修第二册）》第十章《概率》10.1.3《古典概型》.

（一）本章内容分析

概率论是研究随机现象规律性的数学学科，概率是随机事件发生的可能性大小的度量．由于随机现象的普遍性，使得概率论在经济、金融、保险等领域具有广泛的应用，并且渗透到我们的日常生活中．

通过本章的学习，帮助学生结合具体实例，理解样本点、有限样本空间、随机事件等概念，学会计算古典概型中简单随机事件的概率，加深对随机现象的认识和理解，解决一些简单的实际问题，提升数学抽象、逻辑推理和数据分析、数学运算素养．

（二）本节内容分析

本课时——古典概型是概率统计领域的最基本的研究对象，是最简单的概率模型，也是高中阶段重点研究的概率模型．本节课主要讲解了古典概型的特征及如何求古典概型的概率的问题．本节课既是事件的关系与运算的进一步应用，又为后续概率性质的研究提供了理论支撑，起到了承上启下的作用．通过学习古典概型，学生能进一步理解试验、样本点、有限样本空间等概念，能进一步理解随机事件和样本点的关系、事件和样本空间的关系、概率的意义，掌握研究概率模型的一般思路．同时，该部分与日常生活紧密联系，可以引发学生对概率的学习兴趣，对学生的学习和生活都具有重要意义．另外，古典概型中蕴藏的数学文化也值得人们学习．

二、学生情况分析

（一）知识基础

学生对概率问题并不陌生．学生在初中已经学习了事件发生的等可能性及频率与概率之间关系等一些简单的概率知识，并能解决一些简单的概率问题，对概率有一些感性认识，但是缺少对概率本质的理性思考，因此，对概率的相关概念和计算方法需要深化理解．古典概型作为一个全新的概率模型，学生在初次接触时可能难以理解透彻，所以在教学中需要深化对古典概型概念的理解，逐步培养学生的建模意识，做到"知其然，知其所以然"．

（二）学习能力

本节课将为北京市示范性高中普通班的学生授课，这里大部分学生的数学学习兴趣比较高，课堂气氛比较活跃．本班学生数学抽象能力和逻辑推理能力存在较明显的性别差异，男生课堂表现较好，思维敏捷；而女生在严谨性和细节落实方面则表现较好。部分女生分析问题、解决问题的能力比较弱，需要进一步提升．

三、教学目标和重难点

基于上述分析，本节课的教学目标及教学重难点如下．

教学目标：

（1）经历古典概型的概念形成过程，理解古典概型的两大特征，并以此为依据判断试验是否为古典概型；

（2）通过对概率模型的建构，归纳推导出古典概型概率公式，体验从特殊到一般、从具体到抽象的数学思想方法，能利用古典概型的概率公式解决一些简单的古典概率问题；

（3）发展学生数学建模、数据分析、数学抽象的核心素养，渗透数学文化，培养学生勇于探索和敢于创新的精神．

教学重点： 古典概型的概念，古典概型的概率公式．

教学难点： 判断一个试验是否为古典概型试验，构建概率模型解决概率问题的方法．

四、教学过程

本节课教学流程：

创设情境，提出问题→思考交流，建立模型→观察归纳，推导公式→例题分析，推广应用→回顾知识，总结提升→课后作业，巩固提升．

教学方法： 讲授法、讨论法.

教学媒体： 计算机、电子白板.

（一）创设情境，提出问题

情境引入：文艺复兴时期，意大利医生兼数学家卡尔达诺（1501—1576）曾热衷于骰子游戏，试图研究不输的方法. 现在掷两枚骰子，以两枚骰子向上点数之和打赌，卡尔达诺认为押 7 点最有利，你认为呢？

师：在这个问题中"两枚骰子向上点数之和为 7"是随机事件，"卡尔达诺认为押 7 点最有利"则表示该随机事件发生的可能性最大. 那么如何计算这个可能性的大小呢？

在数学上，我们把随机事件发生可能性大小的度量（数值）称为事件的概率，事件 A 的概率用 $P(A)$ 表示.

【设计意图】 创设历史素材背景下的数学情境，激发学生的研究热情，引出概率的定义.

（二）思考交流，建立模型

问题 1 让我们穿越时空，推测卡尔达诺当时是如何得出结论"掷两枚骰子，向上点数之和为 7 的概率最大"的.

生：可能他通过大量的试验和观察得出了结果.

追问 1：你是如何理解"试验"的？

追问 2：你是如何理解样本点、样本空间的？

师：通过试验和观察的方法可以得到随机事件的概率估计. 但这种方法费时费力，且仅能得到概率的近似值. 那能否通过建立适当的数学模型，直接计算出这一随机事件的概率呢？

问题 2 写出以下试验的样本空间，并试着从样本空间及样本点的角度分析归纳四个试验的共同特征.

试验 1：抛掷一枚质地均匀的硬币.

试验 2：掷一枚质地均匀的骰子，其落地时朝上的点数.

试验 3：一个班级中有 18 名男生、22 名女生，采用简单随机抽样的方式，从中随机选择一名学生.

试验 4：抛掷一枚质地均匀的硬币 3 次，其 3 次落地时正面朝上的情况.

它们具有如下共同特征：

（1）有限性：样本空间的样本点只有有限个；

（2）等可能性：每个样本点发生的可能性相等.

我们将具有以上两个特征的试验称为古典概型试验，其数学模型称为古典概率模型，简称古典概型.

【设计意图】通过问题设计和归纳活动，帮助学生厘清古典概型的两个基本特征，体验概念生成的过程，发展学生数学建模核心素养.

问题3 判断下列试验是否是古典概型，并说明理由.

（1）向一个圆内随机投一点（图3-70），该点等可能性地落在圆内部的任一点.

（2）某人随机地向一个靶心射击（图3-71），这个随机试验的可能结果有"命中10环""命中9环""命中8环""命中7环""命中6环""命中5环"与"没有命中".

（3）在区间 [0，5] 内任取一个整数.

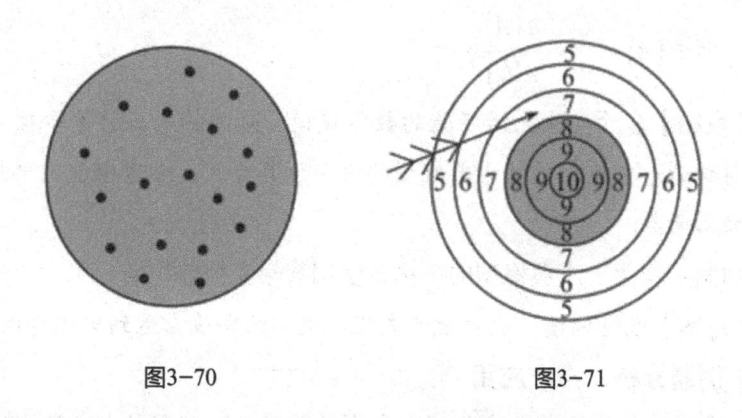

图3-70　　　　　　　　　　图3-71

追问1：你能举出一个不是古典概型的例子吗？

追问2：你出题的原则是什么？

如抛啤酒瓶盖、抛图钉等.

【设计意图】基本事件的等可能性是判断随机事件是古典概型的重要一点，进一步明晰古典概型的定义.

（三）观察归纳，推导公式

问题4 考虑下面两个随机试验，如何度量事件 A、事件 B 发生的可能性的大小？总结古典概型的概率公式.

（1）一个班级中有 18 名男生、22 名女生，采用抽签的方式，从中随机选择一名学生，事件 A = 抽到男生；

（2）将一枚质地均匀的硬币抛掷 3 次，事件 B = 恰好一次正面朝上.

古典概型计算公式：

一般地，设试验 E 是古典概型，样本空间 Ω 包含 n 个样本点，事件 A 包含其中的 k 个样本点，则定义事件 A 的概率 $P(A) = \dfrac{k}{n} = \dfrac{n(A)}{n(\Omega)}$.

其中，$n(A)$ 和 $n(\Omega)$ 分别表示事件 A 和样本空间 Ω 包含的样本点的个数.

问题 5 如何证明古典概型的概率公式？

古典概型计算公式：古典概型中，事件发生的概率可以通过下述方式得到. 假设样本空间含有 n 个样本点，如果事件 A 包含有 m 个样本点，则由必然事件发生的概率为 1，再由互斥事件的概率加法公式可知每个基本事件发生的概率均为 $\dfrac{1}{n}$，于是，有 $P(A) = \dfrac{k}{n} = \dfrac{n(A)}{n(\Omega)}$.

【设计意图】基于学生生活经验的数学建模、数学抽象，引导学生体会运算过程，由特殊到一般概括总结古典概型的概率计算公式，渗透模型化思想，发展数学抽象核心素养.

阅读材料：概率、古典概型的历史及法国数学家拉普拉斯.

【设计意图】通过阅读，感受数学文化及概率的发展，达到文化育人的目的.

（四）例题分析，推广应用

例 1 单项选择题是标准化考试中常用的题型，一般是从 A、B、C、D 四个选项中选择一个正确答案，如果考生掌握了考查的内容，他可以选择唯一正确的答案. 假设考生有一题不会做，他随机地选择一个答案，答对的概率是多少？

变式在标准化考试中也有多选题，多选题是从 A、B、C、D 四个选项中选出所有正确的答案（四个选项中至少有两个选项是正确的）. 你认为单选题和多选题哪种更难选对？为什么？

【设计意图】列举试验的样本空间，熟悉用数学语言表达解题过程. 通过对多选题猜对答案的问题思考，体会概率越小，猜对答案越难. 通过渗透概率模型思想，使学生感受生活中的概率问题.

例2 抛掷两枚质地均匀的骰子，观察两枚骰子分别可能出现的基本结果.

（1）写出这个试验的样本空间，并判断这个试验是否为古典概型；

（2）求下列事件的概率：A = 两个点数之和是 5；B = 两个点数相等.

学生进行交流、辩论.

【设计意图】运用古典概型求随机事件的概率的一个难点就是学生列举出的基本事件的等可能性. 学生通过分享不同的做法，辨析怎样做更合理，更能激发学生的认知冲突，加深学生对古典概型概念的认识.

通过 GGB 演示抛两枚骰子的试验结果.

观察样本点的情况，发现两个不同样本点发生的可能性大小不等，不符合古典概型的特征.

师：用古典概型计算概率时，一定要验证所构造样本空间中的样本点是否满足古典概型的第二个特征（等可能性），否则计算出来的概率是错误的.

【设计意图】GGB 数学试验演示，直观观察实验结果. 明确如何判断解题的合理性，在阅读交流中体会古典概型的本质.

追问 1：如何分析、表示出样本空间？

学生尝试用枚举、树状图、列表等形式探究样本空间.

树状图（强调不可用于书写解答题的过程）（图 3-72）：

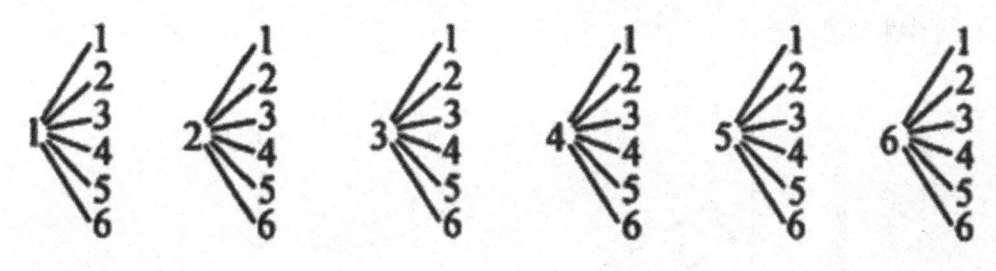

图3-72

枚举：（过程略）

列表：见表 3-15.

追问 2：还有其他更简洁的数学语言（符号语言）的表示方法吗？

用数字 m、n 分别表示两个骰子出现的点数，则数组 (m, n) 表示这个试验的一个样本点. 因此该试验的样本空间 $\Omega = \{(m, n) \mid m, n \in \{1, 2, 3, 4, 5, 6\}\}$，其中共有36个样本点.

表3-15

	1	2	3	4	5	6
1	(1, 1)	(1, 2)	(1, 3)	(1, 4)	(1, 5)	(1, 6)
2	(2, 1)	(2, 2)	(2, 3)	(2, 4)	(2, 5)	(2, 6)
3	(3, 1)	(3, 2)	(3, 3)	(3, 4)	(3, 5)	(3, 6)
4	(4, 1)	(4, 2)	(4, 3)	(4, 4)	(4, 5)	(4, 6)
5	(5, 1)	(5, 2)	(5, 3)	(5, 4)	(5, 5)	(5, 6)
6	(6, 1)	(6, 2)	(6, 3)	(6, 4)	(6, 5)	(6, 6)

【设计意图】通过激发学生的认知冲突激发学生对古典概型概念的认识，引导学生用数学语言解决问题，并发展学生数学抽象、逻辑推理、数学建模的核心素养. 同时，规范解题过程感受古典概型的简洁美、对称美.

问题6　你觉得卡尔达诺的推测正确吗（图3-73、表3-16）？为什么？

学生交流讨论.

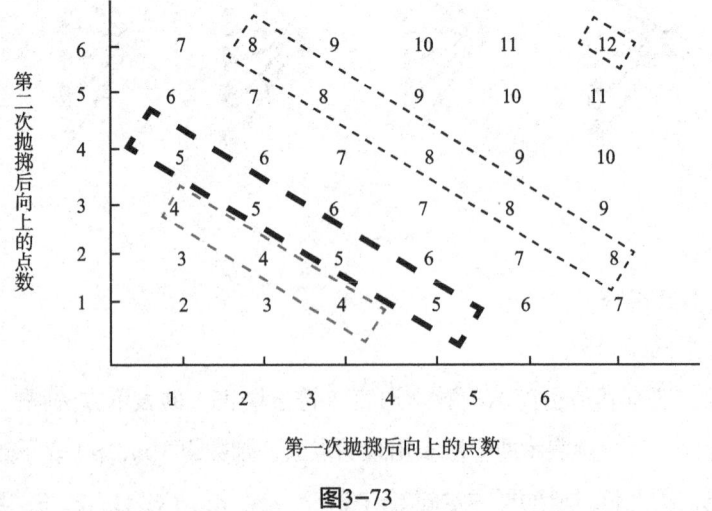

图3-73

表3-16 抛掷两枚质地均匀的骰子，落地后正面朝上的点数之和的概率

点数和	2	3	4	5	6	7	8	9	10	11	12
概率	$\frac{1}{36}$	$\frac{2}{36}$	$\frac{3}{36}$	$\frac{4}{36}$	$\frac{5}{36}$	$\frac{6}{36}$	$\frac{5}{36}$	$\frac{4}{36}$	$\frac{3}{36}$	$\frac{2}{36}$	$\frac{1}{36}$

【设计意图】指导学生在经历建模运算之后，自主探究情境创设中提出的问题，引导学生通过量化对比得出问题结果，学会用数据说明问题，初步感知概率分布的表达形式，为后续学习打下基础.

（五）回顾知识，总结提升

本节课有哪些收获？

知识：学会了古典概型的定义及求古典概型的概率公式.

方法：体会由特殊到一般的推理过程.

用数据解决生活中的问题. 了解有关概率的发展史.

【设计意图】引导学生反思本节课的重点——古典概型，回忆概率的发展.

（六）课后作业，巩固提升

（1）人教A版《普通高中教科书·数学（必修第二册）》238页练习1～3题.

（2）1654年，法国富有的贵族、喜欢赌博的谢瓦利埃·迪默勒向数学家布莱斯·帕斯卡提出了一个有关赌博的问题. 该问题是如何在一场未完成的赌局中分配赌注.

帕斯卡把这个问题告诉了另一位法国著名的数学家皮埃尔·德·费马. 这两位数学家用了不尽相同的方法得出了同样的答案. 在解决这个问题时，泽维尔和伊万每人在掷硬币游戏上各下注10美元. 每个玩家轮流掷硬币，如果硬币落地时正面朝上，掷硬币的玩家会得一个点；否则，另一个玩家会得一个点. 第一个得3个点的玩家可赢得20美元. 现在假设当泽维尔得2个点，伊万得1个点，而泽维尔正准备掷硬币时，游戏不得不取消. 那这20美元的公平分配方法是什么？同学们可以尝试解决.

在掷硬币游戏中，一枚硬币掷出正面或反面的机会是均等的. 因此，如果每个玩家都有2个点，那么在下一次掷硬币的时候，每个玩家都有同样的机会赢得

游戏,所以每个玩家在那个阶段得到赌注的一半10美元是公平的.在案例中的情况下,泽维尔已得2个点,伊万得1个点.如果泽维尔掷硬币赢了,他得3个点,因此可得20美元.如果泽维尔输了,那么每个玩家都有2个点,每人可得10美元.因此,泽维尔目前至少可保证得到10美元.由于泽维尔同样有可能在这次掷硬币中赢或输,所以剩下的10美元应该由两人平分.因此,泽维尔应该得15美元,而伊万得5美元.

(3)阅读教材259页:阅读与思考《孟德尔遗传规律》.

【设计意图】巩固本节课知识.让学生查阅相关资料,更加深入地感受数学文化中的魅力,同时更加深刻地理解古典概型.开阔学生的视野,让学生了解古典概型在其他学科中的渗透,体会古典概型中蕴含的科学价值,通过孟德尔发现遗传定律的过程,展现古典概型耐人寻味的数学魅力.

五、教学反思

古典概型的概念是一个强抽象概念.根据斯坎普的两条教学原则:①超过个人已有概念层次的高阶概念不能用定义方式来沟通,只能搜集有关的例子提供经验,再靠学生自己抽象以形成概念.②在数学中,与所学概念相关的例子中常常又会含有其他概念,因此,在提供例子时必须确定学生已经掌握这些需预先了解的概念.由这两条原则,在古典概型概念中,"样本空间"是一个学生没有学过的概念,因此首先要让学生回忆这一概念.

古典概型概念超过了学生已有的概念层次,因此需要提供实例,让学生通过这些实例自己抽象形成概念.在古典概型的概念理解中,对基本事件等可能性的理解是一个难点,因此在这一关键点的理解上进行了重点设计.首先让学生写出一些试验的样本空间,并试着从样本空间及样本点的角度分析归纳四个试验的共同特征;学生经过辨析,从而形成古典概型的概念;接着让学生进行概念辨析,判断所列试验是否是古典概型并说明理由;最后,尝试举出生活中不是古典概型的实例,将概念与生活联系起来,使新概念更加稳固和清晰.

本节课通过线上形式授课.课前对人教A版教材及B版教材进行了对比研究,对内容做了一些融合和调整.从本节课的授课过程及作业完成情况看,学生对本节课知识掌握得比较好.在讲授本节课时,设计了前测和后测(附件1、附件2),以了解学生对古典概型的认知、学习掌握情况.

（一）教学效果

第一个难点——判断一个试验是否为古典概型试验．

通过具体情境，让学生充分思考、交流辨析，得出古典概型的定义，又通过概念辨析帮助学生进一步回顾、运用了古典概型的概念，帮助学生加深对古典概型概念的理解．"分析试验的共同特征—形成古典概型的概念—辨析生活中古典概型的实例—列举生活中古典概型的实例"这一教学流程可以帮助学生较好地理解古典概型的概念，这样在解决具体问题的过程中学生就会注意到基本事件的等可能性，但还是会有不注意分析基本事件的等可能性、机械地运用古典概型公式进行计算的情况．

第二个难点——构建概率模型解决概率问题．

在解决例2时，学生几乎都能够正确的回答问题．分析原因可能有以下几点：①本节课对古典概型概念的讲解比较充分；②学生有抛掷两枚质地均匀的硬币的实际操作经验；③线上教学，学生可以翻看教材．教师又通过追问"如果样本点合并为21个时，是否是古典概型"，引发学生的深度学习，进一步理解古典概型的定义．在运用古典概型求概率时需要满足所有的基本事件都是等可能的，所以这里在头脑中要有一个判断的过程．通过两个例题的讨论，学生渐渐地从记忆古典概型的概念到意识到古典概型的两个条件在实际解题过程中的意义，并逐渐学会运用古典概型解决随机事件的概率问题．有的学生在罗列样本空间时会有遗漏，所以这里使用列表法和数轴法让学生更清楚地看到所有的基本事件数，使用这些方法可以更好地列出所有的样本空间．

（二）学生错误

这部分从"简单随机事件的概率""古典概型的概念""两步试验比较和计算"三个方面分析学生存在的错误．在前测中我们发现学生存在着代表性启发的错误（表3-17），因此在古典概型这节课的后测中我们进一步观察学生对随机事件概率问题的回答，并与前测结果进行比较（表3-18）．《古典概型》这节课的目标是：①理解随机试验的概率、古典概型的两大特征，并以此为依据判断实验是否为古典概型，我们通过题目1、题目2来检测这一目标是否达成（见附件2）．②掌握列举试验样本空间样本点的总数，以及随机事件所含的样本点的方法，并利用古典概型概率公式解决一些基本概率问题．我们通过题目3、题目4来检测学生对古典概型的理解．学生在简单随机事件的概率这部分完成得较好，但对古典概型的掌握不够好，题目3、题目4的正确率相对较低.

表3-17 学生在古典概型课前测试中的回答情况（$n=45$）

	正确	错误
题目1（1）	84%（38）	16%（7）
题目1（2）	82%（37）	18%（8）
题目2	87%（39）	13%（6）

表3-18 学生在古典概型课后测试中的回答情况（$n=69$）

	正确	错误
题目1	100%（45）	0%（0）
题目2	82%（37）	18%（8）
题目3	84%（38）	16%（7）
题目4	87%（39）	13%（6）

前测主要了解学生能否解决随机试验的概率问题.

后测主要了解学生对古典概型的掌握情况.

题目1、题目2主要考查学生是否能解决简单的随机事件的概率问题，与前测的问题相呼应.

题目1同学们全部答对，与前测对比可以看出本节课使学生对随机试验有了更好的理解.

题目2有四个同学选择了 B，研究中访谈了其中一位刘姓的同学.

访谈者：为什么"选择 BGGBGB 的可能比 GGGGGG 大"呢？

刘同学：我觉得一直生女孩的概率可能比较小，因为生男孩和生女孩的几率是相同的，不过如果都是生女孩的话，这个概率肯定要小一点.

访谈者：为什么会小一点？

刘同学：很难见到.

访谈者：如果看基本事件的话，GGGGGG 是不是一个基本事件？

刘同学：是．

访谈者：BGGBGB 也是一个基本事件，是吗？

刘同学：是．

访谈者：这些基本事件的可能性一样吗？

刘同学：一样．

访谈者：那这不就是说 BGGBGB 与 GGGGGG 出现的可能是一样的吗？

刘同学：嗯……我不知道是怎么回事．

访谈者：你认为你读懂这道题了吗？

刘同学：读懂了．

这位同学对概率有着典型的代表性的误解，在访谈过程中，访谈者尝试使学生面对认知冲突，让学生感到迷惑，但没有能够转化自己的想法，得到正确的解题思路．但在概率的前测中，刘同学对于四个正面问题及硬币序列问题的解答都是正确的，这可以看出刘同学对概率的理解是不稳定的．

题目 3 通过学生对"基本事件""事件 A 包含的基本事件"及"每个基本事件发生的可能性"的回答考查学生对古典概型概念的理解．有 38 位同学的题目 3 完全答对，7 名同学答错．经过和学生的交流，这些同学中有 6 名对题目 3 的回答错误，但认为这些同学也能够理解问题中的基本事件，掌握了古典概型的概念，但是对具体情境中的问题的理解还不够透彻，不能根据材料读懂包含的基本事件．另外，有 1 名同学（图 3-74）忽略了对古典概型中事件的等可能性的要求，这也说明学生还是会有不注意分析基本事件的等可能性、机械地运用古典概型公式进行计算的情况．

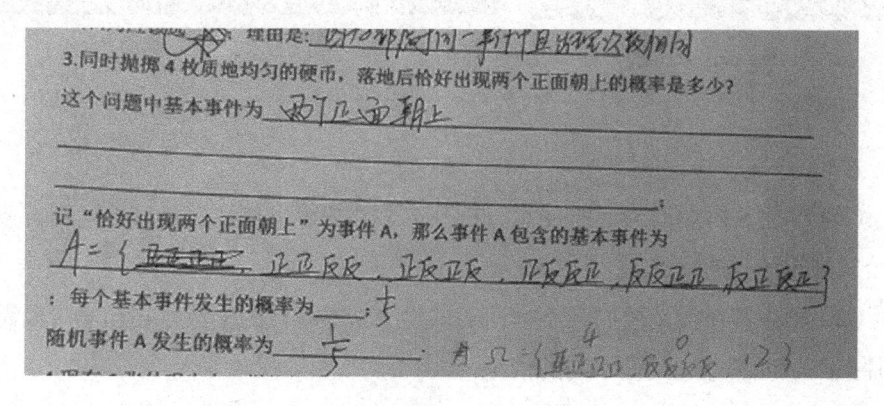

图3-74

题目 4 学生通过构建概率模型解决具体问题，对"如何利用数据判断游戏的公平性"有了更好的认识．在测试后，有 39 位同学对题目 4 完全答对，6 名同学答错．其中，有三名同学的答案是一样的，我们抽取其中一位同学，对其进行访谈．

研究者：为什么答案是相同的呢？

阿同学：按照我的想法，顶多就是要么一个人赢，要么另外一个人赢，那么概率都是 50%．要么是小张赢，要么是小李赢，机会都是 50%．

这是较典型的等可能性偏见，即认为一次试验中每一结果发生的概率都相等．

下是对另一位潘同学的访谈：

研究者：这里为什么是可能性相等？

潘同学：因为我感觉奇数和偶数的概率都一样吧．一共 6 张牌……

研究者：这里是摸到两张牌的点数和（点数和重读）为奇数或偶数啊．

潘同学：3 张奇数，3 张偶数，奇数和与偶数和应该也是相等吧．

题目 4 中有两位同学给出了错误的样本空间，认为抽取的牌是放回的，所以认为基本事件的个数是 36（图 3-75、图 3-76）．

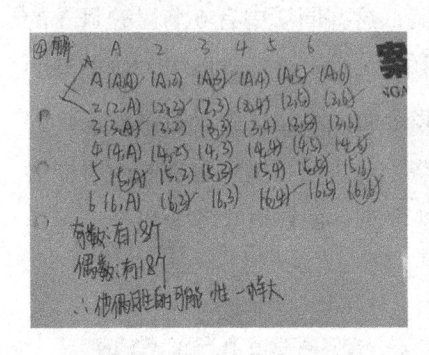

图 3-75

图 3-76

小结：

（1）学生在解题时会有不注意分析基本事件的等可能性、机械地运用古典概型公式进行计算的情况．

（2）学生容易混淆放回与不放回的试验中基本事件的个数，在初学阶段需要老师提醒学生注意这两种不同的情况．

（3）学生对问题情境的阅读仍有不同程度的困难，对材料内容的理解也存在不同的差异，学生对问题的阅读理解程度直接影响着学生做题的准确度.

数学阅读过程同一般阅读过程一样，是一个完整的心理活动过程，包含语言符号、文字、数学符号、术语、公式、图表等的感知和认读、新概念的同化和顺应、阅读材料的理解和记忆等各种心理活动因素，因此，在教学中要创建合适的情境，加强学生阅读能力的培养.

六、教学特色

（一）立足教材，落实课堂

本节课利用数学家卡当赌博的游戏引课，能很好地激发学生研究的积极性. 古典概型求概率很简单，学生在意识中可能都会算，但为什么这么算，学生可能不会说理，因此本节课利用教材中尝试与发现问题进行切入，引导学生逐步发现问题的共同特征，进而得到古典概型的定义. 在通过求事件的概率得到古典概型概率的计算公式，而且利用事件的性质及事件的关系进行严格的证明，使得古典概型概率公式严谨. 在这个过程中，学生也经历了从特殊到一般、从具体到抽象的推理过程，这有利于发展学生数学核心素养.

（二）贴近生活，文化育人

古典概型经历了悠久的历史，其本身就蕴含着丰富的数学文化内涵，其数学文化价值在科学、社会、人文和美学等多方面都有体现. 从教学过程来看，通过设计问题情境，能够让学生在亲自体验的过程中对知识进行探索，在营造课堂氛围的同时，让学生深刻地感受到数学文化的魅力. 教学过程中从赌博问题引入，利用所学知识解决问题，并给学生布置分配赌注问题作为课后作业，体现古典概型的发展、数学知识在实际生活中的应用. 同时介绍古典概型发展的历史，让学生了解数学史，数学家的伟大成就，达到激励学生的目的.

（三）锻炼思维，发展素养

思维是数学核心素养的源泉，是学生发展逻辑推理能力的关键. 较高的数学逻辑思维能力，不管是在高中阶段的学习中，还是在学生今后的成长发展中都起着重要的作用. 本节课将"情境"与"问题串"联系起来，学生在问题串的引导下不断思考，对数学知识进行深度加工，促进对数学概念、数学规律的深度理解. 通过问题情境，引导学生思考问题、发现问题、分析问题、解决问题，发展学生数学抽象、数学建模、逻辑推理的核心素养.

附件 1　前测题目：

1. 数学试验：同时抛掷两枚质地均匀的硬币．

试验前你认为：同时抛掷两枚质地均匀的硬币，掷到一个正面和一个反面的概率是多少？解释你的结论．

试验后你认为：同时抛掷两枚质地均匀的硬币，掷到一个正面和一个反面的概率是多少？解释你的结论．

2. 假设你抛掷硬币六次，记下每次投掷的结果，用 H 表示正面向上，T 表示反面向上，出现下面哪种结果最有可能？解释原因．

	第一次投掷	第二次投掷	第三次投掷	第四次投掷	第五次投掷	第六次投掷
A	T	H	T	H	T	H
B	T	T	H	H	H	H
C	H	H	H	T	T	T
D	T	T	T	H	T	T
E	哪种结果都可能					

解释：＿＿＿＿＿＿＿＿＿＿＿＿＿＿＿＿＿＿＿＿＿＿＿

附件2 后测题目：

1. 抛一枚均匀硬币，前四次全是正面，则第五次得到正面的概率是（   ）.

   A. 小于得到反面的概率　　　B. 大于得到反面的概率

   C. 等于得到反面的概率　　　D. 取决于前面得到正面的数量

   我认为应该选_____. 理由是：_____.

2. 在一个有六个孩子的家庭中，BGGBGB（B代表男孩，G代表女孩）这一出生顺序发生的可能性比GGGGGG的可行性（   ）.

   A. 小　　　B. 大　　　C. 相等　　　D. 无法比较，不知道

   我认为应该选_____. 理由是：_____.

3. 同时抛掷4枚质地均匀的硬币，落地后恰好出现两个正面朝上的概率是多少？

   这个问题中基本事件为_____；记"恰好出现两个正面朝上"为事件A，那么事件A包含的基本事件为_____；每个基本事件发生的概率为_____；随机事件A发生的概率为_____.

4. 现有6张外观完全一样的扑克牌，分别是红心A、2、3、4、5、6（红心A计为"1"）. 现在小李和小刘各摸一张牌，如果两张牌的点数之和为奇数小刘胜，否则小李胜. 问游戏谁胜的可能性大？（说明理由）

案例十八

《导数在研究函数中的应用——函数的单调性》教学设计

一、教学内容分析

本节课是人教 A 版《普通高中教科书·数学（选择性必修第二册）》第五章《一元函数的导数及其应用》第三节《导数在研究函数中的应用——函数的单调性》的内容.

（一）本章内容分析

导数是微积分的核心内容之一，是现代数学的基本概念，蕴含着微积分的基本思想；导数定量刻画了函数的局部变化，是研究函数性质的基本方法. 本章通过具体情境，引导学生直观理解导数概念、感悟极限思想、指导极限思想是人类深刻认识和表达现实世界必备的思维品质；通过本章学习，学生能理解导数是一种借助极限的运算，掌握导数的基本运算规则，能求简单函数和简单符合函数的导数，能利用导数研究简单函数的性质和变化规律，能利用导数解决简单的实际问题. 通过本章的学习，学生的数学抽象、数学运算、直观想象和逻辑推理的素养将得到进一步提升.

（二）本节内容分析

本节内容是学生学习了函数的平均变化率、瞬时变化率、导数的定义和几何意义、导数的运算之后，学习的"导数在研究函数中的应用"的第一个应用，也是后续学习"导数在研究函数中的应用——函数的极值与最大（小）值"的知识铺垫和知识基础，具有承上启下的作用. 单调性作为函数的主要性质之一，是用来刻画函数的变化趋势的，学生在必修第一册已经学习了函数单调性的定义，也能够借助函数图象的特征和单调性的定义来研究一些简单函数的单调性. 本节课通过探究函数单调性与导数之间的内在联系，继续研究函数单调性，是对函数单调性研究的深入和拓展.

本节课是导数研究函数单调性的第一节课，采用教师启发、引导，学生观察、归纳的教学方法，通过创设问题情境，引导探究，师生交流，最终发现结论，获得方法. 为达成教学目标，突出重点，突破难点，拟采取以下措施：

（1）创设情境，引出问题．通过对高台跳水运动员离水面高度与时间函数图象的分析，让学生感知高度与速度方向之间的关系，进而让学生形成函数单调性与瞬时变化率之间的直接联想．

（2）以具体的函数为例，探究函数单调性与导数的关系，渗透数形结合的思想方法，让学生感知从具体到抽象、从特殊到一般、从感性到理性的认知过程，使学生对导数方法和单调性概念的认识不断深入．

（3）以问题为载体，驱动学生主动参与、自主探究、合作探究，教师启发引导，形成结论．培养学生观察、归纳、抽象的能力和认真分析、严谨论证的良好思维习惯，强化学生对数学基本知识的理解与掌握．

（4）在应用方法阶段，通过例题的解决过程，帮助学生掌握用导数方法研究函数单调性的方法，理解导数与函数单调性之间的关系．

二、学生情况分析

在高一阶段，学生已经掌握了利用单调性定义来研究函数的变化趋势的方法，掌握了基本初等函数的图像特征和基本性质，具备了一定的分析问题和解决问题的能力．

通过本章第一、二节的学习，学生已经掌握了导数的定义及其几何意义，简单函数四则运算的导数公式，尤其是已经有了"割线逼近切线"这种极限的数学思想，为本节课提供了充分的思想方法准备和用导数探究函数单调性的知识储备．

将导数与函数单调性进行联系，但因学生的抽象能力不够，所以要通过图象让学生去认识和感知导数与函数单调性的关系，这样既可降低学生的学习难度，又有利于真正理解导数与函数单调性之间的联系，体现几何直观这一重要数学思想方法对数学学习的意义和作用．

从函数单调性的定义出发，进行适当的引导，结合增量的概念，学生是可以发现函数单调性与平均变化率、瞬时变化率之间的联系的．通过引导学生不断探究，进行联想，逐步将导数与函数单调性联系起来，提升学生的抽象概括能力．

三、教学目标与重难点

教学目标：

（1）借助几何直观，在观察、探索、猜想的基础上，归纳出函数单调性与导数的关系，并用其判断函数的单调性，经历"由形到数"的过程；理解并掌握用导数研究函数单调性的方法及步骤，会用导数求函数的单调区间，经历"由数到形"的过程．

（2）从特殊函数出发，体会"从特殊到一般"的数学思想方法；借助图象为结论提供直观支持，培养数形结合意识和应用数学知识解决问题的数学思维；通过单调性定义与导数方法在研究函数单调性过程中的比较，体会导数方法在研究函数性质中的一般性和有效性．

教学重点：函数的单调性与导数值正负之间的关系．

教学难点：发现函数的单调性与导数正负值之间的关系．

四、教学过程

（一）前测评析，创设情境

（1）利用函数单调性定义证明：$f(x)=x^2+2x$ 在（0，$+\infty$）上单调递增．

典型错误1：利用函数图象说明函数 $f(x)$ 在（0，$+\infty$）上单调递增．

典型错误2：对 $f(x_1)-f(x_2)$ 没有化简到位，在判断符号时理由不充分．

（2）下图表示高台跳水运动员离水面高度 h 随时间 t 变化的函数图象．请从瞬时速度的角度分析该运动员从起跳到入水的过程中离水面高度 h 的变化情况．

典型错误1：只能描述出物理运动状态．

典型错误2：能结合瞬时速度描述出该运动员的运动状态，但是对导数的几何意义理解不到位．

【设计意图】 创设科学情境，与物理学科知识相结合．通过对前测1的分析，使学生对函数单调性定义理解更加深刻．通过对前测2的分析，使学生对导数的几何意义理解更加到位．提升学生直观想象素养．

（二）温故知新，探究新知

图 3-77 表示高台跳水运动员离水面高度 h 随时间变化的函数图象．

问题 1 从数学中函数的角度来分析：

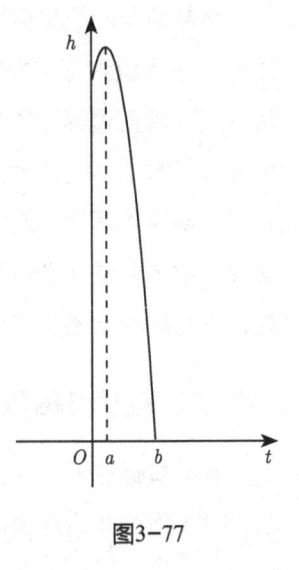

在 $[0, a)$ 上 $h(t)$ ___单调递增___；

在 $(a, b]$ 上 $h(t)$ ___单调递减___．

图3-77

问题2 物理中的瞬时速度对应的是我们最近学习的哪个数学概念呢?

【设计意图】借助图象,直观感知函数的单调性,图象先升后降,函数先增后减. 由物理中的位移与瞬时速度的关系到数学中的函数与导数关系,提升数学抽象素养.

问题3 在这个问题中,导数与函数单调性的关系是什么?

如图 3-78 所示,导数值大于零时,函数单调递增;导数值小于零时,函数单调递减.

问题4 这种规律是否具有一般性?能否由导数值的正负来判断函数的单调性?

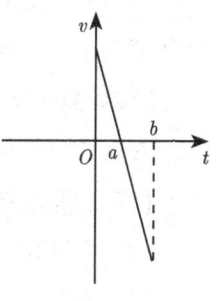

图3-78

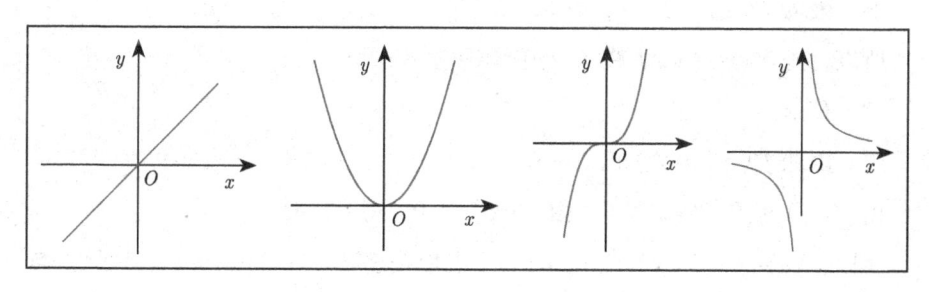

图3-79

如图 3-79 所示:

在某个区间 (a, b) 上,如果 $f'(x) > 0$,那么函数 $y = f(x)$ 在区间 (a, b) 上单调递增;

在某个区间 (a, b) 上,如果 $f'(x) < 0$,那么函数 $y = f(x)$ 在区间 (a, b) 上单调递减.

【设计意图】培养数学结合思想,用联系的观点看问题的意识. 培养由特殊到一般,由具体到抽象的归纳概括能力.

问题5 导数的绝对值有什么作用?

(GGB 演示进行演示) 导数绝对值的大小表示函数值增减的快慢.

问题6 以增函数为例:

一般地,设函数 $f(x)$ 的定义域为 I,区间 $D \subseteq I$,如果 $\forall x_1, x_2 \in D$,当 $x_1 < x_2$ 时,都有 $f(x_1) < f(x_2)$,那么就称函数 $f(x)$ 在区间 D 上单调递增.

从"数"的角度考虑，为什么函数的单调性与导数值有这样的关系？

$\dfrac{f(x_1)-f(x_2)}{x_1-x_2}>0$ 即 $\dfrac{\Delta y}{\Delta x}>0$，即平均变化率为正．

如果瞬时变化率为正，也就是导数值为正，可以得到平均变化率为正，所以导数值为正时，函数单调递增．同理，导数值为负时，函数单调递减．

【设计意图】通过几何画板演示，发现导数与函数单调性更具体的量化的关系．理解几何直观背后的逻辑关系，强化导数与函数单调性的关系．

(三) 新知应用，例题讲解

例1 利用导数判断下列函数的单调性．

(1) $f(x)=x^3+3x$.

解：因为 $f'(x)=3x^2+3>0$，

所以，函数 $y=f(x)$ 在 R 上单调递增．

(2) $f(x)=e^x-x$.

解：因为 $f'(x)=e^x-1$，

由 $f'(x)<0$，得 $x<0$；由 $f'(x)>0$，得 $x>0$．

所以，函数 $y=f(x)$ 在 $(-\infty,0)$ 上单调递减，在 $(0,\infty)$ 上单调递增．

例2 已知导函数 $f'(x)$ 的图象（图3-80），请写出函数 $y=f(x)$ 的单调区间．

解：在 (a,b) 上，导数大于零，单调递增；

在 (b,d) 上，导数小于零，单调递减，

在 (d,g) 上，导数大于等于零，单调递增．

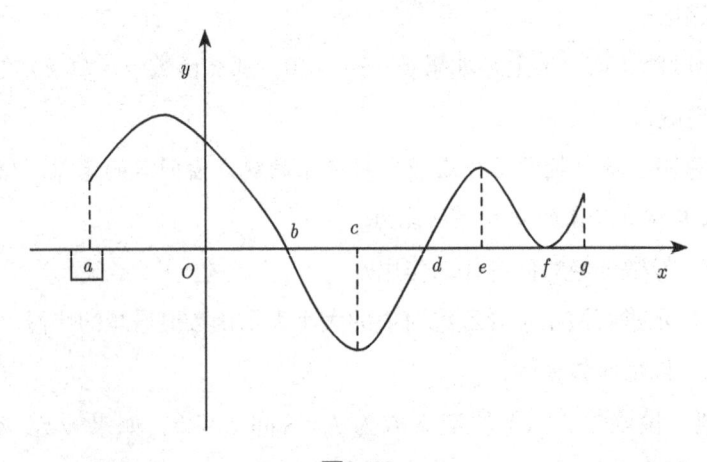

图3-80

【设计意图】理解导数与函数单调性的关系,熟悉利用导数求单调区间的步骤.

(四)归纳总结,巩固提升

通过本节课的学习,你有哪些收获?

(1)理解导数与函数单调性之间的关系.

(2)掌握利用导数求函数单调性的方法.

(3)学会研究一个数学问题的方法.

课后思考:

(1)导数大于零与函数单调递增有什么关系,导数小于零与函数单调递减有什么关系?(提示:函数瞬时变化率即导数,与函数平均变化率的关系)

(2)导数大于零是函数单调递增的充分不必要条件,导数小于零是函数单调递减的充分不必要条件.

五、教学反思

(一)难点突破有效果

导数是微积分的核心内容之一,是现代数学的基本概念,蕴含着微积分的基本思想,单调性作为函数的主要性质之一,主要用来刻画图象的变化趋势,这两个概念都是非常抽象的.本课的难点是引导学生发现导数与函数单调性之间的联系,为了突破这个难点,本课采取了两个主要的措施:一是通过前测和前测分析,使学生从跳水问题中的位移方向与速度方向到函数的单调性与导数值的正负理解不再那么抽象;二是从特殊到一般的思想方法,从几个特殊函数的单调性与切线斜率的关系到一般函数的单调性与导数的关系,这两个措施使得学生对函数的单调性与导数的关系从直观上认识更加到位.

(二)逻辑关系更清晰

从单调性的定义的等价形式与平均变化率和瞬时变化率的关系来理解函数单调性与导数的关系,能够使学生不光在直观上理解函数的单调性与导数的关系,还能在逻辑上搞清楚函数的单调性与导数的本质联系.

(三)问题递进有层次

采取问题串的形式,使学生对函数的单调性与导数的理解不断深化,而且问题之间的接续性也能够时刻把学生的注意力集中到课堂上,同时了提高了学生的思维品质.

（四）缺点与不足

教师对数学知识和物理知识之间的区别认识不够到位，之间的引导衔接还不够自然顺畅；由于前测分析部分设计有不合理之处，不够紧凑，使得课堂练习和课堂小结时间有点紧张，没有达到理想的效果.

六、教学特色

（1）增加了前测试卷，能够很好地了解学生对跳水问题中运动员的运动状态及对其中蕴含的数学问题的掌握情况，为本节课做准备.

（2）先直观后抽象，从特殊到一般. 既遵从学生的认知规律，又兼顾数学学科讲究逻辑推理的特点，使学生对导数与函数单调性的认识不断深化.

（3）课上利用GGB软件，能够演示函数动态的变化规律，对学生直观的认识导数与函数单调性的关系有一定的帮助.

（4）课后思考题，对于学优生理解导数的概念、极限思想有一定的价值.

案例十九

《正弦型函数在指定区间内的单调性问题》教学案例

对于秋季入学的高一学生来说，三角函数部分是学起来较困难的内容，所以专题复习课是非常应时、应需且必要的. 三角函数是描述周期现象的重要的数学模型，它的相关性质在物理及其他学科领域中都有较强的实际意义. 学好三角函数的知识应该首先学透正弦函数，之后利用类比迁移的思想，就能够对余弦函数及正切函数有较为精准的把握. 因此，正弦函数的图象及其相关性质尤为重要.

笔者作了一次《正弦型函数在指定区间内的单调性问题》的在线专题辅导课. 这里的"正弦型函数"指的是形如 $y=a\sin(\omega x+\varphi)+b$ 的函数，其中 a、ω、φ、b 为常数，且 $\omega>0$.

一、辅导内容的确定

通过上学期的学习，学生对三角函数的基本知识、方法比较熟悉，会求正弦函数的单调区间及在指定区间内的最值，比较熟悉转化、化归、数形结合的基本思想方法；具备了较好的辨析能力、语言表达能力和推理论证能力；在系统地处理正弦函数问题的方法及对问题本质的探索和思考等方面还有待进一步地提高.

根据高一学生刚刚学完三角函数相关知识，还存在缺少系统化整合训练的特点，辅导过程聚焦在学生的薄弱痛点：正弦型函数在指定区间内的单调性问题. 先复习两类基本的问题：一是求正弦型函数的单调区间问题；二是求正弦型函数在指定区间内的最大值、最小值问题. 其目的是帮助学生梳理、区分、强化两类问题的思考方式，同时为引导学生探讨核心问题"正弦型函数在指定区间内的单调性问题"作知识、方法的铺垫. 帮助学生运用类比和转化、数形结合等手段，突破难点，得到处理这类问题的两种方法，进一步反思、提炼、沉淀解决这类问题的经验.

二、辅导方式的选择

采用钉钉网上辅导的方式。在这个平台上，可以让有相同需要的学生组成班集，同时在线接受辅导，主动探索，积极互动，参与讨论，在探究过程中亲身经历知识的转化、发展过程，在实践中经历类比、思维迁移的全过程，感受正弦型函数相关知识、方法之间的融会贯通的系统模式。在共鸣中反思、总结、沉淀有关正弦型函数在指定区间内的单调性问题的本质；如何有效破解此类问题，建构相应多样化的解题策略，发散数学思维，训练创造能力，最终回归相同的数学结论。实践证明，这种辅导方式在非常时期效果是不错的。

三、辅导思路简述

课前要求学生复习求正弦函数的单调区间及其在指定区间内的最值问题的思路、方法。课上从简单求正弦型函数的单调区间的复习开始，先锁定问题的特点，确定目标方法，得到问题的结论，注意强调问题的结果要写成区间的形式。接下来，复习求这个函数在指定区间内的最大值、最小值，通过数形结合得出相关结论，注意强调，在求最值时，一定要写出相应的自变量的取值。接下来，探究正弦型函数在指定区间内的单调性问题，从文字表述的角度类比它与前两个问题之间的区别和联系，引导学生利用前面两个问题的不同方向，去探究、思考这类问题，得出两种不同的解题策略。

整个教学内容的设计围绕着同一函数式展开，旨在减少函数形式变换带来的干扰，让学生集中精力思考本节课的关键难点：如何确定方向、类比迁移、合理改进，得到一类新问题在两种视角下的不同探究方案，得出相同的数学结论，最终形成对此类问题的本源知识、方法、解题策略的建构，形成可操作的一类解题方案。在教学活动中，还应注重学生逻辑推理核心素养的培养。

说明：由于教学环境的改变，必须把规范的解题过程用PPT完整地展现给学生，由于不能面对面地纠正和辅导，需要学生自己根据规范化过程进行校对和修改。

四、辅导过程简述

1. 复习引入，明确主题

核心知识．正弦函数的图象及单调区间，是本专题的核心知识．以此为基础，为本节课的展开做好知识铺垫（图3-81）．

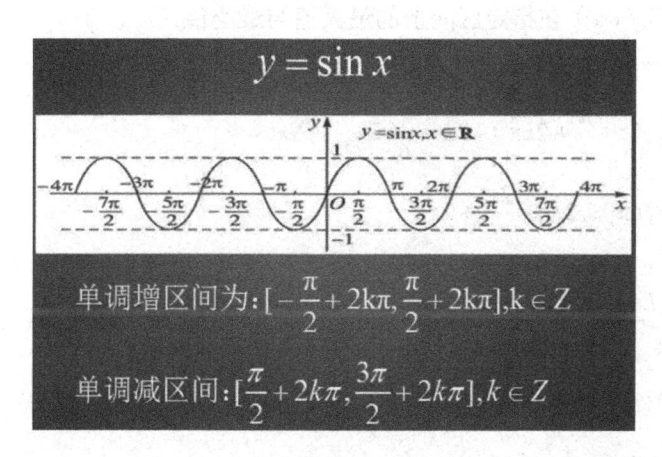

图3-81

引发思考．

例　已知函数 $f(x)=\sin\left(2x-\dfrac{\pi}{6}\right)-\dfrac{1}{2}$．

（1）求 $f(x)$ 的单调区间；

（2）求 $f(x)$ 在区间 $\left[-\dfrac{\pi}{2},0\right]$ 上的最大值和最小值（值域）．

教师引导学生思考如下问题：①第（1）问怎么求解？需要注意哪些问题？②第（2）问怎么求解？需要注意哪些问题？③第（1）问和第（2）问从图象的角度看有什么不同？

学生通过独立思考和互动交流，能够找到此类问题的解决的方向，进而给出详细、准确的求解过程；能够总结出解决正弦型函数单调区间、指定区间上最值问题的主要步骤．

这样设计的意图是，培养学生灵活的转化与数形结合的数学思想，通过总结类比两类问题研究的基本思路、方法，进一步思考这两类问题背后的图象特点．

下面是一个同学的解答过程.

思路：把 $2x-\dfrac{\pi}{6}$ 看成是 u，函数 $f(x)=\sin\left(2x-\dfrac{\pi}{6}\right)-\dfrac{1}{2}$ 就可以看成是 $g(u)=\sin u-\dfrac{1}{2}$，根据 $g(u)$ 的单调区间来确定 $f(x)$ 的单调区间. 另外，根据 x 的范围可以确定 u 的范围，从而求出 $g(u)$ 在确定范围内的最大值与最小值，进而求出 $f(x)$ 在指定区间上的最大值与最小值.

详解：

解：（1）令 $-\dfrac{\pi}{2}+2k\pi\leqslant 2x-\dfrac{\pi}{6}\leqslant\dfrac{\pi}{2}+2k\pi$，

则 $-\dfrac{\pi}{3}+2k\pi\leqslant 2x\leqslant\dfrac{2\pi}{3}+2k\pi$，

故 $-\dfrac{\pi}{6}+k\pi\leqslant x\leqslant\dfrac{\pi}{3}+k\pi$，

因此，$f(x)$ 的单调递增区间为 $\left[-\dfrac{\pi}{6}+k\pi,\dfrac{\pi}{3}+k\pi\right]$，其中 $k\in Z$；

令 $\dfrac{\pi}{2}+2k\pi\leqslant 2x-\dfrac{\pi}{6}\leqslant\dfrac{3\pi}{2}+2k\pi$，

则 $\dfrac{2\pi}{3}+2k\pi\leqslant 2x\leqslant\dfrac{5\pi}{3}+2k\pi$，

故 $\dfrac{\pi}{3}+k\pi\leqslant x\leqslant\dfrac{5\pi}{6}+k\pi$，

因此，$f(x)$ 的单调递减区间为 $\left[\dfrac{\pi}{3}+k\pi,\dfrac{5\pi}{6}+k\pi\right]$，其中 $k\in Z$.

（2）因为 $-\dfrac{\pi}{2}\leqslant x\leqslant 0$，所以 $-\dfrac{7\pi}{6}\leqslant 2x-\dfrac{\pi}{6}\leqslant-\dfrac{\pi}{6}$.

当 $2x-\dfrac{\pi}{6}=-\dfrac{\pi}{2}$，即 $x=-\dfrac{\pi}{6}$ 时，$f(x)_{\min}=-1-\dfrac{1}{2}=-\dfrac{3}{2}$；

当 $2x-\dfrac{\pi}{6}=-\dfrac{7\pi}{6}$，即 $x=-\dfrac{\pi}{2}$ 时，$f(x)_{\max}=\dfrac{1}{2}-\dfrac{1}{2}=0$（也就是值域为 $\left[-\dfrac{3}{2},0\right]$）.

受这位同学解题过程的启发，同学们认识到从图象的角度看，题目中第（1）问和第（2）问的区别在于，第（1）问用函数 $g(u) = \sin u - \frac{1}{2}$ 的整个图象去解决，而第二问要根据函数 $g(u) = \sin u - \frac{1}{2}$ 在 x 指定区间所确定的 u 的范围（函数 $g(u)$ 图象的一部分，我们称之为切图）去解决.

2. 追根溯源，沉淀经验

在此基础上，笔者设计了如下 4 个问题．设计意图有两个，一是引导学生通过对例题及相关问题的总结、回顾，积累有关正弦型函数求单调区间及求指定区间上的最值问题的方法、思路及注意事项；二是引导学生总结、对比两类问题的形式及不同的解题策略，区分、强化记忆．同时，体验用联系的观点尝试在已有问题的基础上建构、提出新问题，站位更高．

师：求正弦型函数单调区间的基本思路是什么？

学生：……

师：要注意问题是求单调递增区间，还是单调递减区间？如果没有明确说明，如例题中的第（1）问，就要全面求出．特别是结论一定要写成区间的形式，别忘了标出 $k \in Z$．

师：求正弦型函数在指定区间上的最值问题的基本思路是什么？

学生：……

师：要注意整个过程中蕴含的换元的思想，区间一定要转化准确，切图、识图是关键．注意求最值问题，一般要写出相应的 x 的值，这个问题也等价于求值域．

师：这两个问题从图象的角度看，本质区别是什么？

学生：……

师：问题（1）和问题（2）从图象的角度看，其本质区别就是问题（1）是全图象，而问题（2）是部分图象，结论要从图象上去观察得到．

师：你能将问题（1）和问题（2）的问法进行整合，对例题提出一个新的问题吗？

学生：……

3. 实践应用，拓展综合

下面是一名同学将问题（1）和问题（2）的问法进行整合，给例题加了一个第（3）问，提出了一个新的问题．

例 已知函数 $f(x) = \sin\left(2x - \dfrac{\pi}{6}\right) - \dfrac{1}{2}$.

（1）求 $f(x)$ 的单调区间；

（2）求 $f(x)$ 在区间 $\left[-\dfrac{\pi}{2}, 0\right]$ 上的最大值和最小值（值域）；

（3）求 $f(x)$ 在区间 $\left[-\dfrac{\pi}{4}, \dfrac{\pi}{2}\right]$ 上的单调递减区间.

引导学生思考：第（3）个问题从提法上看，与第（1）问和第（2）问有什么不同？

和第（1）问比较，都是求单调区间，不同的是第（1）问没指定在哪个区间上求单调区间，而第（3）问是在指定区间内求单调递减区间.

和第（2）问相比，两者都指定了区间，不同的是，第（2）问是在指定区间内求最值，而第（3）问是在指定区间内求单调递减区间.

解法一：着眼于"指定的区间"，类似第（2）问的思维方式.

因为 $x \in \left[-\dfrac{\pi}{4}, \dfrac{\pi}{2}\right]$，所以 $2x - \dfrac{\pi}{6} \in \left[-\dfrac{2\pi}{3}, \dfrac{5\pi}{6}\right]$.

若 $f(x)$ 为单调递减函数，由图（函数 $g(u) + \dfrac{1}{2}$ 的图象）（图3-82），必有

$2x - \dfrac{\pi}{6} \in \left[-\dfrac{2\pi}{3}, -\dfrac{\pi}{2}\right]$ 或 $2x - \dfrac{\pi}{6} \in \left[\dfrac{\pi}{2}, \dfrac{5\pi}{6}\right]$，故 $2x \in \left[-\dfrac{\pi}{2}, -\dfrac{\pi}{3}\right]$ 或 $2x \in \left[\dfrac{2\pi}{3}, \pi\right]$，即

$x \in \left[-\dfrac{\pi}{4}, -\dfrac{\pi}{6}\right]$ 或 $x \in \left[\dfrac{\pi}{3}, \dfrac{\pi}{2}\right]$.

因此 $f(x)$ 的单调递减区间为 $\left[-\dfrac{\pi}{4}, -\dfrac{\pi}{6}\right]$，$\left[\dfrac{\pi}{3}, \dfrac{\pi}{2}\right]$.（注意这里不能用 ∪ 符号）

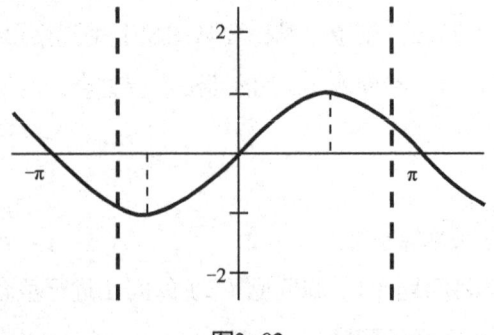

图3-82

解法二：着眼于"求单调区间"，利用第（1）问的结论.

由（1）可知 $f(x)$ 的单调递减区间为 $\left[\dfrac{\pi}{3}+k\pi, \dfrac{5\pi}{6}+k\pi\right]$，其中 $k\in Z$.

则 $f(x)$ 在区间 $\left[-\dfrac{\pi}{4},\dfrac{\pi}{2}\right]$ 上的单调递减区间应为集合 $\left[\dfrac{\pi}{3}+k\pi, \dfrac{5\pi}{6}+k\pi\right]$

与区间 $\left[-\dfrac{\pi}{4},\dfrac{\pi}{2}\right]$ 的交集. 由图 3-83 可知，$f(x)$ 的单调递减区间为 $\left[-\dfrac{\pi}{4},-\dfrac{\pi}{6}\right]$，

$\left[\dfrac{\pi}{3},\dfrac{\pi}{2}\right]$（注意这里不能用 $\cup$ 符号）.

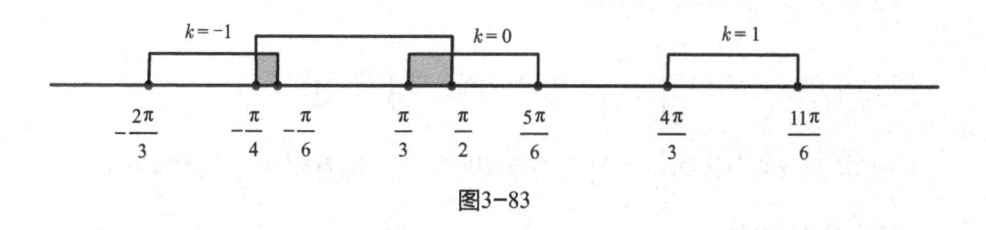

图3-83

学生在此总结探究第（3）问不同的解题方案，并交流、讨论. 问题的解决，经历了三个重要过程：

一是转化. 转化的方向取决于你着眼于问题中的哪个关键词. 如果我们把指定区间作为关键词，就转化为第（3）问的问题；如果我们把求单调区间作为关键词，就转化为第（1）问的问题.

二是策略. 方向确定后，就其已有的解题思路进行调整和改变，获得本题的解题策略.

三是求解. 两种转化方向不同，方法各有千秋，但最终的结果归一，万变不离其宗.

这个教学环节，基于已有的问题形式，适当修改后提出新问题，题干不变，便于学生抓住问题的核心，区分问题的本质差异，快速找到突破路径，成功解题. 这不仅提高了学习效率，更能有效地检验教学目标的达成.

4. 总结沉淀，反思提升

引导学生思考：我们应该如何求正弦型函数在指定区间上的单调区间？并总结概括出关键步骤.

（1）确定问题的转化方向：①指定区间问题；②求单调区间问题．

（2）若转化为指定区间问题，则采用换元的思想，那么切图、识图是关键．

（3）若转化为求单调区间问题，则采用求集合交集的方式，利用数轴求解．

（4）特别要注意，两种方法结论是一致的，当结论是多个区间时，务必不要使用 ∪ 符号．

5. 练习与巩固

为巩固本节课主要知识、方法，要求学生课后在线下完成下面的练习：

已知函数 $f(x) = \sin\left(2x + \dfrac{\pi}{3}\right)$．

（1）求 $f(x)$ 的单调增区间；

（2）求 $f(x)$ 在区间 $\left[0, \dfrac{\pi}{2}\right]$ 上的最大值、最小值（值域）；

（3）求 $f(x)$ 在区间 $[-\pi, 0]$ 上的单调增区间（试着用两种方式解答）．

五、教学特色

本教学设计与以往或其他教学设计相比有以下特点．

（一）开展以"学生发展"为本的建构式"网络课堂"

本节课的教学起点符合学生的实际情况．高一上学期学生对三角函数的图象及相关性质已理解和把握，但由于课时的限制，对于几种性质的综合问题没有进行专门的训练，而这类问题恰恰是未来三角函数考查的重点、难点．利用疫情阶段"停课不停学"的机会，开展此类专题课，帮助学生对三角函数的知识、结构进行进一步的丰富、完善．

（二）学生在类比中思考，在调整中成长

本节课学生在探究、讨论的过程中，不断地调整解题方案，最终自主沉淀出正弦型函数在指定区间上单调性问题的研究策略，教师只作适当的引导、点拨和评定，并溯源了此类问题产生的"本质"——全图还是切图．课堂环境从"教会学生知识"转化为"教会学生学习"．

（三）创设开放的网络课堂教学环境，课堂形式接地气

整堂课的教学使学生思维自然流畅．教学内容是在学生熟悉的问题基础之上，引申出新的与之有关的问题，学生在不知不觉中投入到更深入的思考、探究

中去，获得新的知识．学生自然会创造类似的新问题，既开放了课堂环境，又检验了本节课的教学效果．

(四) 缺憾与不足

由于是网络授课，探究的问题，只能由教师提前预设，标准答案也只能由教师给予展示，这使得课堂灵活度不够．另外由于线上辅导时间不能过长（每节35分钟左右），辅导过程中没有时间留给学生进行课堂练习，所辅导内容的深度和广度也不能与正常的面授课程相比．正因如此，对函数 $y = a\sin(\omega x + \varphi) + b$（其中 a、ω、φ、b 为常数）只进行了 $\omega > 0$ 的情形的研究．

案例二十

《图形计算器助力导数的教学》教学案例

随着新一轮课程改革的推进，人教A版高中数学教材和以往的教材相比，《导数及其应用》一章内容的编排和处理上发生了较大的变化。新教材在没有学习极限概念的情况下，引入了导数的定义，这给学生对概念的理解带来了很大的困难，尽管教材着重强调导数的物理意义——事物的变化率，帮助理解导数概念的本质，但无论是几类基本函数的导数公式的给出，还是它们的几何意义，学生都是借助类比方式进行猜想，或是纯粹机械性地记忆。对严格的极限概念理解的缺失，造成了利用导数研究函数性质时，学生对具体细节，比如极值的局部特征、函数的有界性等掌握不够精准。图形计算器在一定程度上有效地弥补了这些不足，通过融合现代教育技术的数学实验教学，学生利用数形结合、数据分析等方式，加深了对知识的理解和掌握，拓展了数学思维。

在课堂教学中有效地利用图形计算器的辅助功能不仅可以对教材中"给而不证"的结论进行快速验证，也可以帮助学生验证自己讨论问题的正确性。同时，对自己不太了解的函数图形有更深刻的"形"的直观把握。

数学实验一：导数概念的理解

人教A版数学选修2-2教材中对导数进行了如下定义：一般地，函数 $y=f(x)$ 在 $x=x_0$ 处的瞬时变化率是

$$\lim_{\Delta x \to 0} \frac{\Delta y}{\Delta x} = \lim_{\Delta x \to 0} \frac{f(x_0+\Delta x)-f(x_0)}{\Delta x},$$

我们称它为函数 $y=f(x)$ 在 $x=x_0$ 处的导数，记作 $f'(x_0)$ 或 $y'|_{x=x_0}$。

由于学生对极限并不了解，概念中也并没有强调函数什么情况下会有极限，因此学生会认为任何函数在每个点处都有极限。为了让学生对导数的存在有较深入的理解，我们安排了如下的数学实验：

请同学们利用图形计算器研究下列几个函数在某点 $x=x_0$ 处的导数，并观察它们的特点。

（1）$y=f(x)=|x|$；

（2）$y=f(x)=x\sin\dfrac{1}{x}$；

（3）$y=f(x)=x\cos\dfrac{1}{x}$．

对于函数 $y=f(x)=|x|$，利用图形计算器的计算功能发现，当 $x>0$ 时，$y=f'(x)\equiv 1$；当 $x<0$ 时，$y=f'(x)\equiv -1$；而当 $x=0$，图形计算器显示数学错误．同时，学生通过图形计算器的画图功能画出了函数 $y=f(x)=|x|$ 的图象（图3-84）．

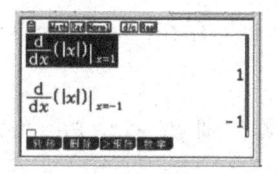

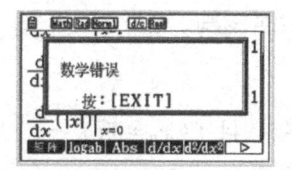

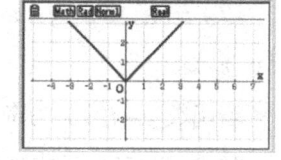

图3-84

对于函数 $y=f(x)=x\sin\dfrac{1}{x}$，利用图形计算器的计算功能发现，当 $x>0$ 时，$y=f'(x)$ 存在，且随着 x 的逐渐增大，$y=f'(x)$ 趋近于0；当 $x<0$ 时，$y=f'(x)$ 存在，且随着 x 的逐渐减小，$y=f'(x)$ 趋于0；而当 $x=0$ 时，图形计算器显示数学错误．同时，学生通过图形计算器的画图功能画出了函数 $y=f(x)=x\sin\dfrac{1}{x}$ 的图象（图3-85）．

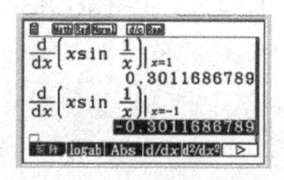

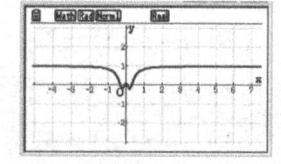

图3-85

对于函数 $y=f(x)=x\cos\dfrac{1}{x}$，利用图形计算器的计算功能和画图功能也得到了如下成果（图3-86）．

学生实验总结：

（1）函数 $y=f(x)$ 导数不存在的两种情况：①函数 $y=f(x)$ 在 $x=x_0$ 处没有定义；②函数 $y=f(x)$ 在 $x=x_0$ 处有定义，但在该点处曲线的连接是尖锐的，不平滑的（左右极限不相等的思想）.

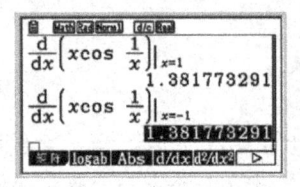

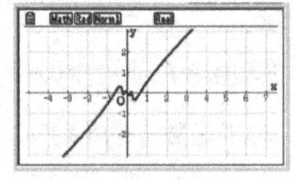

图3-86

（2）若函数 $y=f(x)$ 为偶函数，且 $f'(x_0)$ 与 $f'(-x_0)$ 存在，则 $f'(x_0)=-f'(-x_0)$；

若函数 $y=f(x)$ 为奇函数，且 $f'(x_0)$ 与 $f'(-x_0)$ 存在，则 $f'(x_0)=f'(-x_0)$.

数学实验二：基本初等函数导数公式的验证

人教A版数学选修2-2教材中对于基本初等函数导数的公式，除了常函数给出了推导过程外，其他各个公式并没有给出详细的推导过程. 幂函数采用几类特殊幂函数进行导数的推导后，要求学生采用类比猜想的方法得出公式. 而三角函数、指数函数和对数函数的导数公式直接给出，这样学生对于这几类函数的导数的计算完全是机械性的记忆操作，显得不容易接受. 利用图形计算器可以从数值和几何直观两方面对公式进行有效的验证，让学生承认并接受这些公式的正确性.

以指数函数 $y=f(x)=a^x$（$a>0$，且 $a\neq 1$）的导数公式的探究为例，请学生们利用图形计算器求出下面一组函数在 $x=1$，2，3，4，5时，其导数的值.

（1）$y=f(x)=2^x$；

（2）$y=f(x)=3^x$；

（3）$y=f(x)=5^x$.

利用图形计算器的表格功能，分别画出三个函数的函数值与导数值的表格（图3-87）.

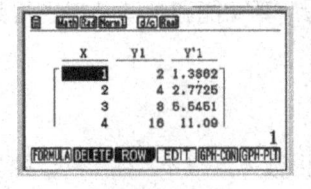

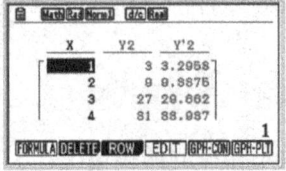

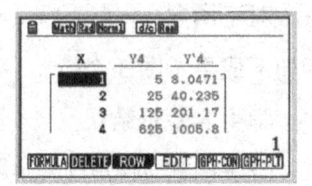

图3-87

再利用图形计算器的计算功能模块进行验证（图3-88）．

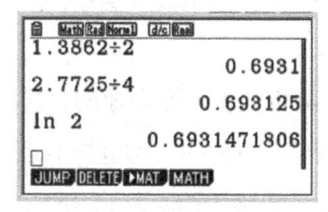

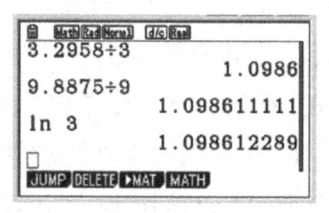

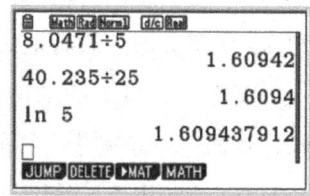

图3-88

学生实验总结：

函数 $y=f(x)=a^x$（$a>0$，且 $a\neq 1$）的导数为 $y=f'(x)=a^x\ln a$．

用同样的方式，学生们分组研究了其他几个基本初等函数 $y=\sin x$，$y=\cos x$，$y=\log_a x$（$a>0$，且 $a\neq 1$）的导数公式的验证，充分感受了图形计算器的验证求真作用．

数学实验三：函数单调性与有界性的联系

导数作为研究函数性质的有力工具，为我们解决许多函数问题提供了一种更简单的方法和途径，比如它在探究函数最值问题中，使用起来就非常方便．对于开区间的最值问题，一定要关注函数图像是否有界，这是学生经常忽略的重要问题．实际上，函数的单调性与有界性是两个独立的概念，函数的极值也只是函数的局部特征．为了重点强调函数有界性的重要作用，我们安排了如下实验：

利用导数研究下面两个函数的最值．

（1）$f(x)=x^3-3x$；

（2）$f(x)=\dfrac{4x}{x^2+1}$．

学生给出的答案如下：

（1）因为 $f(x)=x^3-3x$，所以 $f'(x)=3x^2-3$，故 $x\in(-1,1)$ 时，$f'(x)<0$，所以 $f(x)$ 在 $(-1,1)$ 上是单调减函数；$x\in(-\infty,-1)$ 或 $x\in(1,+\infty)$ 时，$f'(x)>0$，所以 $f(x)$ 在 $(-\infty,-1)$，$(1,+\infty)$ 上是单调增函数．故 $f(x)$ 在定义域内没有最大值，也没有最小值．

（2）因为 $f(x)=\dfrac{4x}{x^2+1}$，所以 $f'(x)=\dfrac{4(1-x^2)}{(x^2+1)^2}$，故 $x\in(-1,1)$ 时，

$f'(x) < 0$，所以 $f(x)$ 在 $(-1, 1)$ 上是单调减函数；$x \in (-\infty, -1)$ 或 $x \in (1, +\infty)$ 时，$f'(x) > 0$，所以 $f(x)$ 在 $(-\infty, -1)$，$(1, +\infty)$ 上是单调增函数. 故 $f(x)$ 在定义域内没有最大值，也没有最小值.

实际上，（1）的结论是正确的，（2）的结论是错误的. 学生惊奇地问：老师，这两个不是完全一样的吗？老师问：这两个函数图象，在你的头脑里是不是也有着大致相同的趋势呢？同学们异口同声地说：是的. 图形计算器有了用武之地，于是要求同学们利用图形计算器作出这两个函数图象，他们得到了如下成果（图 3-89、图 3-90）.

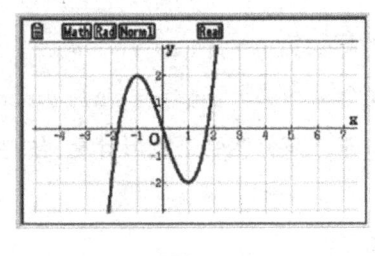

图3-89

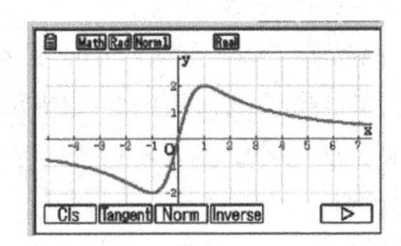

图3-90

从图象对比来看，图 3-89 的函数图象是无界的，因此确实没有最大值和最小值，而图 3-90 的函数图象是有界的，尽管单调区间与图 3-89 的单调区间一致，但图象所占据的位置完全不同，因此由图 3-90 可知，函数 $f(x) = \dfrac{4x}{x^2+1}$ 在定义域内有最大值和最小值，即 $f(x)_{\max} = f(x)_{极大值} = f(1) = 2$；$f(x)_{\min} = f(x)_{极小值} = f(-1) = -2$.

学生实验总结：讨论函数在开区间上的最值问题，除了要关注函数的单调区间和极值点外，还要关注函数在该区间上是否有界. 单调增函数的函数值未必可以无限大，单调减函数的函数值也未必可以无限小，这要具体情况具体分析.

借助图形计算器开展有效的数学实验活动，充分发挥"现代教育技术"的教学辅助作用，不仅能够调动学生认识和实践的主观能动性，而且能够有效地突破教学环节中的重难点，优化教学过程，提高课堂效率，从而激发学生的学习兴趣. 有人说："天才就是强烈的兴趣和顽强的入迷". 图形计算器给了我们数学教师更多的探索空间和教学平台，引领我们的数学课堂成为学生即时互动、共同学习，使其成为学生创造力和探索精神不断磨炼的高效"思辨场".

参考文献

[1] 张宗余. 整合不同版本教材资源优化课堂教学设计 [J]. 中学数学教学参考：上旬，2017（10）：6-7.

[2] 刘权华. 问题串之 明暗线之 文化润之 [J]. 中学数学教学参考：上旬，2017（10）：17-20.

[3] 曹凤山. 数学核心素养视角下的数学教学设计的思考 [J]. 中学数学教学参考：上旬，2017（6）：26-27.

[4] 牛玉斌. 浅谈高中数学教学中学生人文素养的培养 [J]. 中学数学教学参考：上旬，2017（6）：40-41.

[5] 赵婀娜. 今天，为何要提"核心素养"（深聚焦）[J]. 人民日报，2016（20）.

[6] 吕传汉，汪秉彝. 浅析数学情境的创设 [J]. 贵州师范大学学报（自然科学版），2002（3）.

[7] 丁雅诵. "互联网＋教育"，须由浅入深 [J].《人民日报》，2018（17）.

[8] 中华人民共和国教育部. 普通高中数学课程标准：2017年版 [M]. 北京：人民教育出版社，2018.

[9] 薛红霞. 普通高中课程标准实验数学教科书比较研究——以直线的倾斜角、斜率以及直线的位置关系为例 [J]. 教育理论与实践，2008（4）：15-18.

[10] 张宗余，张霞. 充实、剪裁、编排、活化——整合不同版本教材优化教学设计的四个维度 [J]. 中学数学教学参考（上旬），2018（3）：6-9.

[11] 张宗余. 整合不同版本教材资源 优化课堂教学设计 [J]. 中学数学教学参考（上旬），2017（10）：5-8.

[12] 邱心宇. 对高中生概率统计学习假性理解的认说与分析 [D]. 济南：山东师范大学，2021.

[13] 于丹丹. 函数奇偶性概念理解评价的研究 [D]. 扬州：扬州大学，2020.

[14] 徐建东. 注重思维发展，突出问题本质——"函数的奇偶性"的教学设计 [J]. 中学数学教学参考，2021（7）：27-29.

［15］施晓霞．对概念教学"合理性"的深层次思考——以"函数的奇偶性"教学为例 [J]．高中数学教与学，2021（8）：26-28．

［16］刘红英．创设大情境，促进概念的深度理解——以"对数与对数的运算"为例 [J]．中学教研，2019（5）：8-12．

［17］段艳芳，张立平，李林霞．问题串引导下的"过程性"概念教学——"对数与对数运算"（第 1 课时）教学设计、实践及反思 [J]．中国数学教育高中版，2019（5）：56-60．

［18］李芳芳．借助 HPM 促进学生对数学概念本质理解的探索 [J]．中学数学杂志，2019（7）：23-26．

［19］汪晓勤．HPM：数学史与数学教育 [M]．北京：科学出版社，2017：450-456．

［20］宋晋荣．认知负荷理论指导下的高中立体几何学习障碍与对策研究 [D]．漳州：闽南师范大学，2021．

［21］李宏．普通中学男女生立体几何学习差异的研究 [J]．数学教育学报，2000（1）：39-43．

［22］何棋．高中国际班应用图形计算器的数学考试评价 [J]．中国数学教育，2014（11）：59-64．

［23］林风．基于图形计算器开展数学实验的实践与思考 [J]．中国电化教育，2012（301）：105-108．

［24］薛燕．基于图形计算器新技术 带来数学实验更多探究 [J]．中国现代教育装备，2013（22）：24-25．